INTELLECTUAL PROPERTY COURT

我国建立知识产权法院相关问题研究

陶凯元 —— 主编

人民法院出版社 | People's Court Press

图书在版编目（CIP）数据

我国建立知识产权法院相关问题研究 / 陶凯元主编. -- 北京：人民法院出版社，2019.11
ISBN 978-7-5109-2651-8

Ⅰ.①我… Ⅱ.①陶… Ⅲ.①知识产权法-研究-中国 Ⅳ.①D923.404

中国版本图书馆 CIP 数据核字（2019）第 228136 号

我国建立知识产权法院相关问题研究

陶凯元 主编

责任编辑：李安尼 邓 灿
出版发行：人民法院出版社
地 址：北京市东城区东交民巷 27 号（100745）
电 话：（010）67550691（责任编辑） 67550558（发行部查询）
65223677（读者服务部）
客服 QQ：2092078039
网 址：http://www.courtbook.com.cn
E-mail：courtpress@sohu.com
印 刷：天津嘉恒印务有限公司
经 销：新华书店

开 本：787 毫米×1092 毫米 1/16
字 数：210 千字
印 张：13.75
版 次：2019 年 11 月第 1 版 2019 年 11 月第 1 次印刷
书 号：ISBN 978-7-5109-2651-8
定 价：45.00 元

前 言
（代序）

随着我国经济社会的不断发展，经济增长模式逐渐转型，科技对生产力的推动作用愈加显现，科技所蕴含的核心竞争力日渐增强，而知识产权作为科技成果的权利载体，在国民经济中的地位和作用也愈加凸显。如何给予知识产权更高水平的保护，以此促进和提升我国的综合经济实力，增强国际话语权，在现阶段尤为迫切。

从2008年《国家知识产权战略纲要》提出"探索建立知识产权上诉法院"，到2013年中国共产党第十八届三中全会出台的《中共中央关于全面深化改革若干重大问题的决定》会议文件中提出"探索建立知识产权法院"，再到2014年全国人大常委会通过《关于在北京、上海、广州设立知识产权法院的决定》，我国知识产权法院正式依法进入实施阶段。而北京知识产权法院于2014年11月6日正式挂牌，标志着我国对建立知识产权法院的探索迈出了坚实的第一步，具有里程碑式的意义。建立知识产权法院是中央从我国实际需要出发作出的前瞻性的顶层设计，必将极大推动我国知识产权保护事业的发展。

一是推动实施国家创新驱动发展战略的需要。加快经济发展方式转变和结构调整，必须依靠科技创新这个关键要素，充分发挥科技是第一生产力的基础性作用，以科技实力的提升带动经济实力的提升，最终实现综合国力的提升。加强知识产权运用和保护，探索建立知识产权法院，对于推动实施创新驱动发展战略，健全科技创新激励机制，优化科技创新法治治理，具有十分重要的意义。我国已成为世界经济大国和贸易大国，必须积极适应创新和发展的要求，着力清除市场壁垒，提高资源配置效率和公平性，推动我国经济转型和市场化改革，提升国际核心竞争力，努力在知识产权司法保护中创造中国经验和中国规则，不断增强参与全球经济共同治理的能力。

二是加大知识产权司法保护力度的需要。在知识经济全球化背景下，加大知识产权司法保护力度，发挥司法保护知识产权的主导作用，已成为世界各国的普遍做法。知识产权案件具有技术性、专业性和地域性较强以及不同诉讼程序交叉等特点，而且近年来知识产权案件也呈较快增长趋势。为了提升知识产权案件审判水平和审判效率，有必要借鉴域外知识产权法院设置经验，探索设立知识产权专门法院，进一步加大知识产权保护的力度，逐步完善具有中国特色的知识产权司法保护体系，进而提高我国知识产权司法保护的能力和水平，切实维护知识产权权利人的合法权利，制止、制裁各类知识产权侵权行为，维护公平竞争的社会主义市场经济秩序。

探索设立知识产权法院，有利于不断提升我国知识产权审判水平，不断丰富和完善有关诉讼制度和司法政策，在给予知识产权更高水平保护的同时实现创新驱动发展的战略目标。

知识产权法院的设立在我国还是新生事物，需要不断摸索、调整和完善，需要花大力气加以细致的调查研究，努力走出符合我国国情的知识产权发展之路。本课题以我国知识产权法院制度的理想建构与改革方向为研究对象，以我国知识产权司法实际为归依，以域外知识产权专门法院模式和运作为借鉴；从未来展望和改革完善角度，对现行知识产权法院制度的局限、运行过程中遇到的问题和困难进行梳理总结。本文从宏观制度和微观技术两大层面进行论证分析，重点分析论证我国知识产权法院制度的未来模式，以期为我国知识产权法院的设立和运作提供有针对性的改革方案。

《我国建立知识产权法院相关问题研究》课题是司法部国家法治与法学理论研究项目2014年度重点课题，由最高人民法院副院长陶凯元担任课题主持人。课题组成员包括，来自最高人民法院的宋晓明、王闯、林广海、陈海光、李剑、朱理、郭玺、马云鹏以及来自地方法院的杨柏勇、陈锦川、黎淑兰、王静。课题组在广泛开展调查的基础上进行了全面、深入、系统的研究，对我国知识产权专门法院体系建设问题进行反复论证，并多次召开会议充分听取中央有关部门、高等院校专家的意见，修改完善后形成最终的研究成果，本文即由该成果转化而来。

编者
2019年11月

目 录

第一章
我国现行知识产权法院模式优势与局限

一、综述

我国要建设知识产权强国和世界科技强国，必须要在严格知识产权保护的基础上建设优质高效解决纠纷的司法体系，形成完善的知识产权保护机制。知识产权法院作为集中审理知识产权案件的专门法院，在这一体系建设中无疑具有重要的地位和作用，设立知识产权专门法院的目标是加强知识产权保护力度，为推动经济发展和科技创新提供有力司法保障；集中审理知识产权民事、行政案件，进一步统一裁判标准；提高审理知识产权案件专业化水平，优化司法资源，提高审判效率。

党的十八大以来，党中央高度重视知识产权司法保护工作，党的十八届三中全会作出“探索建立知识产权法院”的重要部署。2014 年 8 月 31 日，全国人大常委会决定在北京、上海、广州设立知识产权法院。随后，最高人民法院出台的《关于北京、上海、广州知识产权法院案件管辖的规定》，为知识产权法院的设立和运行奠定了基础。

然而，知识产权法院的建设在我国还刚刚起步，现仅在北京、上海、广州三地设立，兼具初审法院和上诉法院的性质，实行同一省域内的相对集中管辖，目前尚处于试点阶段，其发展并非一蹴而就。北上广的知识产权法院建设与发展模式不可避免地存在一定变数。为了形成可复制、可推广的经验，也为了更准确地把握我国知识产权法院的发展脉络，对其发展方向做出预判，有必要对两年多来知识产权法院的运行情况进行审视，检讨得失，做一次全面、系统的梳理，对知识产权法院的现状形成较为清晰的认识，以期更好地总结经验，进一步完善知识产权法院的制度设计，促成这一重大改革举措的成功，推动我国的知识产权保护水平的不断提升。

二、我国现行知识产权法院运行取得的成果

2013 年 11 月，《中共中央关于全面深化改革若干重大问题的决定》的审议通过，标志着我国实施创新驱动发展战略，全面深化改革序幕的拉开。2014 年 6 月，中央全面深化改革领导小组审议并通过《关于设立知识产权法院的方案》，标志着我国知识产权法院设立的试点工作正在积极稳妥地向前推进。2014 年 8 月，第十二届全国人大常委会审议并通过《关于在北京、上海、广州设立知识产权法院的决定》，昭示着我国知识产权审判将进入专业化、系统化、全局化的新层次。

知识产权法院成立后，审判工作有序开展，改革探索深入推进，工作实现良好开局，主要体现在以下三个方面：

一是人员编制及硬件建设已经完成。司法人员基本配置到位，顺利完成主审法官、司法辅助人员和司法行政人员的选任工作。其中，北京知产法院现有政法专项编制 180 名，员额制法官 52 名，法官助理 73 名，设正式编制机构 9 个，分别是立案庭、4 个审判庭、审判监督庭、技术调查室、司法警察支队和综合办公室。上海知识产权法院与上海铁路运输中级法院、上海市第三中级人民法院合署办公，三个法院分别行使法律赋予的审判权，同时，设立一个党组，行政、党务、宣传等综合性事务由一套机构完成。目前，上海知产法院有 1 名院长、1 名副院长，共有人员 47 名，在编干警 39 名，包括入额法官 20 名、法官助理 17 名、司法行政人员 2 名。内设机构有 3 个，包括：知产一庭、知产二庭、技术调查室。广州知识产权法院共有法官 26 名（含 3 位院领导），司法行政人员 17 名，法官助理 36 名，技术调查官 7 名，司法警察

6 名。设正式编制机构 7 个，包括立案、专利、著作权、商标及不正当竞争 4 个专业审判庭，以及技术调查室、司法警察支队 2 个审判辅助机构和综合行政办公室。

二是知识产权审判工作有序开展。截至 2018 年年底，北京知识产权法院共收案 53 916 件，结案 41 435 件。上海知识产权法院共收案 7538 件，结案 6944 件。广州知识产权法院共收案 28 366 件，结案 23 509 件。知识产权法院设立以来，通过集中审判一批典型案件、召开新闻发布会、开通法院官方网站和微博等方式加大宣传力度，有力彰显了我国加强知识产权司法保护的鲜明态度。积极开展国际交流，接待境外代表团来访，组织法官出国交流访问，主动对外宣传我国知识产权司法保护的最新进展，赢得国际社会广泛赞誉。

三是充分发挥先行先试作用。注重建章立制，将审判流程、人员管理、后勤保障等工作纳入制度化管理。深入开展审判权运行机制改革，按照“让审理者裁判、由裁判者负责”的要求，明确审判委员会、合议庭、主审法官在审判工作中的权力分配，规范审判管理权和审判监督权的行使。完善办案责任制，突出主审法官的主体地位，院长、副院长均编入合议庭审理案件，在审判权运行上切实去除行政化。建立主审法官联席会议制度，强化审判委员会审判经验总结和业务研究职能。加强诉讼制度建设，制定一系列规范性文件，有效规范诉讼流程。

在北京、上海、广州设立专门的知识产权法院，仅仅是我国探索设立知识产权专门法院的第一步，知识产权专门法院的系统化构建将会在我国全局化的层面上展开。知识产权法院的设立作为全面深化改革的重要组成部分，既是应对我国知识产权司法实践现状的迫切需求，又是顺应于我国深化司法体制改革的时代机遇，更是着眼于我国努力建设知识产权强国的国际胸怀。

我国知识产权的保护需要与知识产权国际保护全面接轨，需要更加专业化的知识产权审判体制改革。无论是美国、英国等传统的知识产权强国，还是日本、韩国等新兴的知识产权优势国家，知识产权审判体制专业化的发展，尤其是知识产权专门法院的设立早已成为驱动本国经济创新发展的阶段性经验成果。知识产权法院的设立已经成为知识产权司法保护的国际潮流和经验范式。我国作为一个知识产权大国，还不是一个知识产权强国，更加需要知识产权保护的现代化、战略化、国际化。有鉴于此，我国知识产权的司法保护需要不断借鉴世界知识产权国际保护的成功经验。我国20余年知识产权“三审合一”模式探索，已经为我国知识产权专门法院的设立积累了充分的实践经验和理论准备。可以认为，知识产权专门法院的探索设立，已经成为我国知识产权司法保护专业化发展的基本趋势和审判体制改革的阶段性任务。先在北京、上海、广州探索设立可复制、可借鉴的知识产权专门法院，进而在全国范围内加以系统化构建，是我国实现由知识产权大国向知识产权强国转变的有力保障，是我国创新型国家建设的重要引擎。我国知识产权审判体制改革的探索发展将会在专业化组织构建和模式探索上走得更远。

三、我国现行知识产权法院模式的局限性

设立知识产权专门法院，是我国适应国家长远发展需要、切实加强知识产权保护、彰显改革创新精神、树立良好国际形象所采取的一项重大举措。设立知识产权专门法院不仅顺应了知识产权司法保护变革的国际潮流，也进一步深化了我国的司法体制改革，还为我国实施创新驱动发展战略，建设创新型国家提供了创新激励的有效保障。知识产权法院的设立，可以在一个较高的平台上探索法院改革的新举措，既可能在具体的司法机制和诉讼制度上取得突破，也可能在宏观的司法体制方面积累经验，并推广到整个司法领域。但知识产权法院在我国毕竟属于新生事物，还处于“摸石头过河”的阶段，尚存在一定的局限性。

（一）管辖范围需要进一步合理布局

1. 如何推进技术类案件的跨区域管辖。由于知识产权案件，特别是发明、实用新型专利侵权纠纷，商业秘密纠纷、植物新品种、集成电路布图设计等案件的审理工作是专业性很强的专门审判工作，故根据审判工作需要，知识产权法院应科学整合现有审判资源，积极探索对专利以及植物新品种、集成电路布图设计等案件实行省内跨区域管辖，更有效地发挥专门法院的职能作用。最高人民法院已决定成立“京津冀技术类案件跨区域管辖工作领导小

组”，统筹协调京津冀技术类案件跨区域管辖试点工作，切实发挥知识产权专门化审判在推动京津冀创新驱动发展方面的作用，为京津冀形成协调创新共同体、实现经济转型和科学发展提供有力司法支持。

2. 如何协调广州知识产权法院的现行管辖布局。由于深圳地处改革开放前沿，高科技企业数量众多，一审技术类案件较多，在广州知识产权法院设立之时，若将此类案件均交由广州知识产权法院审理，该院的审判力量显然难以为继，会给该院带来较难承受的案件压力，若将深圳中院的知识产权庭审判队伍并入广州知识产权法院，则又会造成两地法院之间较大规模的人员调整，这与北京、上海同一城市间的人员调配情况存在明显的差异，也需要区分对待。故当时考虑到广州知识产权法院的现实困难和深圳市的特殊情况，暂时将深圳市排除在广州知识产权法院跨区域管辖范围之外。但这样的局面不可能长时间维持，需要在管辖上加以衔接和协调。

3. 如何合理确定知识产权派出法庭的布局，为下一批知识产权法院的设立奠定基础，并做好必要准备。现时，在武汉、苏州、南京、成都等地成立了21家知识产权法庭，对技术类案件施行省内跨区域管辖，已开始试点，应是一种模式的选择，为将来设立更多的知识产权法院奠定良好基础。现在各方早已形成共识，知识产权专门法院应单独设立，并实行司法行政事务集中管理，加强主审法官、合议庭办案责任制等改革举措，探索建立符合司法规律的审判权运行模式。如果知识产权专门法院与普通法院合署办公，由于人财物管理模式不变，旧的行政管理体制与新的审判运行机制并存，不仅内部关系难以理顺，而且也不便开展案件的跨地域管辖，还影响专门法院的司法权威。而对于上述4家派出法庭而言，目前虽为当地中院的派出法庭，但已另择办公场所进行办公，为将来转型升级成知识产权法院作了必要铺垫与准备。从全国法院大局通盘考虑，应进一步推进知识产权派出法庭的设置和合理布局，推动我国知识产权审判事业的跳跃式发展。

（二）司法标准需进一步统一

1. 具有关联性的知识产权民事、行政和刑事案件分别由不同法院或者同一法院的不同审判庭审理，容易导致裁判标准不一和裁判结果冲突；如侵害商业秘密案件，往往民事案件由中级法院一审，而刑事案件由于起刑点的考量，则一般由基层法院审理，往往会出现民事不构成侵权，而刑事却已入罪的荒诞景象，有损司法权威。

2. 知识产权审判经验和标准存在地区差异。从宏观方面来看，北京、上海、广州知识产权法院的上诉法院均在所在地高级人民法院，裁判标准不统一的问题还是较为突出；从全国范围来看，亦是如此，绝大多数案件由地方法院审结。不同的知识产权初审对应不同的上诉法院，也会出现不同的裁判结果，并可能产生冲突。

3. 专利授权确权案件的上诉法院与专利民事侵权案件的上诉法院仍不统一，难以保证行政诉讼结果与民事诉讼结果的协调。将同一技术文件用作侵权程序中的现有技术抗辩及无效审查程序中的对比文件，可能在证据证明效力的认定时出现迥异的结果。

（三）司法效率需进一步提高

1. 民事侵权案件审理往往需要等待行政授权确权案件的裁判结果，导致审理周期过长，司法效率大大降低。在专利民事侵权案件审理过程中，法院不能审查专利权的效力，被告如质疑专利权的效力，需要单独启动行政无效程序。为了保证民事侵权案件的公正性，法院经常不得不等待行政无效程序的结果。专利行政机关就专利权效力作出决定后，当事人还可以启动行政诉讼程序，民事侵权程序不得不在等待中被迫拖延。

2. 一审案件合议制审判方式制约法官工作效率。我国民事诉讼法和行政诉讼法规定了独任制和合议制两种审判方式，但是对于独任制规定了严格的适用条件。在民事诉讼程序中，独任制只能由基层法院及其派出法庭在简易程序中适用，且仅适用于事实清楚、权利义务关系明确、争议不大的简单的第一审民事；在行政诉讼程序中，独任制的适用虽无法院层级的限制，但对于适用的案件范围有着更为严格的限定条件。知识产权法院审理的绝大多数第一审民事、行政案件无法满足独任制审理的条件，需要由 3 位主审法官组成合议庭开庭审理，庭审耗费法官过多工作时间，成为制约提升工作效率的重要因素。现有的三个知识产权法院受理的全部案件中，一审案件比重均超过50%，北京知识产权法院一审案件比重更是超过80%。而根据现行诉讼法的规定，知识产权法院对于一审案件原则上需要组成合议庭进行审理，几乎全部一审案件均需由3位主审法官组成合议庭进行审理，庭审耗费法官过多工作时间，制约了工作效率。

3. 行政事务对法官仍有困扰，影响审判效率。虽然知识产权法院在设立之初就按照司法改革的要求，采取扁平化人员架构的设计，进行了大规模的人员和机构的精简，司法行政人员大幅减少，但由于法院的外部环境和整体机制并未发生改变，知识产权法院的综合办公室所肩负的综合事务相对于普通法院并无减少，与上级法院的大量职能部门及大量党委和政府机构进行对口衔接，事务性工作较为繁重。现有的司法行政人员数量过少，很难胜任，而不得不向办案法官转嫁，以至于部分法官在从事审判工作的同时，还不得不承担部分行政事务，既增加了法官的工作压力，又降低了知识产权审判效率。

（四）建立知识产权法院与我国现行司法体制的协调

首先，在北京、上海、广州探索设立知识产权法院的试点工作缺乏具体的司法审判运行机制的规定。由全国人大常委会立法机关授权设立的知识产权法院，在具体的诉讼程序、证据制度等具体审判诉讼层面，还缺乏与现有司法体制衔接的具体规划，也就难免发生制度运行上的矛盾和冲突。

其次，随着我国知识产权法院设立的深入推广，如何处理好知识产权法院与原有司法系统有关职能部门的关系也需要我们加以具体的实践考虑。根据第十二届全国人大常委会审议通过的《关于在北京、上海、广州设立知识产权法院的决定》可知，我国将新设立的知识产权法院界定为中级法院的层级，并且对专业技术类较强的知识产权案件实行跨区域管辖的规定，这样就会涉及司法管辖范围的具体划分、人财物保障经费的分配，以及与所涉地区检察院系统的具体衔接等问题。具体而言，管辖范围的不确定可能会造成重复立案、司法推诿等司法资源浪费和司法效率低下等弊端；人财物保障经费的分配不合理，则会影响知识产权专门法院有效职能的充分发挥；而与所涉地区检察院系统的不协调，也会对司法审判的有效运行造成很大的影响。

最后，知识产权专门法院的设立，还要适当处理好与行政执法机关的关系。我国知识产权的保护有着司法与行政双轨并行的特色，知识产权法院的设立需要在发挥司法保护主导作用的前提下，合理有效地与知识产权行政执法活动相协调，进而充分发挥好知识产权双轨制保护的优势。

（五）全面推进知识产权审判“三合一”存在困难

在最高人民法院统一部署下，各地法院正全面铺开知识产权案件的“三合一”审判，知识产权法院开展“三合一”审判主要存在以下障碍和不足：

1. 审判力量不足。对知识产权法院来说，案件数量大、增长快与审判力量不足的矛盾将在一段时间内长期存在，如若纳入知识产权刑事案件，虽然数量不多，但仍会加大工作压力，增加办案负担。

2. 在案件管辖权的集中行使上提出挑战，尤其是在刑事案件方面。在级别管辖上，按照我国刑事诉讼法中有关级别管辖的规定，由于侵犯知识产权犯罪的法定最高刑期为 7 年，故知识产权刑事案件的一审显然只能作为普通刑事案件由基层人民法院管辖，而不应由中级法院层级的知识产权法院管辖；在地域管辖上，侵犯知识产权犯罪案件由犯罪地或者犯罪嫌疑人居住地公安机关立案受理，由该公安机关所在地的同级人民检察院、人民法院审查起诉和判决。因此，在基层人民法院推行“三合一”审理并无明显障碍，反而对于知识产权法院而言，在立法上尚无其可对知识产权刑事案件行使管辖权的法律依据。

3. 在实际操作中也存在困难。因侵犯知识产权犯罪案件由犯罪地或者犯罪嫌疑人居住地公安机关立案侦查，知识产权因其特性决定了犯罪地的多样化，管辖的公安机关较为分散，并且在整个流程过程中，涉及案卷移送、被告人押解、公诉人出庭等诸多问题，若将此类刑事案件均集中由知识产权法院管辖，存在诸多沟通、衔接的问题。本条及上条问题都需要在全国人大常委会的协调下，由最高人民法院会同最高人民检察院、公安部出台相关规定，进行妥善的顶层设计，方可予以有效推动。

4. 审理“三合一”案件需要在民事诉讼与行政诉讼、刑事诉讼的程序衔接上进一步调整。三部诉讼法各自的举证责任、审理程序等均存在明显差异，需要进一步培养复合型人才，进行妥善的顶层设计。

（六）人财物保障亟须加强

在知识产权专业化审判人员方面。主要问题在于人才储备不充足、综合性人才匮乏。知识产权专业化审判人才是知识产权法院良好运行的基本保障。审判人员不仅要熟悉修订相对频繁的法律条文，还需要懂得一定的商务问题、技术问题等。一些新型、疑难的知识产权案件还需要适当参考域外法院的成功经验，这对知识产权专业化审判人员的知识视野和学习能力都提出了较高的要求。因此，知识产权法院的系统化构建需要着力储备知识产权专门化的审判人员，并且还要不断提升我国现有知识产权审判人员的理论知识水平和司法审判实践能力，以便切实发挥知识产权专门法院的司法制度优势。

在司法人员的配置方面。由于案件数量超预期增长，导致法官员额基数缺口较大，司法辅助人员配置不足。如因《商标法》修改及商标行政部门突击审查积压的商标案件等原因，北京知识产权法院案件数量猛增，案多人少的矛盾最为突出。① 2016 年各个知识产权法院的案件受理数量亦呈增加趋势，现有审判力量难以满足办案需要。这个问题逐渐成为司法系统一个普遍性的难题。

在知识产权法院的人民陪审员队伍方面。人民陪审员的数量不足、待遇水平不够明朗，特别是知识产权案件不同于一般的民事案件，对专业素养的要求较高，需要积极拓展专业陪审员领域，吸纳相关知识产权行政执法部门的专业人员等，以有效提升人民陪审员的整体队伍水平，

在司法人员的职业保障方面。法官、司法辅助人员的待遇和职业保障等尚未落实，人才引进较为困难。司法辅助人员的等级划分、薪酬待遇等配套制度尚未正式建成，有的知识产权法院相较于其他同级法院，待遇没有明显提升甚至略有不足，且工作任务相对繁重，工作岗位吸引力不强，人员配置未能完全到位，对审判工作形成一定制约。如广州知识产权法院地处广州市

---

① 北京知识产权法院法官员额设定时以每个法官团队年平均结案 150 件为基准，满员 30 名法官年结案量为 4500 件左右，但 2015 年全年实际受理 9191 件，超出原预计数量 2 倍，近年受理案件数量亦呈明显增加趋势。

郊、交通不便，法官待遇远低于珠三角其他中级法院，形成人才遴选“瓶颈”。此外，也有制度设置的问题。知识产权法院在进行法官遴选的过程中设置不适当的门槛，不当提高拟任职位的行政级别要求，将知识产权法院亟须的大量最具战斗力的年轻法官拒之门外，而仅能应聘法官助理，相当程度上降低了知识产权法院的吸引力。这就需要设置灵活的用人机制，化解上述问题。

在经费保障方面。经费保障制度难以适应工作需求，作为改革试点法院，三个知识产权法院实行扁平化管理，人员和机构已大幅精简，但事权范围并未变化，根据人员编制核发经费的现行经费保障体制已经不能适应知识产权法院的实际需要。由于知识产权法院的少量司法行政人员仍需应对党政及上级司法系统的大量事务性工作，疲于应付，导致一些事务性工作需法官予以分担，而不能专注于审判领域，这也在一定程度上影响了司法裁判效率。同时，由于现有人员难以完成实际工作，迫切需要通过购买社会服务的方式大量聘用书记员、法警以及采购外包服务，但此项经费在现有经费保障体制下又难以解决，亟须通过体制改革加以突破和完善。

（七）基础设施建设尚不完善

知识产权法院作为我国知识产权审判的窗口，在国际上具有较高的关注度。而在科技日新月异的今天，加强知识产权法院的信息平台建设，加大宣传力度，对于提升司法透明度和公信力，都有重大意义。信息化建设与司法改革对于法院审判事业而言，犹如车之两轮、鸟之双翼。但囿于筹备时间仓促，人员配备短缺等因素，三家知识产权法院在微信、微博、官方网站的建设及信息发布上还存在诸多有待改进之处，应予以及时完善，努力打造公平、公正、开放的知识产权审判的整体司法形象。

第二章
其他国家和地区知识产权法院的设立模式

一、概述

国际知识产权研究所（IIPI）与美国专利商标局（USPTO）2012 年 1 月发布的研究报告《知识产权专门法院（法庭）研究》显示，全球 92 个国家（地区）中，设立专门的知识产权一审法院、知识产权上诉法院、知识产权初审法庭、知识产权上诉法庭的国家或地区的数量分别为 9 个、10 个、17 个和 16 个。设立一审法院同时审理知识产权、商事和经济案件的国家有 22 个，由行政机构下设的行政机构审理知识产权案件的国家有 28 个，正在考虑设立知识产权法院（法庭）的国家有 10 个。在亚太地区，设立知识产权一审或二审法院的国家和地区有 5 个，其中只设立一审法院的是马来西亚、泰国，只设立二审法院的是日本和韩国，同时设立一审和二审法院的是我国台湾地区。

典型国家和地区知识产权法院的设立情况如表 1 所示：

表 1：典型国家和地区知识产权法院的设立情况

国家和地区	成立时间	数量（个）	审级	主要案件类型
美国	1982	1	二审	专利民事和行政案
欧盟	2013	2	一审、二审	专利民事和行政案
德国	1961	1	一审	专利行政案

续表

国家和地区	成立时间	数量（个）	审级	主要案件类型
英国	1977、1990	2	一审	专利民事和行政案
俄罗斯	2013	1	一审、二审	知识产权民、行案
日本	2005	1	二审	专利民事和行政案
韩国	1998	1	二审	专利行政案
泰国	1998	1	一审	知识产权民、刑案
我国台湾地区	2008	1	一审、二审	知识产权民、行、刑案

从表1可知，截至目前，世界范围内已有美国、德国、英国、泰国、韩国、印度、土耳其、日本、新加坡、马来西亚、我国台湾地区等十余个国家和地区设立了知识产权专门法院，统一审理有关知识产权案件，取得了积极效果。即使尚未建立独立的专门法院的国家或者地区，也将知识产权案件集中到部分法院进行审理，这些法院实际上起到了专门法院的作用。纵观世界主要国家或地区知识产权专门法院的设立背景和模式，有下列共同的特点值得借鉴：

1. 从国家战略利益出发，将设立知识产权专门法院作为激励创新、提高综合竞争力的有效手段。知识产权保护承载着激励科技创新、推动经济发展和促进文化繁荣的重要任务。随着知识产权重要性的日益增强，保护知识产权愈加上升为国家利益，各国更加重视科技和文化创新，更加重视知识产权在国家发展战略中的核心地位和作用。设立知识产权专门法院，进一步强化知识产权保护，进一步释放和激发社会创造活力，将为创新型国家建设提供强大推动力。从域外的实践看，专门法院的建立对激励创新、吸引投资和鼓励贸易发挥了积极作用。

2. 从知识产权案件审理专业性出发，将设立知识产权专门法院作为提高审理质量的制度保证。知识产权案件有特殊的专业性、高度的复杂性和敏感的政策性，审理难度较大。在专利、植物新品种、集成电路布图设计、计算机软件等技术类案件中，通常涉及复杂的技术事实查明问题，通过引入技术调查官或专门委员等相对特殊的审判体制来解决技术事实查明问题。建立专门法院，有利于有效查明技术事实，有利于专业审判人才的培养，提高知识产权案件的审理质量。

3. 从知识产权法律规范综合性出发，将设立知识产权法院作为统一司法标准的重要途径。知识产权法以法律规范综合性、保护措施多样性为主要样态，知识产权保护体系以民事、行政、刑事诉讼三种模式相互牵连、多位一体为主要特点。从美国、日本等专门法院的实际运作效果看，对于专利等技术性较强的案件，更加强调司法标准的统一性，在对专利等侵权一审案件实行相对集中管辖的同时，通过高等法院位阶的专门法院统一处理确权、侵权纠纷上诉案件，实现程序的有机统一和相互协调。建立专门法院，集中审理知识产权民事、行政和刑事案件，有利于统一司法标准，形成统一、全面、立体的知识产权司法保护机制。

4. 从知识产权司法救济实效性出发，将设立知识产权法院作为优化司法资源、提高司法效率的主要举措。无论行政程序和司法审级如何设置，上述知识产权法域在知识产权确权纠纷案件的审理中从行政程序到司法程序基本上均是两到三个审级。在设有行政复审程序的国家，确权纠纷案件一般均由司法一次审查即告终结，虽然都规定可以向最高法院上诉，但均有严格的条件限制，实际上很少会启动最高法院的程序。而美国、英国法院在侵权案件中可以直接宣告权利的效力，更是大大节约了诉讼成本和争议解决的时间，提高了审理效率。

2005 年，国际律师协会（IBA）启动了一项对全球知识产权专门法院或法庭设置情况的调查，调查结论为：知识产权专门审判机构的欠缺已成为知识产权法律实施中的一个主要问题，设立专门法院负责审理知识产权纠纷已经成为普遍认同的国际趋势。

二、美国联邦巡回上诉法院

美国联邦巡回上诉法院是为了统一专利案件的法律适用标准而于 1982 年成立的专门法院，是美国 13 个联邦上诉法院中唯一的专门法院，该院位于美国首都华盛顿。

（一）设立背景

1982 年，美国国会通过《联邦法院改革法》，将关税与专利上诉法院（Court of Customs and Patent Appeals，CCPA）和联邦索赔法院的上诉部合并，成立联邦巡回上诉法院（the U. S. Court of Appeals for the Federal Circuit，CAFC）。在 1982 年联邦巡回上诉法院成立以前，有关专利的诉讼大体遵循如下程序：专利申请过程中不服专利复审委员会决定的，当事人可向关税与专利上诉法院（CCPA）上诉。若不服判决，可向联邦最高法院上诉；专利侵权案件的一审由联邦地区法院受理，不服一审判决，可向所属地区的联邦巡回上诉法院上诉，再不服可申请联邦最高法院发布调卷令，由联邦最高法院决定是否审理；涉及进口货物侵犯美国专利权的案件，权利人可以向国际贸易委员会主张权利。如果权利人对国际贸易委员会的裁决不服，也可以向关税与专利上诉法院上诉，对关税与专利上诉法院裁判不服，可以申请联邦最高法院发布调卷令，由联邦最高法院决定是否审理。联邦最高法院对于有关的上诉案件，只选择它认为是重大的和具有典型意义的予以受理。如果联邦最高法院不受理，则上诉法院的判决即为有效判决。联邦最高法院每年接受大约 8000 多调卷令申请，但仅决定审理 75～100 件。因此，在专利审判领域就产生一个非常大的问题，即联邦最高法院处理的专利案件非常少，对联邦巡回上诉法院的指导非常少，致使各个联邦巡回上诉法院之间对专利法的解释和运用有很大差别。因此，很多利益相关方均呼吁建立一个统一的专利上诉法院，以增强裁判结果的一致性和可预期性。

（二）受案管辖

联邦巡回上诉法院在美国 13 个巡回上诉法院中是非常独特的，它对全国范围内某些特定的事项具有管辖权，这些事项包括：国际贸易、政府合同、专利、商标、某些针对美国政府的金钱索赔、联邦人事、退伍军人福利、公共安全官员的福利索赔。向该法院上诉的案件来自联邦地区法院、美国联邦索赔法院、美国国际贸易法院、美国退伍军人索赔上诉法院。该法院还对某些行政机关的裁决进行上诉审[①]，这些行政机关包括美国功绩制度保护委员会、合同复审委员会、专利复审与干预审查委员会（the Board of Patent Appeals and Interferences）[②] 以及商标评审与复审委员会（the Trademark Trial and Appeals Board）、美国国际贸易委员会、合规办公室、政府问责办公室人员上诉委员会、司法援助部门等。

根据美国联邦巡回上诉法院网站公布的统计数据，该院 2005 年至 2013 年每个财政年度（从每年的 10 月 1 日到次年的 9 月 30 日）待处理案件的数量分别为：1555 件、1772 件、1545 件、1459 件、1367 件、1208 件、1349 件、1381 件、1259 件。在 2013 年待处理案件中，来自联邦地区法院的专利侵权案件占 36%，来自美国专利商标局（其内设专利复审与干预委员会）的专利行政案件占 9%，商标案件占 2%，来自国际贸易委员会的专利案件占 1%，以上涉及知识产权法的案件共占 48%；政府雇员案件占 17%，退伍军人案件占 13%，国际贸易案件占 5%，以上涉及行政法的案件共占 35%；非法征用案件占 2%，军用或民用支付案件占 2%，退税案件占 1%，政府合同案件占 5%，疫苗案件占 0.5%，其他权利请求案件占 4%，以上政府索赔案件共占 14.5%。

需要指出的是，联邦巡回上诉法院审理所有的专利案件，包括所有从联邦地区法院上诉的专利侵权案件。联邦地区法院在审理专利侵权案件中，若当事人对专利权的有效性有争议，联邦地区法院有权对专利的有效性作出判断，且该判断对美国专利商标局和以后的相关诉讼具有附带拘束力。因此，在美国，专利的有效性不是由美国专利商标局裁决的。尽管目前美国允许直接向美国专利商标局专利复审委员会提出专利无效请求，但实践中很少有人愿意使用这一途径。

---

① 根据元照英美法词典，在美国，上诉（appeal）是指请求上级法院对下级法院的裁决或请求、法院对行政机关的裁决进行审查，以纠正其错误或推翻其不公正之裁决的行为。

② 其前身为专利复审委员会（the Board of Appeals），现为专利评审与复审委员会（the Patent Trial and Appeal Board）。

（三）人员组成

联邦巡回上诉法院的法官，均由美国总统任命。当在职法官符合条件时，可以选择成为资深法官，资深法官可以继续为法院工作，但比在职法官处理的案件要少。每一位在职法官配有1名法律助理和最多4名书记员，资深法官配有1名法律助理和1名书记员。除了法官及其法律助理、书记员外，法院还包括法官书记官、行政高级官员、总法律顾问、图书管理员、信息技术主任、首席调解人等高级雇员和其他雇员在内的工作人员。

该法院在设立20周年之际，已经有超过26名一线法官。尽管数目可能还要增加，但该法院其实一直是缺少法官的。在大部分时间里（大概82%的时间里），该院一线法官的人数都不足12人（法定人数），在两个很短的时期中，一线法官人数甚至低至8人，那时由地区法院法官作为客座法官帮忙处理案件。法官大多有理工背景或其他学科背景，来自律师、检察官或地区法院法官等，工作经验丰富。在20年的时间里，有过491名法官助理（law clerk）（或者至少是491个助理岗位）来帮助一线法官和资深法官，有些法官助理不止工作过一次。法官助理对完成法官的工作非常重要，法官非常依靠助理的法律研究和写作能力，法官助理大都来自全国最好的法学院。

（四）运行效果

1. 早期对专利法的影响——专利友好型法院

法院设立后的最初两年，该法院解决了非常多的重要的专利法争议问题，许多早期判决都成为具有广泛指导性的判决，实现了设立该法院的目标——给专利法的司法解释带来明确性和统一性。这些早期判决的重要进步是重塑了专利的显而易见性标准，使专利被宣告无效的难度增大了。由此，联邦巡回上诉法院被认为是“专利友好型”法院。从法院设立前和设立后的数据对比，可以看出专利权人在联邦巡回法院设立之后处于一个比该法院设立之前更加有利的地位来实施其专利。[①]

2. 对技术创新和经济发展的影响

法院设立后对专利法发展的影响很容易被发现，而这些变化对经济的影响却比较难考量。其他的一些因素在发生作用。比如最高法院在 1980 年 Chakrabarty 案中传递出一个积极的信号，就是活的人造微生物可以被授予专利，1981 年 Diehr 案中传递出可将专利性延及至“太阳底下的任何人造物”。非常明显的是，从 20 世纪 80 年代中期开始，美国经济开始发生巨大的变化。信息时代给专利带来了新的利益驱动。专利保护被认为对竞争以及对互联网和生物技术相关产业的投资保护至关重要。美国专利商标局开始进行改革以减少申请积压，并提高颁发专利的质量。美国专利申请的数量有了巨大增长，专利开始受到广泛关注。

20 世纪 80 年代和 90 年代，政府的关注点从反垄断问题中走了出来。从贝多法案（Bayh - Dole Act）开始，政府开始鼓励新的投资，并将政府经费支持的高校科研成果商业化。同时，联邦巡回上诉法院的判决给专利法带来了确定性和统一性。所有的这一切使专利实施变得更具可预见性，并刺激了专利许可。专利成为美国新信息时代的核心，并被认为对智力资产具有非常重要的价值。

美国联邦巡回上诉法院在美国经济的成功中扮演的积极作用很难被量化，但是它的确起了重要作用。当可适用的法律标准更加明晰，诉讼结果更加确定，投资者和公司就更愿意寻找和实施专利。同样，当公司和他们的律师更能评估专利抵御法律挑战的可能性时，公司便更愿意许可专利。[②]

三、德国联邦专利法院

德国审理知识产权案件的法院分为两类：一类是作为专门法院的联邦专

① The Honorable Richard Linn, The Future Role of the United States Court of Appeals for the Federal Circuit Now That It Has Turned 21, from Lexisnexis.

② Richard Linn, The Future Role of the United States Court of Appeals for the Federal Circuit Now That It Has Turned 21, Lexisnexis.

利法院；另一类是作为普通法院的州法院、州高等法院及联邦最高民事法院。联邦专利法院受理三类案件：（1）请求宣告专利、实用新型、外观设计及商标无效；（2）强制许可；（3）对德国专利与商标局的审查处或其他处（如专利处、商标处）的决定（如驳回专利、商标申请的决定或不授予专利、不予商标注册的决定）不服提起的诉讼。作为普通法院的州法院、州高等法院及联邦最高民事法院受理的是知识产权侵权（侵害专利、实用新型、外观设计及商标等知识产权）的民事、刑事案件。其中，州法院为一审法院，对州法院的判决不服的，可向州高等法院上诉，对州高等法院的判决不服的，可向联邦最高民事法院再提起上诉。除了三审终审与我国不同之外，其他与我国目前的情况相同。例如，未设立专门的知识产权法院统一受理侵权诉讼；知识产权侵权案件不由作为基层法院的区法院受理；也实行管辖集中，有的州太小，本应由该州州法院受理的侵权案件，由其他州的州法院受理。因而在此集中介绍德国独具特色的联邦专利法院。

（一）设立背景

德国于1877年成立帝国专利局，当时仅负责专利案件，直至1884年才扩及商标案件。在专利局内设有无效委员会和上诉委员会，分别负责审查有关专利商标的无效决定及撤销等其他行政决定的再审查。该委员会在性质上属于行政机构，其成员皆为公务员。对于专利局无效委员会所作的决定，在联邦专利法院成立之前，依据1881年《德国专利法》第10条的规定，可以向帝国高等商事法院上诉[①]，即专利局无效委员会的审查作为帝国高等商事法院的前置审查阶段。但是，对于专利局上诉委员会的决定，法律未规定当事人寻求法律救济的途径。直至1950年，某专利申请人就其专利申请被专利局驳回且被上诉委员会维持之事件向巴伐利亚州行政法院提起上诉，认为缺乏对此类案件的司法救济违反了宪法（基本法）。1959年6月13日，德国联邦最高行政法院作出判决指出，德国专利与商标局为行政机关，而不是法律意义上的法院，其控告委员会与无效委员会的决定为行政行为，而非司法审判；

① 帝国高等商事法院后来改为帝国法院，“二战”后改为如今的联邦最高普通法院。

德国专利与商标局的决定为终局决定，不可撤销，这不符合德国宪法（《德国基本法》第19条第4款）的法律救济途径保证原则，因而其决定必须接受行政法院的司法审查。但是，由此又带来另外的问题是：德国行政法院为三审终审，造成了诉讼上的难以承受的时间延长与拖累。为了解决这个问题，德国1961年3月颁布、7月生效的《为修改及过渡工业产权保护领域的法律规定的第六部法》，将德国专利与商标局的抗告委员会与无效委员会完全独立出来，在此基础上建立德国联邦专利法院，以对德国专利与商标局的行政行为予以审查。对联邦专利法院裁决不服的，可以向联邦最高民事法院上诉，从而取消了最高行政法院的司法审查。在此基础上，《德国专利法》第65条增加规定，联邦专利法院必须设立在德国专利商标局所在地慕尼黑，便于专利法院充分利用专利局的图书资源、技术审查人员与设备。同年7月1日，联邦专利法院正式成立，成为世界上第一个专门处理知识产权诉讼的法院。

（二）人员组成

据联邦专利法院网站，该院共有法官118名，其中法律法官61名、技术法官57名，包括1名法律法官的院长和1名技术法官的副院长。另有其他公职人员144名。

《德国专利法》第65条规定，联邦专利法院设院长一人、庭长和其他法官多人，且均须符合法官法规定的任用资格。法官分类比较特殊，包括法律法官和具有技术专长的技术法官。技术法官是德国法院系统中独有的设置。他们的法律地位与法律法官一样，有着与之相同的权利和义务，这在《德国法官法》第120条和《德国专利法》第65条中都得到了明确。根据《德国专利法》的规定，被任用为技术法官的人必须是在德国或者欧盟境内的大学或相关科研机构毕业并通过了技术或自然科学相关方面的学院级或国家级考试，且至少在自然科学或技术领域有5年以上的工作经历。此外，技术法官还必须具备法定的法官资格，必须经历法律法官必须经历的法律专业学习及专业考核。由于对技术领域和法律领域都有较高的要求，技术法官一般从德国专利商标局的资深技术审查员中选任。需要指出的是，技术法官制度仅在联邦专利法院中设立，专利无效案件的终审法院（联邦最高民事法院）并无技术法官的设置，而全部由法律法官审理。专利法院之外的普通法院对于专利案件中的技术问题，通常委托鉴定人鉴定，鉴定费用一般为2万~3万欧元，审理时间为3~6年。而专利法院审理专利无效案件的时间通常为1年或1年半。

（三）机构配置

专利法院的行政机构包括，院长、副院长、法官事务室、预算室、（非法官人员）人事室、秘书室、新闻公开室、图书室、专利律师培训室、保密室。各部门主管均由法官兼任，兼任行政事务的法官的案件量减少，薪水并不增加。其中，新闻公开室负责出版年报、接待外国来访、外国知识产权资料收集、网络维护与内部资料保护等；法官事务室负责法官人事资料、法官职务事务、法院事务分配、主席团事务、咨询会议事务等。

依照《德国专利法》第66条规定，专利法院内设上诉庭与无效庭两类，具体庭数由联邦司法部部长核定。目前，共设有29个审判庭，其中无效庭4个，上诉庭25个。25个上诉庭中有1个实用新型上诉庭、13个技术上诉庭、9个商标上诉庭、1个植物品种上诉庭和1个法律上诉庭。

1. （专利）无效庭（第1~4庭）。受理不服专利商标局对于专利所作无效、强制许可的授予或撤销的上诉，一般采5人合议庭，1名法律法官担任审判长，1名法律法官和3名技术法官参审。简单案件则由1名法律法官和2名技术法官组成合议庭审理。

2. 技术上诉庭（第6~9庭、第11庭、第14庭、第15庭、第17庭、第19~21庭、第23庭、第34庭）。受理不服专利局对于专利申请、维持、撤销及限制等行政决定的上诉。13个技术审判庭之间有明确的领域分工，例如，第6庭主要负责水利、建筑、基础设施建设等领域；第7庭主要负责机械制造领域；第9庭主要负责交通工具行业，如汽车、火车、航空器制造业等。由1名法律法官和3名技术法官组成合议庭，技术法官担任审判长。

3. 实用新型上诉庭（第5庭）。受理不服专利商标局对于实用新型及集成电路布图设计所作决定的上诉。一般采3人合议庭，法律法官担任审判长，参审法官视案件类型不同而异：若系无效决定，参审法官为2名技术法官；

若系撤销决定，参审法官为1名技术法官、1名法律法官；若系授权决定，参审法官则2名为法律法官。

4. 商标上诉庭（第24～30庭、32庭、33庭）。受理不服专利商标局对于商标的决定的上诉，因所涉争议主要是法律问题，由3名法律法官组成合议庭审理。

5. 法律上诉庭（第10庭）。受理不服专利商标局对工业设计及其他行政决定的上诉，因所涉争议主要是法律问题，由3名法官组成合议庭审理。

6. 植物品种上诉庭（第35庭）。受理不服德国联邦植物品种保护局所作决定的上诉。合议庭由2名技术法官和2名法律法官组成，法律法官担任审判长，但若案件只涉及《德国品种保护法》第30条规定的品种名称变更时，则只需由3名法律法官组成。

（四）案件量分配及判决评议

法院组织法规定，法官选出主席团（Praesidium），法院人数在80人以上的，应选出10名法官组成主席团，院长为主席团主席。主席团是法官的自治组织，负责讨论次年各审判庭的案件量分配，以及法官在各庭之间的调任。为确保在各庭的工作量，各庭所有成员在年度开始前，必须讨论并书面确定由谁负责法庭调查，谁负责草拟判决书。庭长不承办案件，不用写判决书，但必须主持庭务，督导法官，并担任案件审判长。

无论上诉庭还是无效庭，只有被委任参与审判的法律法官与技术法官才能对审理结果进行表决。表决必须按照一定顺序进行。法官中工龄最短者最先表决，工龄相同时，年龄最小者最先表决。审判长最后表决。结论采用少数服从多数的原则，当票数相同时，审判长的意见为决定性意见。德国法院中仅联邦最高法院公开合议庭不同的意见，其他非终审法院均不公布不同意见。

（五）受案管辖

联邦专利法院是德国工业产权保护领域的联邦专门法院，只是受理工业产权相关案件，而不受理与著作权相关的案件。受理的案件包括与专利、实用新型、外观设计、商标及植物新品种相关的无效宣告、强制许可及对德国专利与商标局的相关决定不服的诉讼案件。具体包括：

1. 当事人针对德国专利与商标局决定提起的有关专利、商标、外观设计、实用新型和集成电路布图设计的上诉；

2. 当事人针对联邦植物品种局的决定提起的有关植物新品种的上诉；

3. 2002年1月1日至2006年6月30日针对专利授权提出的异议；

4. 当事人针对德国专利及德国境内的欧洲专利权的无效宣告；

5. 当事人针对专利或实用新型的强制许可之授予或撤销提起的诉讼，以及要求调整法院通过判决确定的强制许可使用费的案件。

（六）审理原则及流程

1. 申请原则。专利法院基于法院审理案件的“不告不理”原则，诉讼程序由当事人书面申请启动，不能依职权。根据处分原则，原告可以撤回申请，终结诉讼。

2. 调查原则。专利法院审理以职权调查为主导，不受限于当事人诉请的事实，且不受当事人提交的证据的限制，但当事人对案件事实有完全及真实陈述的义务。

3. 言词辩论原则。通常情况下，专利法院采“书面审”。在当事人申请、法院认为必要等情形下，可进行言辞辩论（口头审理）。事实上，技术上诉庭审理的绝大多数案件采言词辩论程序，因为大多数当事人均会提出口审申请，且法院认为口审有利于澄清争点。对于专利无效案件，依据《德国专利法》第82条规定，被告如果未在法院规定的1个月期限内提出答辩，专利法院可以不经口审程序，认为原告主张事实成立，径直裁判。若被告如期答辩，则应当进行口审。

4. 非强制专业代理原则。当事人可亲自或委托代理人出庭，任何具有诉讼能力的自然人均可成为代理人，不采取专业代理人强制代理的制度。但当事人是外国人时则必须委托律师出庭。

对联邦专利法院的判决不服，可以向联邦最高民事法院提起上诉。但因案件类型不同，上诉程序和审理范围存在明显的差异。对于专利法院所作的专利无效判决，不适用上诉许可审查程序，即不需经过最高民事法院的许可，即可无条件地进入上诉程序。而专利无效判决之外的其他判决，需和其他民事判决一样，经过最高民事法院的审查许可，方可启动上诉程序①。另一个重要区别是，最高民事法院对于无效判决的上诉审是包括法律和事实的全面审查，而对其他民事判决仅作法律审。具体的程序性问题包括：

（1）上诉理由。《德国专利法》第 111 条规定，当事人向最高民事法院上诉，必须委托律师或专利代理人为诉讼代理人代理诉讼②。代理人可以与一位技术辅助人一同出庭。上诉状的递交时限为 1 个月，如上诉人有重要理由，审判长可依申请延长上诉期限。

（2）举证。《德国专利法》第 115 条规定，联邦最高民事法院为查清事实，可以采取必要的措施，不受当事人提出的证据或证据保全的拘束。当事人提交的证据，亦须经过专利法院递交至最高民事法院。《德国专利法》第 117 条规定，被上诉人在答辩状中提出证据主张时，上诉人对此可以提出新的证据。最高民事法院在审理时可考量当事人未涉及的事实与证据。如有必要，最高民事法院可采取必要措施调查证据。作为判决的基础事实，如未经当事人讨论，法院应提供机会使当事人就此未讨论之事实陈述意见。

（3）审理。《德国专利法》第 118 条规定，一方当事人对他方主张事实不作陈述，推定他方主张的事实成立。如果庭审日当事人未到庭，法院可以依据案卷内容作出判决。

（4）判决。判决应在审理终结期内或指定时间内宣示。法院如认为口头宣布判决理由是适当的，可以朗读理由或口头通知判决主要内容。

（七）运行效果

联邦专利法院的设立，主要是为解决因行政确权而产生的纠纷给侵权诉

---

① 关于专利无效判决，经专利法院和最高民事法院两审即告终审，而其他民事判决需经地方法院一审，高等法院二审和最高民事法院的三审才告终结。由于专利无效审理程序比普通民事程序少一个审级，专利权效力状态的最终确定通常早于民事侵权程序的完结，从而在一定程度上避免了侵权程序中止以等待无效程序的情况。当无效程序、侵权程序并存时，并非所有侵权程序均需中止，而是以权利无效的可能性为依据。实务中，审理侵权案件的法院中止诉讼的比率并不高。不过，杜塞尔多夫地区法院的中止率高于慕尼黑地区法院。

② 并非所有律师或专利代理人均可以代理在最高民事法院的诉讼，只有获得最高民事法院许可的律师才可代理在该法院的诉讼。

讼所带来的时间上的拖累。专利法院设立以后，请求宣告专利、实用新型、外观设计及商标无效的，不再向德国专利与商标局提出，而是直接以诉讼的方式向联邦专利法院提出，实质上由专利法院承担了原来的行政确权工作，很好地解决了行政确权与诉讼的关系和衔接。

在德国联邦法院成立 50 周年的庆典上，德国总统克里斯蒂安·武尔夫评价说："你们的判决很少被聚焦，但是你们所引导的知识产权保护对德国保持创新能力、思想的多样性以及未来发展活力是十分重要的。"包括德国联邦专利法院在内的德国专利体系使德国的创新精神得以延续至今，也为德国成为工商业和科研重地做出了重要贡献。这种作用的表征之一是专利申请量的上升：2010 年，德国专利商标局受理了大约 60 000 件专利申请，此外还有大约 33 000 名德国人向欧洲专利局递交了申请。

四、俄罗斯知识产权法院

（一）设立背景

俄罗斯联邦成立后，依据 1992 年 9 月 23 日通过的《俄联邦专利法》成立了俄罗斯联邦专利最高监察院，负责审理不服俄罗斯专利局上诉委员会决定的上诉案件，并负责颁发强制非排他使用许可。1997 年，专利最高监察院的职能移交俄罗斯专利商标局，即现在的俄罗斯专利局。

在 2008 年的仲裁法院代表会议上，俄罗斯联邦最高仲裁法院院长安东·伊万诺维奇（Anton Ivanov）倡议，在俄罗斯联邦仲裁法院体系内设立专利法院受理专利案件。随后该法院管辖权范围扩展至其他类型的知识产权案件。

俄罗斯于 2011 年修订了联邦宪法。随后通过了两个法案，其中包含对联邦司法体系、联邦仲裁法院、联邦法官地位、联邦仲裁程序规则和联邦民事法典内容的修正。2013 年 2 月 1 日，俄罗斯知识产权法院设立，作为一个专门的仲裁法院，负责审理有关知识产权的一审和二审案件。2013 年 7 月 2 日，俄罗斯联邦最高仲裁法院全会批准设立知识产权法院。俄罗斯知识产权法院位于首都莫斯科马什科娃大街 13 号，临近最高仲裁法院。现任院长为柳德米拉·诺夫斯诺娃（Lyudmila Novoselova）。

（二）人员机构设置

俄罗斯知识产权法院设法院常务委员会、审判庭（2个）、院长秘书处、研究室、装备保障处、财务处、干部处和外联处等。

法院设院长1名、副院长2名、法官若干名。法官队伍尚未组建完成，预计为包括院长在内的至少30名法官，目前已任命包括院长在内的16名法官，其中绝大多数为前仲裁法院法官，只有少数几位法官有技术背景，如物理学（Rogozhin法官）和机械学（Vasilieva法官）。任命法官时，优先考虑同时具有法律和技术背景人员，如非两者兼有，优先考虑具有丰富的知识产权案件审判经验的法官。

（三）受案管辖

俄罗斯知识产权法院设立前，一方当事人为自然人的案件由普通法院管辖；双方当事人均为法人的案件由仲裁法院管辖。知识产权法院设立后，知识产权案件（包括知识产权和垄断民事、行政案件）均由知识产权法院管辖。俄罗斯知识产权法院同时受理知识产权和垄断一审、二审案件。具体包括如下案件：

一审案件为不服俄罗斯专利商标局、农业部有关专利和商标授权确权行政案件；不服俄罗斯联邦反垄断局有关企业并购反垄断审查决定行政案件；专利权权属案件；专利及植物新品种无效案件；注册商标不使用撤销案件。俄罗斯知识产权法院一审案件的受理范围不包括著作权及邻接权案件和集成电路布图设计案件。

二审案件为知识产权行政和民事案件，包括不服知识产权法院一审的上诉案件；不服俄罗斯仲裁法院判决的上诉案件，包括著作权及邻接权案件、集成电路布图设计案件的上诉案件。

（四）审理方式

案件审理采用合议制，由3名或多名法官组成合议庭。案件审级实行三审终审制：一审分别由俄罗斯知识产权法院和其他具有知识产权案件一审管辖权的仲裁法院审理，二审由俄罗斯知识产权法院常务委员会审理，三审由俄罗斯最高仲裁法院审理。

在俄罗斯知识产权法院设立前，不服俄罗斯专利商标局裁定的，应当向莫斯科市仲裁法院提起诉讼。不服莫斯科市仲裁法院裁定的，应当上诉至俄罗斯联邦第九复审仲裁法院。仍不服二审裁定的，应当向莫斯科大区联邦仲裁法院上诉。俄罗斯知识产权法院受理案件后，二审法院正在审理的二审案件仍由该法院审理，但是，对二审裁定不服的，应当向俄罗斯知识产权法院常务委员会提出。

五、欧洲统一专利法院

（一）设立背景

构建欧洲专利法院、统一专利司法保护的构思是随着欧洲统一专利制度的推进而不断深化和具体化的。欧洲统一专利制度包括专利的统一授权、效力和保护三大内容。这种建立单一专利的想法早在1957年创建欧洲经济共同体的《罗马协议》中提出。在此基础上，1962年的《欧洲专利条约》提出了集中授权专利和统一专利的概念，并首次提出了建立欧洲统一专利法院的设想。随后，统一专利的授予、效力及保护就作为三个独立议题各自发展。专利授权和统一效力的议题因对一国主权影响较小，在20世纪就已经实现。但专利诉讼在统一专利法院设立前仍由各国依据本国法律审理，因此对法律的解释和事实的认定容易在不同程度上有差异，导致同案不同判。各国在诉讼费、审限和程序等方面的差异也引发了当事人择地诉讼，出现多重诉讼。在专利申请和诉讼时，当事人往往要花费大量翻译费，维权成本相当高，严重阻碍了专利权的功能和效用的发挥。

2010年12月，12个欧盟成员国依据《欧洲联盟运行条约》（Treaty on the Functioning of the European Union）第326~334条规定的加强合作程序，提出在创设统一专利保护问题上加强合作。至2011年年初，共有25个成员国表示加入该合作，西班牙和意大利因对统一专利法院官方语言的担忧而未加入。随后，西班牙和意大利就专利法院的官方语言问题向欧洲法院提起诉讼。2011 年 3 月 8 日，欧洲法院在判决中认定，统一专利法院系欧盟框架外的国际法院，由统一专利法院审理专利案件将剥夺成员国司法机关对专利案件管辖权以及向欧洲法院申请初步裁决等权利，因此其设立不符合欧盟法律规定。鉴于此，各成员国必须在欧盟框架之外单就统一专利法院设立问题签订协议。

2011 年 3 月，欧盟理事会依据该 25 个成员国的请求做出决议，正式启动在创设统一专利保护问题上加强合作的机制。目前，该机制主要成果为两个条例，即 2012 年 12 月欧洲议会和欧盟理事会先后通过的欧盟第 1257 号、第 1260 号条例，即《欧洲议会和理事会在创设统一专利保护问题上加强合作实施条例》和《欧盟理事会在创设统一专利保护翻译事宜安排问题上促进合作实施条例》。上述两个条例于 2013 年 1 月生效。依据条例规定，统一专利将于《统一专利法院协议》生效后开放申请，申请语言为英语、德语或法语。依据《欧洲专利公约》的规定，欧洲统一专利将与成员国国内专利和欧洲专利并存。

2013 年 1 月 11 日，欧盟理事会公布了《统一专利法院协议》。同年 2 月 19 日，欧盟 24 个成员国部长在布鲁塞尔就设立统一专利法院签署协议，欧洲统一专利法院的设立终于由理论走向现实，为在欧洲实施单一专利体系铺平了道路。截至目前，欧盟成员国除西班牙和波兰外，均已签署该协议。

（二）人员组成

统一专利法院网站显示，统一专利法院筹备委员会由所有签订《统一专利法院协议》的成员国组成，依据筹备委员会路线图开展工作。筹委会主任由 Paul van Beukering（荷兰）担任，副主任由 Alexander Ramsay（瑞典）担任，秘书处秘书长由 Eileen Tottle（英国）担任。筹委会目前工作主要涉及法律框架、资金、信息技术、基础设施、人员及培训 5 个方面。第一批措施之一为公布《统一专利法院程序规则（草案）》，向公众征求意见（至少 3 个月）。

统一专利法院的法官包括法律法官和技术法官两种，他们均需具备专利诉讼的专业知识和丰富的审判经验，至少熟练掌握一门欧洲专利局官方语言，且为协议签约国公民。其中，法律法官需具有签约国的法官资格，技术法官应具备专业技术方面的学位并被认可为该专业的专家，还需具备民法和民事诉讼法学知识。法律法官是全职的法官，不能在专利法院之外任职，技术法官则可采兼职形式，但不能从事与其任职有利益冲突的职业或活动。所有法官由专利法院的管理委员会在公认具有较高水平的专利法官和专利律师组成的咨询委员会所制定的候选人名单当中任命。行政委员会由每个签约国的一名代表组成。行政委员会决议事项实行3/4以上的多数表决制。

两级法院都需要根据其所审理的案件范围配备相关领域的法官。为了保证法官具有足够的专业能力和经验，统一专利法院在匈牙利的布达佩斯设置了一个法官培训中心，通过定期培训、会议等方式提升和保障法官的业务水平。

（三）机构设置

统一专利法院设一审法院、上诉法院和登记处。一审法院由中央法庭、地方或地区分庭组成。中央法庭由设在巴黎的主法庭和设在伦敦、慕尼黑的主法庭分部组成。伦敦分部负责审理包括药品在内的化工案件（如国际专利分类表C类）和人类必需品案件（如国际专利分类表A类）。慕尼黑分部负责审理机械工程案件（如国际专利分类表F类）。两分部预计各自分担总案件量的30%。各成员国均可设立一个地方分庭（local division），也可与其他一个或几个成员国共同设立地区分庭（regional division，local division of the group）。地方和地区分庭地点由成员国自己决定。

上诉法院设在卢森堡，案件登记处设在上诉法院所在地，法官培训中心设在布达佩斯（匈牙利），专利仲裁和调解中心设在里斯本（葡萄牙）和卢布尔雅那（斯洛文尼亚）。

（四）受案管辖

根据《统一专利法院协议》第32第1款的规定，统一专利法院对关于欧洲统一专利及专利补充保护证书的案件享有专属管辖权，负责审理侵权、确认不侵权、申请临时保护措施和禁令、无效和反诉无效等案件，以及对欧洲专利局依据欧盟第1257号条例作出的决定不服而起诉的案件。统一专利法院对成员国国内专利无管辖权，关于在先使用权保护问题，由国内法管辖。

一审法院对案件管辖的规则如下：（1）侵权或与侵权有关的诉讼、临时保护措施和禁令、临时保护和（或）在先使用产生的损害赔偿，由侵权发生地或被告住所地或经营地的地方或地区分庭受理。如被告在签约国内无住所或经营地，则由侵权发生地的法庭审理。签约国未设立地方或地区分庭的，由中央法庭受理。当数个地方或者地区法庭都有管辖权时，由最先受理的法庭管辖。地区法庭审理的侵权纠纷的损害结果涉及3个以上地区法庭，根据被告的申请地区法庭可以将案件移送给中央法庭审理。（2）无效或确认不侵权之诉，由中央法庭受理。当同一当事人就相同专利在地方或地区分庭已提起侵权之诉时，无效或确认不侵权之诉只能在相同的地方或地区分庭提起。但当事人已在中央法庭提起了无效之诉，同一当事人就相同专利需要提起侵权之诉的，则既可在地方或地区法院提起，又可在中央法庭提起。（3）如果地方或地区法院在审理侵权案件中，对方当事人反诉专利无效，该地方或地区法院有以下4种选择：①同时审理侵权和无效案件，②将无效案件移送中央法庭审理，③经各方当事人同意，将案件整体移送中央法庭审理，④双方当事人就案件以协议管辖的方式确定法庭。（4）不服欧洲专利局根据欧盟第1257号条例作出决定的案件，由中央法庭受理。

统一专利法院开始受理案件后，专属管辖权的过渡期为7年，期满后经提议可再延长7年。这期间应受到以下限制：（1）专利侵权和无效案件仍可向国内法院提起；（2）过渡期内，如统一专利法院未受理有关某一欧洲专利或欧洲专利申请的案件，该项欧洲专利权人或专利申请人可向统一专利法院登记处申请放弃统一专利法院对该项专利或专利申请的管辖权。一旦申请，该专利有效存续期内，仅国内法院享有管辖权。

（五）审理方式

专利法院的审判方式倾向于大陆法系的职权主义审判模式，在保障当事人程序权益及意思自治的同时，强调法官对案件的主动管理。例如，根据

《诉讼程序规则（草案）》第9条，为了查清案件事实，法官可在任何时候，依职权或依当事人申请推进诉讼，要求当事人在指定时间内回答或解释任何与审判有关的问题、提供证据。又如，对于当事人上诉及答辩的时间，法官认为当事人申请延期的理由充分合理的，可适当延长，甚至重新恢复该程序。但法官的审判活动仍受辩论主义约束，审判范围仅限于当事人主张的事实、提供的证据及答辩内容，当事人没有提交或主张的，法官不予考虑。

案件审理采用合议制（详见表2）。

表2：欧洲统一专利法院合议庭组成及诉讼语言

法院	合议庭组成（人）	本国法官人数（人）	法律法官人数（人）	技术法官人数（人）	诉讼语言
一审法院中央法庭	3（不同国籍）		2	1	授予专利时所用语言
一审法院地方分庭（年案件数量少于50件）	3（不同国籍）或4（依一方当事人或合议庭申请）	1	3	0或1（依当事人或合议庭申请）	地方分庭所在国官方语言或官方语言之一
一审法院地方分庭（年案件数量多于50件）	3（不同国籍）或4（依一方当事人或合议庭申请）	2	3	0或1（依当事人或合议庭申请）	地方分庭所在国官方语言或官方语言之一
一审法院地区分庭	3（不同国籍）或4（依一方当事人或合议庭申请）		3	0或1（依当事人或合议庭申请）	由共同设立该分庭的成员国确定
上诉法院	5		3（不同国籍）	2	一审审理所用语言

诉讼语言例外情形：（1）成员国可以指定欧洲专利局官方语言之一为其

地方分庭的诉讼语言或诉讼语言之一；（2）各方当事人可达成协议使用专利授予时所用语言为诉讼语言；（3）经各方当事人同意，具有管辖权的法院可以决定使用授予专利时所用语言；（4）经一方当事人申请，一审法院院长在听取其他当事人和合议庭意见后，可以决定使用授予专利时所用语言。

（六）适用法律

统一专利法院审理案件适用法律包括：欧盟法律（包括上述两个条例）、《统一专利法院协议》《欧洲专利公约》、其他对所有成员国及其国内法有约束力的国际协定。统一专利法院应当与欧洲法院一起确保欧盟法律适用的正确和解释的一致性。

程序法方面主要适用《专利诉讼公约》《统一专利法院协议》和正在起草的《诉讼程序规则》。根据《统一专利法院协议》规定，在其生效前，由法官、律师和签约国代表组成的准备委员会根据《统一专利法院协议》对诉讼程序的原则性规定进行细化并起草《诉讼程序规则》，由签约国代表组成的管理委员会超过 3/4 的选票通过后适用。

实体法方面主要适用的法律包括：欧盟法律（包括上述欧盟第 1257 号和第 1260 号条例）、《统一专利法院协议》《欧洲专利公约》、其他对成员国有约束力的国际协定和国内法。当欧盟法中的准据法要求，或欧盟法虽没有相应准据法但依据国际证书规定，或在无前述两种情形但国内私法所要求适用的，非签约国的国内法也应作为法院适用的法律。关于在先使用权保护问题，由国内法管辖。任何人如果依据其国内法对某一国内专利享有在先使用权，其在该国国内针对同一发明的欧洲专利或欧洲统一专利同样享有在先使用权。欧洲法院的裁决对统一专利法院具有约束力，统一专利法院应当与欧洲法院一起确保欧盟法律适用的正确和解释的一致性。

六、日本知识产权高等法院

2004 年 6 月，日本颁布《知识产权高等法院设置法》，并修改法院法等法律，为设立知识产权专门法院提供法律依据。2005 年 4 月 1 日，根据上述法律的规定，日本设立了知识产权高等法院，但作为特别支部成立在东京高等法院内部。知识产权高等法院目前是日本唯一的知识产权专门法院。

（一）设立背景

1948年日本修改《日本专利法》，建立了对专利无效决定撤销制度，从而产生了专利等知识产权授权行政诉讼，东京高等法院是专属管辖法院。1950年11月东京高等法院设立了审理专利行政、民事诉讼案件、其他知识产权案件的第5特别部。之后高等法院改变了由特别部处理知识产权案件的做法，在民事一般部门设立了专门的知识产权庭。1958年3月设立第6民事部，1959年12月设立第13民事部，1985年1月设立第18民事部，2002年4月设立第3民事部。知识产权第1～4部和第6特别部，于2005年4月1日移入知识产权高等法院，组成通常部（第1～4部）和特别部（大合议部）。

2002年3月20日，面对日本产业竞争力减弱的形势，日本首相小泉纯一郎主持成立了内阁的知识产权战略会议，提出“知识产权立国”口号，首次将知识产权视为基本国策。2002年7月3日，日本知识产权战略会议公布《知识产权战略大纲》。该大纲要求政府在2003年国会上提出《知识产权基本法》，同时设立“知识产权战略本部”，制订“知识产权战略计划”等，并规定2003年应当向国会提交建立“专利法院”的法案，加强专家参与制度，强化调查官制度。2004年6月，日本颁布《知识产权高等法院设置法》，2005年4月1日，设立知识产权高等法院。

（二）人员组成

知识产权高等法院由院长、法官、调查官、书记员、事务员等组成。最高法院院长由内阁提名，天皇任命，其他大法官均由内阁任命。知识产权高等法院的法官，均须经最高法院资格审查后向内阁提名，并由内阁正式任命。2005年知识产权高等法院设立时，有18名法官（含院长）。

日本法官任命要经过严格的程序。大学毕业生经过司法考试，合格者进入司法研修接受1年半培训。培训结束后经过考试，合格者并获准到法院任职的，被分配到全国各地的地方法院做助理法官。助理法官通常要工作10年后才能担任法官。日本高等法院的法官多是从地方法院和家庭法院工作至少10年以上的法官中选拔，有些则是从至少任职10年以上的检察官、律师和法务省官员中选任。在大学或研究院任教10年以上的教授或助教授经最高法院认可并提名，也可以被内阁任命为高等法院的法官。

日本法院设法院调查官，负责辅佐法官调查知识产权案件所需的技术性事项，该制度已有50多年的历史。调查官由知识产权高等法院任命，遵照法官的命令，调查官对有关发明专利、实用新型专利等技术方面的问题进行调查。从2005年4月开始，调查官在口头辩论期间，还可以对当事人进行提问。此外，对应不同的案件，还有非专职的专门委员参与审理。

专门委员，是由最高法院任命的非专职职员，被任命者系在各个专门技术领域内具有渊博专业知识的大学教授或公共机关的研究人员等组成。大约有200名专门委员，作为兼职官员任期两年。这些专门委员的名单存放在专家库中，法院可以指定最适合的专门委员来解决相关的技术纠纷案件，尤其是需要专业知识进行解释的案件。

（三）机构配置

知识产权高等法院由审判部门以及管理一般事务的知识产权高等法院事务局组成，审判部门包括特别部（处理大合议案件）和4个部。第1～4审判部实行3人合议制。特别部实行大合议制，对于重要案件实行5人合议制（大合议制）。事务局处理知识产权高等法院的日常事务，下设事务一科、事务二科。司法行政事务由知识产权高等法院法官会议决定，由院长总管。知识产权高等法院法官会议，由知识产权高等法院全体法官组成，由院长任议长。（详见图1）。

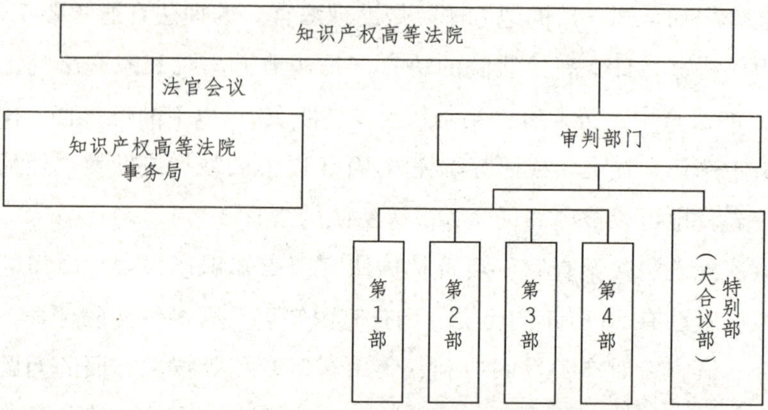

图 1：东京知识产权高等法院内部组织机构

日本知识产权高等法院作为东京高等法院特别支部存在，在人事、预算和诉讼运营上有独立的法律权限。必须注意的是，尽管日本采取了合署办公模式，东京知识产权高等法院实际上享有比其他高等法院更大的独立性：其设有一位专门的首席法官和独立于东京高等法院的知识产权高等法院司法会议（类似于我国法院的审判委员会），负责管理司法行政事务，且不受司法辖区的限制。就此而言，这种合署办公模式仅是办公地点合署，在审判体制、人员配置等方面则是完全独立的。

（四）受案范围

1. 请求撤销裁决的案件。不服专利局的裁决而请求撤销裁决的诉讼。

2. 民事上诉案件。有关发明、实用新型、半导体集成电路权以及有关计算机软件著作权案件的上诉案件。侵犯外观设计专利、商标权、著作权（计算机程序除外）、出版权、著作邻接权、植物新品种权和不正当竞争法损害商业利益的民事案件，一审由各地方法院受理，上诉审由分布在日本的 8 个高等法院受理，其中属于东京高等法院受理的上诉案件由知识产权高等法院审理。

3. 其他案件。东京高等法院所审理的民事、行政案件中以知识产权专业知识为主要焦点的纠纷案件。

2009 年～2012 年案件数量以及审理周期如表 3 所示。

表 3：知识产权民事上诉案件

年份	新收案件数（件）	已结案件数（件）	审理期限（月）
2009	88	90	10
2010	104	101	8.5
2011	90	91	7.5
2012	101	108	7.7

表 4：请求撤销裁决一审案件

年份	新收案件数（件）	已结案件数（件）	审理期限（月）
2009	443	442	7.5
2010	413	444	7.2
2011	453	407	7.5
2012	457	463	8.0

（五）审理方式

1. 知识产权诉讼二元制。请求撤销裁决的案件实行二审终审制，一审在知识产权高等法院，上告审在最高法院。民事侵权案件实行三审终审制，一审在地方法院，上诉审在知识产权高等法院和其他各高等法院，上告审在最高法院。上诉审民事知识产权案件不全属于知识产权高等法院管辖，非技术型的案件，如外观设计专利权案件、商标权案件、著作权案件（计算机程序除外）、品种权案件、不正当竞争侵犯商业利益案件，如果一审法院属于东京高等法院管辖外的各地方法院，则由各高等法院管辖（详见图 2）。

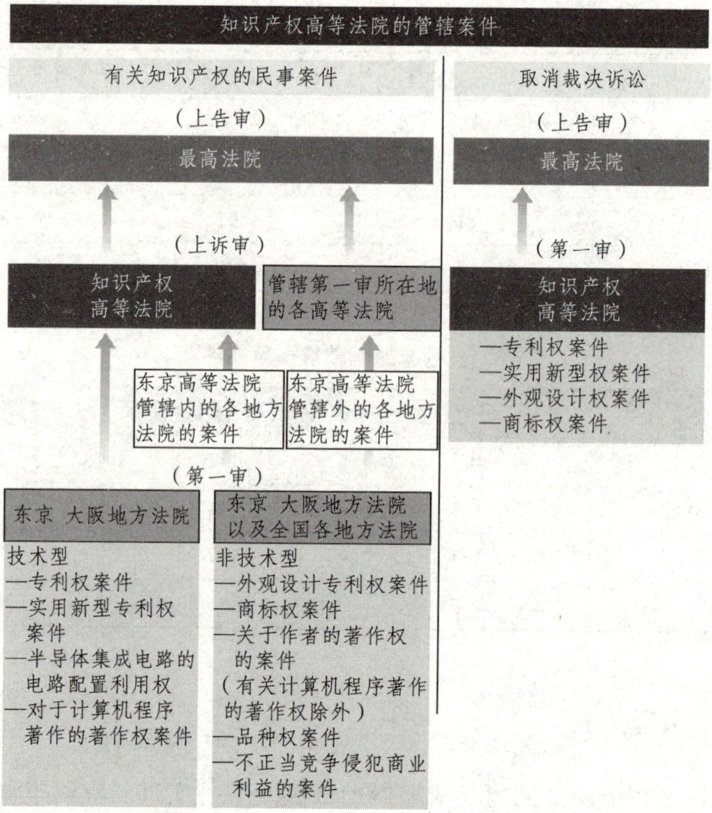

图 2：东京知识产权高等法院案件管辖及审级制度

2. 大合议制。2004 年 4 月，日本引进了由陪审团进行审理及审判的大合议制度，适用于对法律适用疑难或有争议的案件以及对企业的经济活动、产业政策产生重大影响的案件，陪审团由 5 名陪审员组成。

3. 技术调查官、专门委员参与。在知识产权高等法院设置法官调查官，根据法官的命令，对技术问题进行调查。在口头辩论期间，根据法官的命令，还可以就技术问题向当事人提问。根据法院的决定，专门委员就案件专业技术问题进行说明时，可以参加案件审理，其由最高法院任命。

（六）特点及其运行效果

东京知识产权高等法院具有高度独立性。日本的法院体系分为三级最高法院、高等法院、地方法院，其中高等法院 8 个。东京知识产权高等法院不在8个高等法院之列，而是东京高等法院之内的高度独立的专门分院，其地位不同于日本全国现在的其他6个高等法院分院（如名古屋高等法院的金泽分院，广岛高等法院的冈山分院和松江分院等）。其他高等法院分院只有基于地域的有限管辖权，且只拥有所属高等法院授予的有限的司法行政管理权限。东京知识产权高等法院的高度独立性主要表现在：（1）它有自己的首席法官；（2）有自己的法官会议；（3）有自己的法院事务局。东京知识产权高等法院通过自己的法官会议管理司法行政事务（如法庭事务分配、案件分配、法官更换等），独立于东京高等法院。

东京知识产权高等法院成立后，从其受理和审结的案件数量来看，民事上诉案件基本维持在每年100件左右（87~114件），变化不明显；请求撤销日本专利局裁决的案件数量则呈现明显的下降趋势，从最高的2005年589件下降到2013年的353件。从案件平均审理期间（从受理到审结的时间）来看，民事上诉案件和请求撤销日本专利局裁决案件的审理期间都有较为明显的缩短趋势（见图3、图4）。

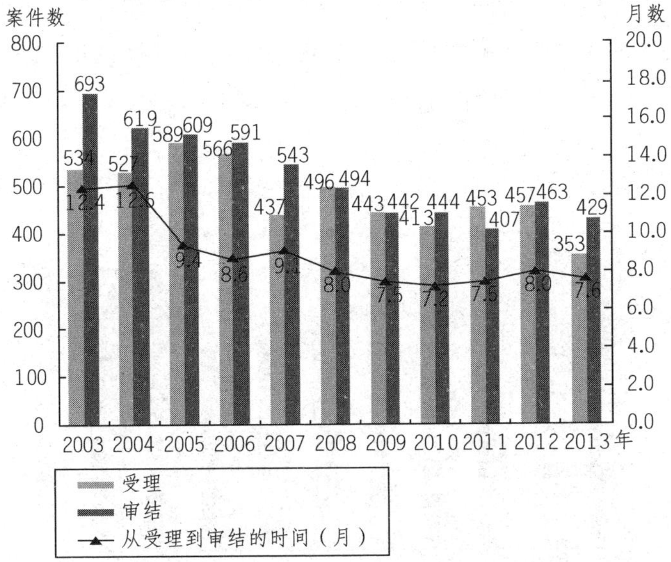

图3：东京知识产权高等法院民事上诉案件受理数、审结数和平均审理期间

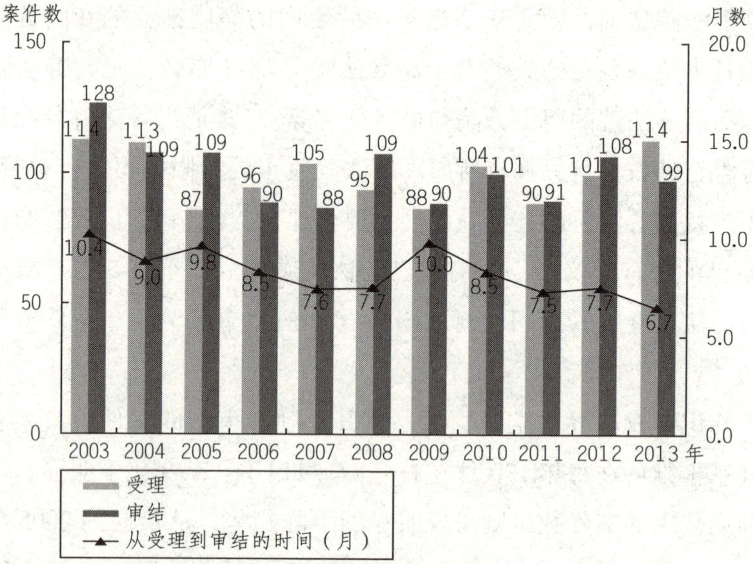

图4：东京知识产权高等法院请求撤销日本专利局裁决案件受理数、审结数和平均审理期间

但审理期间的缩短可能很难简单地归因于知识产权专门法院的设立，因为同一时期内日本所有知识产权上诉案件（包括东京知识产权高等法院受理的案件在内）的审理期间都呈明显的缩短趋势。审理期间的缩短，可能与日本民事诉讼制度改革的相关性更高（见图5）。

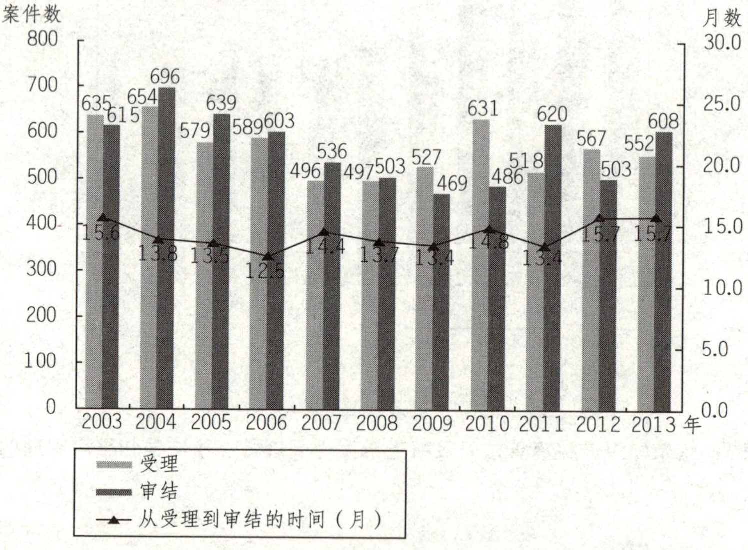

图5：日本知识产权上诉案件受理数、审结数和平均审理期间

东京知识产权高等法院设立后，与日本知识产权一审案件受理、审结的数量和平均审理期间也没有表现较高的相关性（见图6）。

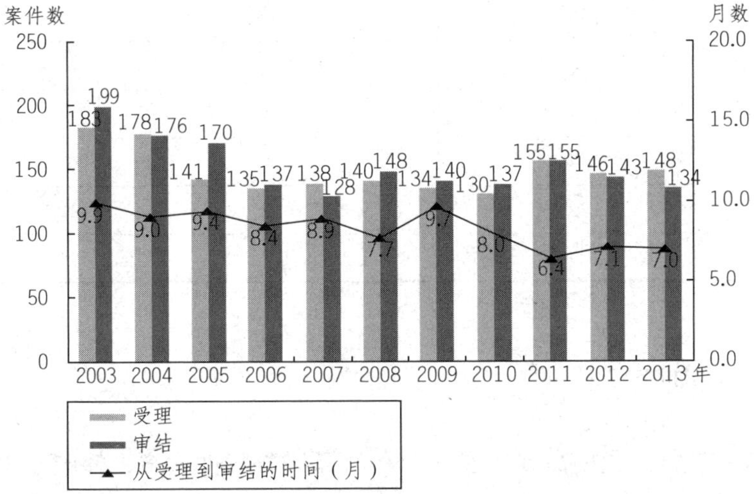

图6：日本一审知识产权案件受理数、审结数和平均审理期间

仅从专利和实用新型一审案件（民事案件）的受理数来看，东京知识产权高等法院设立前后也没有表现出明显的变化。

表5：日本专利、实用新型一审民事案件受理数量情况

年份	专利案件受理数（件）	实用新型案件受理数（件）	合计（件）
1990	140	58	198
1992	98	51	149
1994	106	98	204
1996	157	77	234
1997	166	70	236
1998	156	58	214
2000	176	59	235
2001	153	34	187
2002	165	38	203
2003	189	27	216
2004	217	35	252
2005	196	13	209

续表

年份	专利案件受理数（件）	实用新型案件受理数（件）	合计（件）
2006	139	16	155
2007	156	12	168
2008	147	3	150
2009	174	1	175
2010	122	9	131
2011	207	7	216

七、韩国专利法院

随着知识信息化的高度发展，专利商标纠纷案件激增，韩国于 1994 年 7 月 27 日修改《韩国法院组织法》，为设立高级法院级别的专利法院提供依据。1995 年 1 月 5 日修改《韩国专利法》，规定了专利审判院的设立、管辖等问题。1998 年 3 月 1 日在首尔设立了专利法院（2000 年 3 月 1 日迁至大田）审理有关专利和商标授权确权的第一审行政案件。

（一）设立背景

韩国专利法院在知识产权法的改革运动背景下产生，最初的目标是设立独立的专利法院。根据原《韩国专利法》第 186 条第 2 款和《韩国商标法》第 56 条第 1 款，韩国知识产权局设有两级行政机构，一级是争议委员会，负责受理专利申请权争议、专利权异议或无效争议的初审；另一级是争议上诉委员会，负责这些争议的二审。对争议上诉委员会决定不服的，可直接上诉至韩国最高法院，但是，只有对违反法律、法规的决定，才可以上诉。所以，导致司法审查形同虚设。在这一背景下，1992 年韩国最高法院要求韩国宪法法院根据宪法进行判断。宪法法院在听证过程中，听取了司法部、知识产权局的意见，最终宣布《韩国专利法》上述条款不符合宪法，但宪法法院规定了过渡期，在新的专利法院建立之前，原来的体制仍然运行。1994 年 7 月，最高法院和知识产权局最终达成一致，并于 1994 年年底修改法院组织法和专利法：建立隶属于最高法院的专利法院，其中有技术法官参加；韩国知识产权局将两级行政机构即争议委员会和争议上诉委员会合并成为知识产权裁判所。对知识产权裁判所的决定不服的，可以上诉至专利法院。

（二）人员组成

《韩国法院组织法》规定担任法官的人必须通过司法资格考试并在司法研修院完成两年的研修课程或具有律师资格。首席大法官和大法院的大法官经国会同意由总统任命。专利法院的法官由最高法院法官委员会同意后由大法院院长任命。在任命为法官之前，具备任职资格的人必须由首席大法官任命为见习法官。经过两年的见习期，根据见习法官的个人业绩来考量是否任命为法官。

技术审理官由韩国特许厅派驻，《韩国法院组织法》第54条之二第（1）项规定了技术审理官参与案件的范围和权限。韩国最高法院《技术审查官规则》第2条和第4条规定了技术审理官的资格和职责，技术审查官任命为法院的4级或5级公务员。技术审查官的职责：受院长指示，就案件技术、专业问题，提供咨询和建议；除商标案件外，受院长指示，查阅诉讼案件卷宗，认定技术证据，调查、认定事实；除商标案件外，受院长或审判长指示，在诉中、诉前程序中向诉讼参加人提问；除商标案件外，受院长或审判长指示，在有关案件中就技术问题发表意见。院长可以要求技术审查官在作出合议之前，事先提交书面意见，不向公众公开。

（三）机构配置

专利法院设院长、审判部（第1~5部）、司法助理官、技术审理官和办公厅（总务处、专利处）。院长1名，高级法院首席法官级别5名，一般法官10名。审判部由审判长1名和法官2~3名组成。技术审理官对技术问题辅助法官提供咨询，按各技术领域，从韩国特许厅派驻，现有17名，这是不同于普通法院的独特制度。办公厅总务处负责司法行政事务，专利处负责审判相关业务。这两个处现有工作人员55名。此外，还设有法官会议、厅、处长会议、知识产权诉讼实务研究会、技术审理研究会和行政实务研究会等其他机构。

（四）受案管辖

韩国对与知识产权相关纠纷的审理体系包括三级，分别是知识产权裁判所（Intellectual Property Tribunal）、专利法院（Patent Court）和最高法院（the Supreme Court）。

知识产权裁判所是在之前的审理委员会和上诉审理委员会的基础上组建而成的，与专利法院同时成立。知识产权裁判所是审理知识产权相关纠纷的一审法院，独立于韩国知识产权局运行。知识产权裁判所由 11 个审理委员会，一个审理政策部和诉讼部组成。一个审理委员会由大约 9 名行政专利组成，审理政策部负责接收文档和形式审查，诉讼部则负责诉讼程序。只有在知识产权裁判所作出裁决后，案件才能被上诉到更高一级的法院。知识产权裁判所审理的案件包括两类：一类是只有一方当事人的案件（Ex Parte Cases），如对拒绝修改的决定，拒绝更正的决定等；另一类是有双方当事人的案件（Inter Parte Cases），如专利无效的决定，确认专利权范围等事项。

韩国专利法院对全韩国行使管辖权，级别上相当于高等法院，对专利法院的裁决不服的应当直接上诉到韩国最高法院。

专利法院管辖如下案件：（1）依据《韩国专利法》第 186 条第 1 款、《韩国实用新型法》第 33 条、《韩国外观设计保护法》第 75 条及《韩国商标法》第 86 条第 2 款所规定的针对专利商标审判院作出的裁定提出的撤销裁定之诉。（2）依据其他法律规定属于专利法院管辖的一审案件（《韩国种子产业法》第 105 条所规定的针对品种保护审判委员会裁定的撤销裁定诉讼）。

（五）审理原则

知识产权诉讼二元制。一般法院审理专利侵权诉讼，而专利法院审理如下案件：（1）不服专利商标撤销裁定的一审行政诉讼，包括以特许厅长为被请求人提出的（如驳回决定复审）案件，请求撤销相关裁定的诉讼；（2）权利当事人之间提出的案件（如宣告专利无效，确认权利范围等），请求撤销相关裁定的诉讼。

技术审理官参与。结合德国“技术法官制度”与日本“审判调查官制度”，在专利法院设置技术审理官，在案件审理过程中就技术问题向审判部提供咨询，在准备阶段或辩论当天直接参与审判，就技术问题向当事人提问。根据《韩国法院组织法》第 54 条第 2 款第（4）项的规定，技术调查官在调解过程中陈述意见，但在实际操作上不参与协商现场，仅就技术问题以书面形式陈述意见。

口头辩论集中审理。提前充分进行书面攻防，技术审理官给审判部提供详细的技术说明。在口头辩论程序，注重明确争论焦点，进行广泛而有深度的审理。为提高辩论效率，还提供投影仪、实物肖像机等，以方便当事人使用，大部分技术案件中当事人都利用投影仪。

（六）运行效果

韩国设立专利法院以来，专利判决效率更高。这也使知识产权法律体系的效率目标得到实现，并推动了科技发展。此外，对韩国工业产权局的裁决的司法审查更加公正。技术法官和法律法官参与审理也增强了当事人对司法的信心。

韩国专利法院取得的显著成绩是及时解决争议，使科研活动获得了全面保护。韩国专利法院运行的第一年，共受理案件 1285 件，审理 800 件，其中 641 件在 6 个月内审结。韩国专利法院的判决将成为韩国工业产权局履行职务过程中解释知识产权法的标准。

八、我国台湾地区智慧财产法院

2007 年 3 月 28 日，我国台湾地区“司法院”公布了“智慧财产法院组织法”和“智慧财产案件审理法”，决定设立智慧财产法院审理有关知识产权民事、刑事和行政诉讼案件。2008 年 7 月 1 日，智慧财产法院正式成立，与高等法院、高等行政法院级别相同。根据“智慧财产法院组织法”第 4 条的规定，“司法院”可以根据地理环境和案件数量，增设智慧财产法院分院，但目前我国台湾地区智慧财产法院尚未设置分院。

（一）设立背景

基于公、私分离的二元理论，我国台湾地区目前采用民事、刑事及行政诉讼“分轨并行制”，即民、刑事诉讼分由普通法院的民、刑事庭审理（三级三审制），行政诉讼则由行政法院审理（二级二审制）。在行政诉讼就权利有效性争议确定之前，有关侵权的民事诉讼通常会面临诉讼程序中止的问题，诉讼程序的烦冗导致诉讼救济的不及时。而且，相同诉讼主体就同一权利客体引发的纠纷分由不同的审判庭依据各自不同的诉讼程序进行，亦会造成司法资源的浪费。

鉴于知识产权保护重要性的与日俱增，考量知识产权保护的国际化和专业化趋势，并回应国际社会对知识产权的重视，自 2004 年 2 月起，我国台湾地区“司法院”积极筹划成立知识产权专门法院事宜，在多次考察论证的基础上研拟完成草案。

（二）规格与地位

我国台湾地区智慧财产法院系高等法院层级，与高等法院、高等行政法院级别相同。根据“智慧财产法院组织法”第4 条的规定，“司法院”可以根据地理环境和案件数量，增设智慧财产法院分院，但目前我国台湾地区智慧财产法院尚未设置分院。因智慧财产法院具有知识产权刑事案件管辖权，相应地设立“高等法院检察署智慧财产分署”。

（三）人员、机构配置

我国台湾地区智慧财产法院人员、机构配置如表 6 所示：

表 6：智慧财产法院人员、机构配置 单位：人

职位	第一类	第二类	第三类
院长	1	1	1
庭长	20 ~ 40	10 ~ 20	5 ~ 10
法官	40 ~ 80	20 ~ 40	10 ~ 20
法官助理	60 ~ 120	30 ~ 60	15 ~ 30
司法事务官	5 ~ 8	3 ~ 5	0 ~ 3
公设辩护人	2 ~ 4	1 ~ 2	1

续表

职位		第一类	第二类	第三类
技术审查官		52～104	26～52	13～26
书记官长		1	1	1
一、二、三等书记官		68～128	38～68	19～38
提存所	主任	1	1	1
	佐理员	1～2	0	0
人事室	主任	1	1	1
	科员	8～16	4～8	2～4
会计室	会计主任	1	1	1
	科员	8～16	4～8	2～4
统计室	统计主任	1	1	1
	科员	8～16	4～8	2～4
政风室	主任	1	1	1
	科员	4～8	2～8	1～2
资讯室	主任	1	1	1
	设计师	1	1	1
	管理师	1～2	1	1
	助理设计师	4～5	3～4	1～2
一、二、三等通译		20～40	10～20	5～10
法警长		1	1	1
副法警长		1～2	1	1
法警		45～89	24～44	14～23
执达员		4～6	3～4	2～3
录事		65～122	32～67	17～33
庭务员		9～17	6～9	4～6
技士		1	0	0
合计		436～836	232～435	125～231

知识产权法院每年受理案件一万件以上者，为第一类；每年受理案件五

千以上未满一万件者，为第二类；每年受理案件未满五千者，为第三类。

与一般法官不同，我国台湾地区对智慧财产法院法官的任用资格要求十分严格。根据“智慧财产法院组织法”第13条的规定，智慧财产法院的法官必须具备以下条件之一，才能担任：（1）曾任智慧财产法院法官者或曾任、时任法官或检察官二年以上，或曾任法官或检察官职务五年以上并任、兼任以上公务人员合计十年以上者。依上揭资格改任智慧财产法院法官者，需先经司法院成立之遴选委员会遴选，并于任用前接受专利法、商标法、著作权法或其他相关法律及技术领域之在职研习。（2）经律师考试及格，执行律师职务十二年以上，并曾执行智慧财产案件律师职务八年以上，成绩优良有证明文件者。（3）曾任教育部审定合格之大学或独立学院之专任教授、副教授或助理教授合计八年以上，讲授知识产权类之相关法律课程五年以上，有专门著作者。（4）曾任中央研究院研究员、副研究员、助理研究员合计八年以上，有知识产权类之相关法律专门著作者。（5）曾在教育部审定合格之公立或经立案之私立大学、独立学院学系或其研究所毕业，现任或曾任简任公务人员，曾办理有关智慧财产之审查、诉讼或法制业务合计十年以上者。依上揭第2~5之资格任用者，则必须经司法院成立之甄试审查委员会甄试审查合格后，再施以行政法、行政诉讼法、专利法、商标法、著作权法及民事、刑事或其他相关法律之职前研习合格后，始得任用之。

为使知识产权体系专业化，建立审判之辅助机制，协助法院在诉讼过程中对技术问题做出正确的判断，并降低对于鉴定机关的依赖，我国台湾地区“智慧财产法院组织法”参考日本的“裁判所调查官”和韩国的“技术审理官”制度，设置“技术审查官”。技术审查官的来源主要有选聘和借调两种，具体办法由我国台湾地区“司法院”另行规定。技术审查官的职责为：根据法官的命令，办理案件的技术判断、技术资料的收集、分析及提供技术意见，并依法参与诉讼程序。此“依法参与诉讼程序”系指技术审查官就事实上及法律上的事项，基于专业知识对当事人说明或发问；对证人或鉴定人直接发问；就本案向法官陈述意见；在证据保全时协助调查证据。由此可见，技术审查官的职责比法官助理多出“依法参与诉讼程序”，但又不能像技术法官或参审官参加案件的评议。技术审查官向法官所作的口头或书面陈述，性质上属咨询意见，如欲作为裁判的基础，须给予当事人辩论的机会。因此，技术审查官的意见陈述原则上是不作为证据使用，只是在案件需要时，经质证后作为证据使用。

（四）受案管辖

我国台湾地区智慧财产法院系高等法院层级，管辖知识产权第一、二审民事案件，第一审行政案件以及第二审刑事案件。智慧财产法院对知识产权第一、二审民事案件均有管辖权，主要出于两方面的考量：一是审理专业化。民事案件起诉前常有诉前禁令、证据保全程序的发生，这些程序的进行是否适当，均事关诉讼当事人的权益。又因知识产权民事案件比刑事案件复杂，且知识产权民事案件的标的额通常高于一般民事案件，为使知识产权纠纷得到更为妥当的处理，有必要将知识产权第一审民事案件纳入专业化强的知识产权法院管辖。二是制度设计。诉前禁令、证据保全以及起诉后的审理程序等，如果有技术审查官的协助，将使案件进行地更为快速。因只有智慧财产法院设置技术审查官，故将其纳入智慧财产法院管辖。

智慧财产法院对知识产权民事、行政诉讼是优先管辖而不是专属管辖，只有刑事诉讼是专属管辖。所谓优先管辖，是指原则上由智慧财产法院审理，但是如果普通法院对是否为知识产权案件的认定有误而进行审理，其判决亦属有效。若当事人向普通法院起诉，且经该法院裁判，此裁判并不会因法院无管辖权而发生裁判无效的情形，而且当事人若对普通法院第一审裁判不服，仍可向智慧财产法院上诉；若当事人向普通法院起诉，仍可经双方当事人合意，由该普通法院裁定移送智慧财产法院管辖。

智慧财产法院的受案范围包括：

“专利法”“商标法”“著作权法”“光碟管理条例”“营业秘密法”“积体电路电路布局保护法”“植物品种及种苗法”或“公平交易法”所保护之智慧财产权益所生之第一审及第二审民事诉讼事件。

因“刑法”第253～255条、第317条、第318条之罪或违反“商标法”“著作权法”“公平交易法”第35条第（1）项关于第20条第（1）项及第36条关于第19条第5款案件，不服地方法院依通常、简式审判或协商程序所为之第一审裁判而上诉或抗告之刑事案件。但少年刑事案件，不在此限。

因“专利法”“商标法”“著作权法”“光碟管理条例”“营业秘密法”“积体电路电路布局保护法”“植物品种及种苗法”或“公平交易法”涉及智慧财产权所生之第一审行政诉讼事件及强制执行事件。

其他依法律规定或经“司法院”指定由智慧财产法院管辖之案件。

需要说明的是，与上述民事诉讼事件有关的证据保全和行为保全程序，亦属智慧财产法院的受案范围。关于少年刑事案件的排除原因，主要是考虑被告人的特殊性，应由少年法庭依其特别法审理，不宜由智慧财产法院审理。关于该条第（3）项所规定的行政诉讼事件，系指关于知识产权的申请、撤销或无效程序，不公平竞争及其他有关公法上争议所产生的争议。

（五）审理机制的创新及运行效果

1. 民事及刑事诉讼中知识产权有效性的判断

在我国台湾地区传统的知识产权诉讼模式中，其采取司法“二元制”，即有关知识产权的民事和刑事诉讼案件，如另有与之相关的知识产权行政诉讼程序进行时，法院往往会裁定停止相应的民事和刑事诉讼程序；即便法院未裁定停止诉讼，其一般也不会继续审理，而是等待知识产权行政诉讼程序的结果确定以后才恢复进行。为提高案件的审理效率，迅速解决知识产权纠纷，“智慧财产案件审理法”第16条赋予法院认定知识产权有效性的权限，即法官在审理知识产权民事和刑事案件时，可以就知识产权的有效性自行判断，而无须停止知识产权民事和刑事诉讼程序以等待知识产权行政争议案件的结果。因此，这种做法可以在一定程度上解决传统“二元制”模式造成的知识产权民事和刑事诉讼延滞、效率低的问题。我国台湾地区智慧财产法院就知识产权有效性做出的判断原则仅有个案效力，并无对世效力。

智慧财产法院在民事诉讼中自行审查智慧财产权的有效性，是我国台湾地区智慧财产法院在审判机制上最具影响意义的举措之一。这一制度借鉴了美国、日本等地的先行经验，旨在解决二元分立体制下民事侵权程序久拖不决、诉讼效率低下等弊端，以求达到知识产权纷争快速、有效解决之目的。

该项制度被认为是“智慧财产法院新制中最引人期待也最符合改革目的之设计”。新制度施行后，权利有效性的确定成为法院审理智慧财产权案件的重要争点。据统计，自2008年7月至2009年9月，我国台湾地区智慧财产法院审理的专利权、著作权及商标权民事诉讼案件中，被告提出有效性抗辩的比例分别为83.53%、9.09%和6.45%。从实践效果看，在技术审查官制度、集中审理制度等配套机制下，该制度的实施不仅大大提高了案件的审理效率，也在一定程度上弥补了智慧财产局专利授权品质不高的问题，总体上评价较高。智慧财产法院成立后，法官审结智慧财产民事一审案件所用天数比此前缩短了165天；审结智慧财产二审民事案件所用天数比此前缩短了357天。可见，实行在民事诉讼中审查智慧财产权效力这一制度后，诉讼效率提高极为明显，效果显著。

2. 知识产权行政诉讼程序中新证据的提出

在“智慧财产案件审理法”通过前，我国台湾地区法院在知识产权行政诉讼中是不允许当事人提出新证据的，即在知识产权行政程序中未提交的新证据在知识产权行政诉讼中将不被采纳。在当事人确有新证据的情况下，其只能以新的理由和证据重新提出无效、撤销请求，再次启动行政处理程序。我国台湾地区“立法机关”为了减少当事人诉累，在“智慧财产案件审理法”增加了在行政诉讼程序中可接纳新证据的规定，在第33条中明确规定：“关于撤销、废止商标注册或撤销专利权之行政诉讼中，当事人于言词辩论终结前，就同一撤销或废止理由提出之新证据，智慧财产法院仍应审酌之。智慧财产专责机关就前项新证据应提出答辩书状，表明他造关于该证据之主张有无理由。”

对于“智慧财产案件审理法”第33条规定的法院在行政诉讼中应审酌新证据的制度设计，在立法中曾引起较大争议。否定该制度的理由主要在于：在行政诉讼程序采纳未在行程处理程序提交的新证据，违反了行政救济程序中“使行政机关得自我审查”“第一次判断权”之原则，逾越了司法权与行政权的分界；当事人很可能会怠于在行政处理程序中尽其举证责任，前置的行政处理程序可能被彻底架空；对于诉讼中的另一方当事人有失公允，由于新证据未在行政处理程序中提出过，在后续审级提交后，会出现“证据突袭”的情况，亦会使对方当事人产生审级利益损失。肯定该制度的理由主要在于：避免发生循环行政诉讼而拖延未决，促使纠纷一次性解决；智慧财产法院法官的专门性提升，且有技术审查官辅助，在专业技术上有足够的能力作出正确判断；审级利益与迅速解决纠纷的利益同等重要，两者均不能绝对化，法院至少应该在具体案件中有灵活处理的决定权，才能适应丰富多彩的现实。从实践中看，智慧财产法院对于新证据应否采纳，往往考虑当事人迟延提交的理由和诉讼延滞情况予以决定，且已有采纳新证据撤销行政决定并命智慧财产局作出举发成立的判例。① 该制度实行后，我国在台湾地区业界得到普遍认同，少见批评之声。这一制度设计对于尽快明确智慧财产权效力状态有积极作用。

3. 以核发秘密保持命令制度，加强保护知识产权

我国台湾地区在设立智慧财产法院的过程中，借鉴了日本的“秘密保持命令”，其在“智慧财产案件审理法”第11～15条，就秘密保持命令的发给程序、撤销，有相当详细的规定。根据“智慧财产案件审理法”第11条的规定，当事人或第三人就其持有的营业秘密，经释明符合下列情形者，法院得依该当事人或第三人之声请，对他造当事人、代理人、辅佐人或其它诉讼关系人发秘密保持命令：（1）当事人书状之内容，记载当事人或第三人之营业秘密，或已调查或应调查之证据，涉及当事人或第三人之营业秘密。（2）为避免因前款的营业秘密经开示，或供该诉讼进行以外之目的使用，有妨害该当事人或第三人基于该营业秘密之事业活动之虞，致有限制其开示或使用之必要。但此秘密保持命令并不适用于他造当事人、代理人、辅佐人或其他诉讼关系人在声请前已以其他方法取得或持有该营业秘密。受秘密保持命令的人，就该营业秘密，不得为实施该诉讼以外之目的而使用之，或对未受秘密保持命令之人开示。此秘密保持命令发布后，若违反秘密保持命令者，依“智慧财产案件审理法”第35条的规定，可以处3年以下有期徒刑、拘役或并科新台币10万元以下罚金的刑事犯罪。

① 参见我国台湾地区智慧财产法院97行专诉27号。

我国台湾地区智慧财产法院是世界范围内首个实行智慧财产民事、刑事和行政案件“三合一”的专门法院。三类案件集中由智慧财产法院管辖，旨在集中审理和裁判智慧财产案件，最大限度实现智慧财产法院审判组织专门化改革的目标和制度设计价值。法官可通过同一类型案件的审理快速累积经验，提升法官引导庭审调查和辩论、正确判断案件事实、归纳争议焦点、释明法律适用以及处理争议问题的能力，从而保证有效率地审理案件减少案件审理的时间成本；可以最大限度地避免不同类型案件的裁判结果冲突，提高判决的协调性和一致性；也可以尽可能保证同类型案件集体研究达成审理思路共识，并为诉讼双方当事人提供可预见的裁判结果，由此大大地提高了当事人和解或调解结案率。从有关统计数据来看（见表7、表8），智慧财产法院在案件审理效率和质量方面均有不俗表现。

表7：智慧财产法院法官月结案件及上诉抗告维持率

年度	平均每位法官月结案件（件）	上诉案件维持率（%）	抗告案件维持率（%）
2008（7~12月）	9.66	100.00	50.00
2009	17.10	84.81	82.05
2010	19.13	87.83	95.74
2011	13.17	91.44	97.96
2012	10.80	91.06	93.65

表8：智慧财产法院各类案件折服率

年度	民事一审（%）	民事二审（%）	行政诉讼（%）	刑事诉讼（%）
2008（7~12月）	93.75	100.00	97.65	86.84
2009	55.86	40.74	63.24	44.64
2010	42.81	46.06	59.92	67.26
2011	55.70	56.76	57.34	52.61
2012（至6月）	62.50	52.43	60.98	77.02

资料来源：我国台湾地区智慧财产法院。

根据上述数据，有评论认为，我国台湾地区智慧财产法院的裁决“折服率高（上诉率低）、维持率高（废弃、撤销率低）”，是“专业法院成功之象征”。①

① 熊诵梅：《分久必合、合久必分——台湾地区智慧财产诉讼新制之检讨与展望》，载我国台湾地区《月旦民商法杂志》（总第38期）2012年12月。

第三章

我国知识产权法院的未来模式与改革方案

我国知识产权专门法院的系统化构建要全盘考虑我国知识产权事业的发展程度，以及知识产权案件的具体数量和类型。在法院设置数量和层级上积极探索和循序渐进，既要使其符合我国的基本国情，又要适当体现制度构建的前瞻性，进而实现我国知识产权法院设立的模式创新和发展。我国国情存在巨大特殊性，虽然有较多国家设置有不同运行模式的知识产权专门法院，但并不存在现成的模式和版本可以照抄照搬。必须充分考量中国的实际情况，从基本国情出发，探索出有中国特色的知识产权法院之路。

一、推进知识产权法院合理布局

知识产权法院设置的地理位置、管辖范围及司法人员的配置等，其终极指向都应服务于知识产权审判，符合知识产权法院的设立初衷和目的。由于我国地域宽广、案件分布不均衡，在知识产权法院的设置上，更应注重管辖布局的合理性，促进跨区域法院建设。

设立知识产权专门法院应全面考虑地区经济发展水平、科技创新能力、相关案件数量、审判专业水平，不搞“一刀切”。设置原则为：（1）借鉴其他专门法院的设置情况，以设立中级法院为主，一般设在直辖市、省会市和计划单列市；（2）受理案件为知识产权民事和行政案件，可在省级辖区内实行跨地域管辖；（3）精简内设机构，压缩管理层次，加强主审法官、合议庭办案责任制，建立符合司法规律的审判权运行模式。

具体设置方案为：按照知识产权案件年收案量，并综合考虑区域分布和带动效应等因素，按中级法院建制设立知识产权专门法院，根据案件情况，可下设基层法院或派出法庭。上述中级法院规格的知识产权专门法院，可根据需要突破行政区划的限制，实现省内跨区管辖，审理知识产权民事、行政案件。现在我国除了在北京、上海、广州设立了三家知识产权法院外，还在成都、武汉、南京和苏州等城市设置了21家知识产权法庭，暂时实行同一省域内的跨区域管辖。在未来的发展方向上，可参照最高人民法院巡回法庭的设置，将全国划分为六大片区，具体的设置方式、数量和管辖范围则根据知识产权法院的特点和当地案件数量及审理的实际状况，进行适当调整。

在北京设立知识产权高级法院，负责审理不服北京知识产权专门法院关于专利、商标授权确权行政案件的裁判而提起的行政上诉案件，以及不服各地中级法院（含知识产权专门法院）关于专利、植物新品种、集成电路布图设计等技术类及垄断类民事、行政案件的裁判而提起的上诉案件。其他知识产权二审案件仍由所在地高级人民法院管辖。知识产权高级法院设立后，还可在全国巡回审理有关上诉案件，在更大范围内探索案件的跨地域审理。

二、全面推行“三合一”审判机制

全面推进知识产权民事、行政和刑事案件审判“三合一”工作具有重大意义，知识产权民事、行政和刑事案件审判“三合一”是指由知识产权审判庭统一审理知识产权民事、行政和刑事案件。推进“三合一”工作，是人民法院贯彻落实党的十八届四中全会关于司法体制改革任务的重要举措，是落实国家知识产权战略和创新驱动发展战略的重要措施。推进“三合一”工作的目的是要构建符合知识产权司法特点和规律的工作机制和审判体制，不断提高知识产权司法保护的整体效能。

（一）知识产权法院实行“三合一”审判机制的必要性和可行性

1. 必要性。随着北京、上海、广州知识产权法院的设立，我国知识产权审判工作的重心正在从普通法院知识产权审判庭的模式逐渐向知识产权专门法院转移。面对快速增长及利益多元化的知识产权司法保护需求，知识产权法院实行“三合一”审判机制成为知识产权司法保护体系改革的必然选择。首先，随着我国改革开放的日益深入，经济的国际化程度也不断提升，要求我国不断加强知识产权司法保护力度的呼声亦不断高涨。知识产权法院踩着时代步点，应运而生，应勇立潮头，积极探索和追寻最为合理有效的知识产权司法保护模式。其次，知识产权案件近年来数量不断增长，新类型案件、疑难案件也不断出现，专业性、复杂性都愈加凸显，知识产权纠纷也更易触及企业的核心利益，这些因素都对知识产权司法保护水平提出了更高的要求和挑战。新设的知识产权法院更应走在时代前列，不断增强专业裁判水平，特别是集中审理民事、刑事和行政案件，有助于统一裁判尺度、提高审判质效，树立司法权威。最后，在现行体制下，知识产权司法保护与行政权的关系并未彻底理顺，仍有待进一步协调统一，知识产权法院纳入刑事案件，可从根本上解决民事、刑事、行政三类案件在相交叉时管辖分离的弊端，提升诉讼效率。

2. 可行性。知识产权法院实行“三合一”审判机制具有切实可行的物质基础和专业能力储备，具有现实可行性。首先，知识产权案件增长迅速，人们知识产权维权意识提升，民、刑、行交叉案件亦不断增加，为探索建立“三合一”审判机制提供了充足案源和实践基础。其次，我国自 1996 年就已在浦东新区法院率先启动“三合一”审判机制的试点，全国现已大面积铺开，并得到最高人民法院的大力推动，积累了丰富的实践经验；域外诸多知识产权专门法院也有类似审判机制运行的成熟经验，可供借鉴。再次，网络信息技术近年来得到了迅猛发展，为各相关司法机关之间的沟通协调、为当事人参与诉讼活动都提供了极大的便利，提升了工作效率。最后，知识产权法院的法官都是经遴选，长期从事知识产权审判工作，具有丰富办案经验的法官，其中有相当部分法官具有各种类型知识产权案件的审判经历，可以驾驭“三合一”审判。

（二）知识产权法院实行“三合一”审判机制的发展方向

1. 改进知识产权法院现行的民事、行政案件“二合一”审判模式。在现行审判机制下，基于相同知识产权所引发的民事和行政诉讼，仍有可能分属不同法院管辖或者同一法院内不同审判庭审理，就有可能针对同一事实出现认定不同甚至裁判冲突，且往往程序冗长，浪费司法资源。这就需要在将来的司法制度改革中加以优化设计，实现知识产权审判民事、行政、刑事“三合一”。最高人民法院可适时出台相关司法解释对此予以规定。

2. 在管辖权的设置上，前文已提及“三合一”机制所可能带来的运行困境。在同一省域内，可通过北京市、上海市、广东省高级人民法院的指定，由北京、上海、广州知识产权法院分别管辖北上广的基层法院分别审理的侵犯知识产权犯罪的二审刑事案件，或者通过让全国人大常委会出台具体规定或授权最高人民法院指定管辖规则，由知识产权法院直接受理刑事一审案件等。具体而言，建议由知识产权法院属地管辖或者跨区域管辖侵犯知识产权犯罪一审公诉案件及自诉案件，适用简易程序的案件和人民检察院建议适用普通程序简化审的案件，可以由原先有管辖权的基层人民法院继续审理。若知识产权法院已受理同一知识产权的民事或行政案件，则相应的刑事案件也应移送知识产权法院一并管辖。在具体操作上，最高人民法院、最高人民检察院及公安部需针对知识产权法院实行“三合一”审判机制的新模式，按照以审判为中心的刑事司法改革思路出台相关具体规定，确保知识产权法院审理侵犯知识产权犯罪案件流程的安全、高效运行。

3. 着力培养高素质复合型知识产权审判队伍。知识产权法院实行“三合一”审判机制需要审判人才的保障，法官若要同时审理三种类型的案件，必然对法官的综合素质提出更高的要求。知识产权法院应着力打造和培养一支高素质复合型的知识产权审判队伍，为“三合一”审判机制的推进施行提供充足的人力和智力资源储备。同时，通过选任审判经验丰富、专业能力强的员额法官，并施行员额的动态管理机制，保证审判力量的完备。还应充分发挥法官助理的作用，及时招录司法辅助人员，加强业务培训，通过与国内外高校、研究机构的合作，充分利用高校、研究机构等在理论上的优势，有针对性地合作开展课题研究，提升法官的理论素养。

4. 加强知识产权法院的信息化建设。实行“三合一”审判机制会带来不同法院之间大量的沟通衔接问题，通过加强知识产权法院的信息化建设，利用互联网的优势，可有效解决“三合一”审判机制对信息交流、人员流动带来的新要求。同时，通过加大信息化建设力度，可以以网络法庭为载体，实现远程视频庭审，免除了当事人及其他诉讼参与人的旅途劳顿。通过加强信息化建设，还可以建立和完善网络立案，大量开展电子送达、提供电子档案等，切实方便群众诉讼。此外，通过网络载体，亦可进一步提升司法公开的水平，以公开促公正，并可以通过宣传知识产权典型案例等方式，提升社会公众的知识产权保护意识，营造良好法治环境。

三、充分发挥司法保护知识产权主导作用

（一）充分发挥司法保护知识产权主导作用的必要性

1. 发挥司法保护知识产权主导作用是司法本质属性和知识产权保护规律的内在要求。要充分运用司法保护知识产权所具有的稳定长效、明确规则、终局权威的机制优势，切实提高知识产权保护的可预期性和救济效力，平等地保护当事人权利。

2. 发挥司法保护知识产权的主导作用是尊重市场规律和建设统一开放、竞争有序市场体系的客观需要。知识产权司法保护与知识产权的私权属性、市场属性和竞争属性相契合，要通过严谨、规范、公开、平等的司法程序，明确公开开放透明的市场规则，营造公平竞争的法治环境。

3. 发挥司法保护知识产权的主导作用是全面推进依法治国和提升司法公信力的重要体现。司法是法治的重要表征，要依法加强对知识产权行政行为的司法监督，既要保护行政相对人的合法权益，又要维护知识产权行政管理秩序，规范和促进行政机关依法行政。

4. 发挥司法保护知识产权的主导作用是实施创新驱动发展战略的必然选择。知识产权制度是创新原动力的基本保障，司法是保护知识产权的有效手

段。要更加注重保护创新和知识产权，更加注重维护统一透明、有序规范、公平竞争、充满活力的市场环境，以严格的知识产权司法保护让创新创业者坚定创新信心、增强创新勇气、提升创新活力。

5. 发挥司法保护知识产权的主导作用是提升我国国际影响力和树立大国形象的重要方式。司法保护是国际通行的知识产权保护主导性机制，要充分利用司法保护为主导的知识产权保护模式，加快我国融入知识产权保护的国际化进程，参与知识产权保护国际规则的制定，树立负责任的大国形象。

（二）充分发挥司法保护知识产权主导作用的方向和路径

1. 坚持“司法主导、严格保护、分类施策、比例协调”知识产权司法保护的基本政策。司法主导是对司法保护知识产权职能作用的基本要求，严格保护是对知识产权司法保护强度的基本定位，分类施策是实现严格保护的基本方法，比例协调是严格保护的统筹原则，四者构成一个有机统一整体。要充分认识知识产权保护面临的新形势、新任务，坚持统筹国内国际两个大局，深刻理解基本司法政策的内涵和外延，切实增强发挥司法保护知识产权主导作用的自觉性和主动性。遵循基本司法政策要求，以严格保护、深化改革、完善制度、统一规则为着力点，切实增强机遇意识、责任意识，围绕建设知识产权强国的目标，进一步加强知识产权审判体系建设，完善知识产权司法保护体制机制，推进以审判为中心的诉讼制度改革，努力打造既能够公正高效解决纠纷，又能够通过明晰法律规则促进国家创新发展的知识产权司法体系。

2. 强化知识产权民事诉讼程序、行政诉讼程序之间的衔接协调。加强特定情形下民事程序的优先地位，促进知识产权民行交叉纠纷的实质性解决。行政机关根据生效判决重新作出具体行政行为，且未引入新的事实、证据和理由的，行政行为相对人再行起诉的，人民法院可以径行裁定驳回起诉。对于违反诚实信用原则或者侵犯他人合法在先权利而取得的知识产权，权利人指控他人侵权的，可以根据具体案情依法对其诉请不予支持；在先权利人以被告取得和行使知识产权侵犯其合法在先权利为由，起诉被告构成侵权或者不正当竞争的，不以行政程序的处理结果为裁判前提。对于权利要求保护范围明显不清楚的专利权，在穷尽权利要求解释的途径和方法后，仍然无法确定专利权利要求的含义的，对其诉讼主张可不予支持。

3. 强化知识产权司法保护的稳定性和导向性。更加重视知识产权法律适用的稳定性和可预期性，最大限度地为利益攸关方提供明确稳定和可期待的预期，避免司法标准不统一或者变化频繁。更加重视司法裁判的规则指引作用，通过明辨是非和明晰法律标准，为当事人选择正确行为模式提供指引，为知识产权的非诉讼纠纷解决提供依据和参考。更加重视司法裁判的价值引导作用，始终将维护社会主义核心价值观作为司法保护的重要价值追求，提高公众对裁判的认同感和信赖感，提升司法的公信力。

4. 强化知识产权司法保护的实效性和全面性。更加重视知识产权保护的实际效果，强化司法救济的及时性和有效性，切实满足权利人的正当保护需求。更加重视知识产权民事、行政和刑事案件审判“三合一”工作，努力构建资源优化、运行科学、公正高效的知识产权综合审判体系，努力为知识产权权利人提供全方位和系统有效的保护。更加重视知识产权行政审判工作，强化对知识产权授权确权和行政执法行为的规范和监督，加大司法审查的深度和力度，彰显法治形象。

5. 强化知识产权司法保护的终局性和权威性。更加重视司法维护社会公平正义最后防线的作用，致力于知识产权纠纷的实质性解决。要更加重视程序公正和实体公正的统一，既要尊重程序公正的独立价值，注重以诉讼权利的平等、诉讼程序的规范和诉讼过程的透明保障实体公正的实现，又要以解决实体问题和实现实体公正为终极目标，避免程序空转或者机械司法。更加重视查明客观事实，切实增强司法查明事实和辨别是非的能力，最大限度地实现司法定分止争的效果。

四、优化知识产权授权确权程序

在我国现行制度体系下，专利侵权诉讼与专利宣告无效程序分别在人民法院和国务院专利行政部门进行，实行司法与行政的双轨制。当事人完全可能以相同的比对文件在侵权诉讼中作为现有技术的抗辩，在无效宣告程序中则作为已授权专利的比对文件提交，分别由法院和专利复审委员会作出评判。这就可能导致在相同比对文件的基础上产生迥异的裁决效果，这就需要建立相应的冲突解决机制，来维护裁判的统一和国家公权力的公信力。

（一）赋予法院对专利复审委员会和商标评审委员会所作决定的司法变更权

依照现行《行政诉讼法》第77条规定，人民法院仅可以判决变更“行政处罚明显不当，或者其他行政行为涉及对款额的确定、认定确有错误的”，适用范围明显过窄。对于行政部门作出的审查决定，只能判决重做，容易造成循环诉讼，复杂冗长，关联诉讼久拖不决，徒增当事人讼累，也带来对司法资源的极大浪费。若赋予审理授权确权诉讼的知识产权法院以司法变更权，就能够更为有效、直接地行使司法权，监督行政权的妥善行使，更有利于充分保障当事人的合法权益，更加凸显司法在知识产权保护中的主导作用，也能体现依法治国的根本要求。赋予法院以司法变更权，也可以通过转变案件性质加以实现，如将此类授权确权行政诉讼视为民事诉讼，被告为行政审查程序的相对人，而不再是专利复审委员会或商标评审委员会，两委只在法院认为必要时以第三人身份参与民事诉讼。

（二）改造审判层级

专利复审委员会和商标评审委员会作出的效力审查实际上具有准司法性质。在未来修法时，建议对专利复审委员会或商标评审委员会的知识产权确权裁决不服的，应以原程序当事人为诉讼当事人。作为一种可选目标，可以积极研究和探索由受理知识产权侵权案件的中级法院同时处理知识产权的有效性争议。

五、加强知识产权审判队伍建设

（一）增加司法辅助人员

知识产权法院在率先实行法官员额制的司法制度改革后，法官人数急剧减少，但收案数量不断攀升，“案多人少”的困境可谓存续多年未能有效纾解。究其缘由，过错既不在于法官数量过少，也不在于员额制所产生的人员分类管理机制，而在于审判资源未能实现科学配置：一是未能给法官配好、配足法官助理和书记员，法官不能专注于裁判；二是让法官承担了过多审判工作之外的行政事务，导致工作效率下降。这就需要通过内部挖潜、购买优质社会服务等方式，切实增加司法辅助人员，让法官不为烦琐的行政事务所困扰，能专注于案件的庭审和裁判，以期有效破解案多人少的矛盾，真正兑现司法改革的红利。

（二）实现去行政化的法官遴选

如前文所述，知识产权法院在从其他法院遴选员额法官时，往往附加行政级别的门槛，让很多审判队伍中经过专业化法学院系统培训、法学功底扎实、年富力强、风华正茂的年轻法官被挡在员额法官门外，这也是造成引进优秀法官困难的一个主要原因。在后续的法官遴选过程中，应着力克服行政化的不良倾向，特别是知识产权法院作为我国司法改革的先行先试者，应努力争取组织部门适当放权，大胆尝试，切实增强知识产权法院法官岗位的吸引力，提升法官队伍的向心力和战斗力。

（三）推进技术调查官制度建设

知识产权案件一个最大的难点就在于争议技术事实的查明，而大部分法官都是法学专业背景，并不具备理工科的专业技术背景。虽然法官可以通过听取当事人及专家辅助人的陈述、自我学习、咨询技术专家、走访业内普通技术人员等方式对事实予以查明，但尚不足以完全应对办案技术障碍，配备技术调查官应是知识产权法院着力推动的工作。

（四）完善人民陪审员制度

不同于婚姻家庭、分家析产或货物买卖等案件，普通百姓可以凭借基本常识作出朴素的判断，知识产权案件具有高度的专业性、较强的技术性，普通的人民陪审员缺乏相应的专业知识，而以普通人的思维往往也很难理解知识产权本身的价值和含义，故难以胜任。同时，知识产权案件数量又在不断增长，法官数量不足，需要吸纳人民陪审员以减轻工作压力，提升审判资源的利用效率。对于现行的人民陪审员制度需要作多方面的改进和完善。首先，最高人民法院应进一步完善人民陪审员的选任规则，对知识产权案件的人民陪审员作出专门的选任规定，为高标准选任人民陪审员提供依据。其次，可推广部分法院从知识产权行政部门或专家学者中选任专业型人民陪审员的做法，提升人民陪审员的专业素养，真正发挥作用。最后，最高人民法院与司法部于2015年4月批准在北京、江苏等十省市推行人民陪审员司法改革的试点工作，并进行了卓有成效的改革。知识产权法院可予以密切关注，从中汲取营养。

（五）提高法官职业待遇

法官不受外界过度干预，当在案件审理过程中没有明确法律规定时，根据法律原则和自身的良知对案件进行公正的自由裁量，这要求法官应孤独而高贵，不用“为五斗米折腰”。但在现阶段，我国的法官工资待遇相对较低，法官职业保障机制还有所缺失，还需要为生计而奔波。司法改革所包含的大幅提高法官待遇的内容尚未完全有效兑现。让审判精英从事高强度、高挑战性的知识产权审判工作，必须要给其同等的待遇，给其较为体面的生活，才能符合社会公平公正的价值观，才能留得住人才，保持精英法官队伍的稳定和可持续发展。

第四章

知识产权法院案件管辖制度

知识产权法院是我国继军事法院、海事法院等专门法院之后设立的又一专门法院。《设立知识产权法院决定》对知识产权法院设置、管辖范围等作出了规定。北京、上海、广州知识产权法院实际职能设置既有共同点，也有各自的个性特点。其中，北京知识产权法院以审理专利商标等行政授权确权案件为主，兼顾审理知识产权民事案件；上海和广州知识产权法院则以审理专利等民事侵权案件为主。北京、广州知识产权法院单独建制，上海知识产权法院与上海市第三中级人民法院合署办公。三家知识产权法院机构设置、管辖范围上各具特点，承担着先试先行的司法改革任务。本课题研究的目的，一是探索知识产权法院一审、二审案件的具体管理范围，以合理划分知识产权法院与基层法院的职能分工；二是探索知识产权法院审理案件的类型，进一步研究分析是否需要审理刑事案件，是否需要实行知识产权民事、行政和刑事案件审判“三合一”等问题。

一、一审、二审案件管辖范围及其职能分工

《最高人民法院关于北京、上海、广州知识产权法院案件管辖的规定》（以下简称《知识产权法院管辖规定》）对北京、上海、广州知识产权法院的案件管辖进行了原则性的规定，但在司法实务中仍存在案件具体管辖范围需

要厘清，尤其是知识产权法院与基层法院和高级法院相关审判职能以及跨区域管辖等需要进一步明确的问题。

（一）知识产权法院一审案件管辖范围

根据《设立知识产权法院决定》和《知识产权法院管辖规定》，知识产权法院案件管辖采用民事、行政案件统一管辖的“二合一”审判模式。知识产权法院一审案件管辖呈现以下特点：一是技术类知识产权案件集中管辖。技术类案件往往法律问题和技术问题交织在一起，所以案件审理难度大，周期长。知识产权法院案件管辖基本囊括了辖区内的技术类知识产权案件。为准确查明技术事实，知识产权法院设立技术调查室，配备技术调查官，辅助法官审理技术类案件。二是以案件类型作为划分一审案件管辖的主要依据。传统知识产权案件管辖以案件标的和案件类型相结合的方式确定管辖分工。但知识产权法院案件管辖明确将专利、植物新品种、集成电路布图设计、技术秘密、计算机软件等专业性较强的民事和行政案件作为其一审案件的管辖范围，且未对案件标的进行限定。三是案件跨区域管辖明显。例如，广州知识产权法院跨区域管辖广东省内技术类民事和行政案件。

1. 知识产权一审民事案件管辖范围

全国人大和最高人民法院综合考虑了我国知识产权法院的职能、编制、人员以及知识产权案件的分类、特点、数量等因素，明确按照案件类型确定知识产权法院一审民事案件的管辖。

（1）技术类知识产权民事案件。关于知识产权法院一审民事案件范围，《设立知识产权法院决定》第 2 条规定，知识产权法院管辖有关专利、植物新品种、集成电路布图设计、技术秘密等专业技术性较强的第一审知识产权民事和行政案件。该条规定对技术类案件采用的是开放式规定。《知识产权法院管辖规定》第 1 条对技术类案件的范围作了明确的限定，即专利、植物新品种、集成电路布图设计、技术秘密、计算机软件 5 种类型的案件。商业秘密民事案件如果仅涉及经营秘密，则由基层法院管辖；如果同时涉及经营秘密和技术秘密的，全案由知识产权法院管辖。北京、上海知识产权法院管辖北京市和上海市辖区内的上述 5 种类型技术类案件。广州知识产权法院在广东省内跨行政区域管辖除深圳以外的技术类知识产权案件。《设立知识产权法院决定》规定，在知识产权法院设立的三年内，可以先在所在省（直辖市）实行跨区域管辖。设立三年后，是否需要实行跨省区域管辖，要根据知识产权法院运行的实际情况综合考虑。

（2）涉及驰名商标认定的知识产权民事案件。知识产权案件中涉及驰名商标认定的，由知识产权法院管辖。商标纠纷案件不涉及驰名商标认定的，由基层法院管辖。

（3）垄断民事案件。最高人民法院《关于审理因垄断行为引发的民事纠纷案件应用法律若干问题的规定》第 3 条规定，第一审垄断民事纠纷案件，由省、自治区、直辖市人民政府所在地的市、计划单列市中级人民法院以及最高人民法院指定的中级人民法院管辖。最高人民法院《关于知识产权法院案件管辖等有关问题的通知》第 3 条规定，知识产权法院管辖所在市辖区内的第一审垄断民事纠纷案件。广州知识产权法院对广东省内的第一审垄断民事纠纷实行跨区域管辖。不服北京、上海、广州知识产权法院前述案件作出的一审判决、裁定的，分别上诉至北京市、上海市和广东省高级人民法院。

需要说明的是，知识产权法院一审案件管辖主要是按照案件类型确定，对案件标的未进行限定的，并不妨碍知识产权法院所在地的高级人民法院对知识产权法院与所在地高级人民法院一审案件的管辖划分作出规定。也就是说，知识产权法院所在地的高级人民法院可以对知识产权法院与高级人民法院一审知识产权案件的管辖作出进一步地划分和规定。例如，上海市高级人民法院于 2016 年 1 月制定的上海市高级人民法院《关于调整本市知识产权民事案件管辖的规定》第 3 条第（1）项规定，上海市高级人民法院管辖诉讼标的额在 2 亿元以上的，以及诉讼标的额在 1 亿元以上且当事人一方住所地不在本市或者涉外、涉港澳台的专利、植物新品种、集成电路布图设计、技术秘密、计算机软件、垄断等第一审民事案件。

2. 知识产权一审行政案件管辖范围

（1）北京知识产权法院专属管辖的一审行政案件。下列第一审行政案件由北京知识产权法院专属管辖：一是不服国务院部门作出的有关专利、商标、植物新品种、集成电路布图设计等知识产权的授权确权裁定或者决定的；二是不服国务院部门作出的有关专利、植物新品种、集成电路布图设计的强制许可决定以及强制许可使用费或者报酬的裁决的；三是不服国务院部门作出的涉及知识产权授权确权的其他行政行为的。国务院各部门均在北京市内，故北京知识产权法院专属管辖的行政案件跟北京市特殊的地理位置不无关系。北京知识产权法院专属管辖的主要是两种类型案件：一是知识产权授权确权行政案件。《设立知识产权法院决定》作出了明确的规定。当前知识产权授权确权行政案件绝大部分是专利和商标授权和确权案件。二是强制许可决定以及强制许可费或者报酬的行政案件。我国专利法、植物新品种保护条例、集成电路布图设计保护条例对强制许可作出了规定，尽管我国截至目前尚无强制许可的案例，但是最高人民法院对其诉讼程序作出规定是非常必要的。

（2）专利、植物新品种、集成电路布图设计、技术秘密、计算机软件行政案件。上述5种技术类行政案件无论是哪一层级政府部门作出的行政行为提起的行政诉讼，均由知识产权法院管辖。北京、上海知识产权法院管辖北京市、上海市辖区的上述行政案件。广州知识产权法院管辖广东省内的上述行政案件。

（3）国务院部门或者县级以上地方人民政府所作的涉及著作权、商标、不正当竞争等行政行为提起诉讼的行政案件。北京、上海知识产权法院管辖北京市、上海市辖区的上述行政案件。广州知识产权法院管辖广州市辖区内的上述行政案件。

（二）知识产权法院二审案件管辖范围

知识产权法院在审判层级上属于中级法院，其二审案件均为不服基层人民法院的判决、裁定提起的上诉案件。

1. 知识产权法院二审民事案件管辖范围

（1）二审案件的地域管辖范围。北京、上海知识产权法院管辖的区域范围与北京市和上海市的区域范围是一致的，也与其一审案件管辖的区域范围是一致的。当事人不服北京知识产权法院下辖基层人民法院的知识产权审判庭所作出的民事案件判决、裁定，上诉至北京知识产权法院。上海知识产权法院下辖6个区法院的知识产权审判庭，分别是浦东新区、徐汇区、闵行区、杨浦区、黄浦区、普陀区法院的知识产权审判庭。上海市基层人民法院审理知识产权民事案件采用跨区划片集中指定管辖。不服上述基层人民法院知识产权庭所作出的民事判决、裁定，上诉至上海知识产权法院。但是，广州知识产权法院管辖不服广州市基层人民法院知识产权审判庭作出的一审知识产权民事案件的判决、裁定，与其一审技术类知识产权民事案件跨广东省内管辖有所不同，也就是说，一审和二审管辖的区域范围是不同的。广东省内的其他中级人民法院对其辖区内基层法院知识产权审判庭所作出的判决、裁定具有管辖权。

（2）二审案件的主要类型。知识产权法院二审案件类型系除知识产权法院一审外的其他知识产权民事案件，主要有：①著作权纠纷。著作权纠纷主要包括著作权合同纠纷、著作权权属纠纷、著作权侵权纠纷，知识产权法院管辖的二审著作权纠纷不包括涉计算机软件的各种类型的著作权纠纷。②商标纠纷。凡是案件中涉及驰名商标认定的，一律由知识产权法院受理。知识产权法院二审的商标纠纷包括商标合同、商标权权属纠纷和侵害商标权纠纷。商标合同纠纷主要有商标权转让合同纠纷、商标使用许可合同纠纷和商标代理合同纠纷。③商业秘密合同纠纷。二审案件主要包括除技术秘密合同和许可使用之外的经营秘密让与合同纠纷和经营秘密许可使用合同纠纷。④不正当竞争纠纷。在权利冲突类的不正当竞争纠纷案件中，如涉及驰名商标认定的，则该不正当竞争案件由知识产权法院一审管辖。在侵害商业秘密纠纷中的侵害技术秘密纠纷也由知识产权法院管辖。除此之外的不正当竞争案件由基层法院一审，知识产权法院二审。⑤技术合同纠纷。⑥网络域名纠纷。网络域名纠纷主要包括三种类型：网络域名注册合同纠纷；网络域名转让合同纠纷；网络域名许可使用合同纠纷。⑦特许经营合同纠纷及其他知识产权纠纷。

2. 知识产权二审行政案件管辖范围

就目前而言，区县法院的知识产权审判庭尚未全面实行知识产权民事、行政和刑事案件的“三合一”审理，部分试点区县法院知识产权审判庭受理本区县知识产权行政案件，如上海市浦东新区人民法院，但绝大部分知识产权行政案件由各区县法院的行政审判庭审理。所以，知识产权法院受理的知识产权行政上诉案件既有不服区县人民法院知识产权审判庭审理的案件，也有不服区县人民法院行政审判庭审理的知识产权行政案件。

北京、上海和广州知识产权法院二审行政案件的地域管辖范围同前述二审民事案件的区域管辖范围相同，即北京、上海和广州知识产权法院二审行政案件管辖的区域范围与北京市、上海市和广州市的区域范围是一致的，在此不再赘述。知识产权法院主要受理不服所在市的基层人民法院所作出的第一审知识产权行政判决、裁定提起的上诉，案件类型主要涉及著作权（计算机软件除外）、商标、技术合同及不正当竞争（技术秘密除外）等行政纠纷案件。

（三）与知识产权法院管辖相关的问题

1. 过渡时期的案件管辖规定和执行情况

知识产权法院成立后，受理一审、二审案件如何与原受理知识产权案件的其他中级人民法院衔接，总体上应体现管辖恒定原则。《知识产权法院管辖规定》第 8 条规定：知识产权法院所在省（直辖市）的基层人民法院在知识产权法院成立前已经受理但尚未审结的本规定第 1 条第（1）项和第（3）项规定的案件，由该基层人民法院继续审理。除广州市中级人民法院以外，广东省其他中级人民法院在广州知识产权法院成立前已经受理但尚未审结的本规定第 1 条第（1）项和第（3）项规定的案件，由该中级人民法院继续审理。北京市、上海市和广东省高级人民法院根据上述规定，结合各地知识产权法院实际情况，各自发布了知识产权法院履职公告。虽然各个知识产权法院具体情况有所不同，但都明确规定了原受理知识产权案件的其他中级人民法院自知识产权法院成立之日起不再立案受理一审、二审知识产权民事和行政案件。知识产权法院成立以前受理知识产权案件的其他中级人民法院已经立案但尚未审结的知识产权民事和行政案件，由原受理案件法院继续审理。北京市高级人民法院还专门针对北京法院知识产权案件的情况，制定了《关于知识产权案件管辖调整过渡有关问题的规定》，对知识产权法院过渡时期的相关管辖问题作出细化的规定。应当说，由于最高人民法院和各地高级人民法院充分注意到知识产权法院管辖过渡时期的问题，事先谋划并作出规定，因此，各地知识产权法院与原受理知识产权案件的中级人民法院均平稳过渡，执行良好，充分保障了当事人的诉讼权利。

2. 知识产权法院跨省际管辖问题

知识产权法院成立的三年内，只可在省（直辖市）内实行跨区域管辖。《设立知识产权法院决定》第 2 条第 3 款规定，在知识产权法院设立的三年内，可以先在所在省（直辖市）实行跨区域管辖。“三年”试行期的有关规定，一定程度上反映了我国推进知识产权司法体制改革的慎重态度，也体现了“逐步探索”和“稳步推进”的基调和原则。

《设立知识产权法院决定》实施满三年后，是否实施及如何实施跨省际管辖尚有待讨论与探索：（1）是否需要跨省际管辖。跨省际管辖的制度价值主要有两个方面：一方面是排除地方保护主义，平等保护当事人的合法权益。另一方面是有利于实现裁判标准的统一，提高案件审判质量和效率。总体来看，知识产权法院尝试跨省际管辖具有现实的法律价值意义，也可以为我国民事诉讼制度改革提供范本和有益的实践经验。（2）如何实施跨省际管辖。我国地域辽阔，东部、中部和西部地区的经济、交通、文化等环境存在较大的差异，如果知识产权一审案件管辖范围过于广阔，则必然增加当事人的维权成本，同时也给法院执法，如送达、保全和执行增加司法成本。因此，知识产权法院未来跨省际区域的合理确定，需要结合三家知识产权法院的不同情况，根据管辖地域的范围、案件数量、功能地位、区域经济和交通便捷等因素综合确定跨省际管辖事宜，以充分体现知识产权法院司法保护的效果。

3. 计算机软件案件管辖问题

《知识产权法院管辖规定》将涉计算机软件案件列为知识产权法院一审收案范围，实践中，对涉计算机软件案件的范围认识不一。一种观点认为，只要案件中涉及计算机软件的，均应由知识产权法院进行管辖。另一种观点认为，知识产权法院受理的涉及计算机软件案件仅限于侵害计算机软件著作权、计算机软件开发合同、计算机软件著作权转让、计算机软件著作权许可使用合同及计算机软件著作权权属纠纷这 5 个案由的案件。因为上述 5 个案由是经最高人民法院确定的涉及计算机软件的案由，故知识产权法院的受案范围也应当以此为限。本文认为，对涉及计算机软件案件范围的认识要以全国人大常委会和最高人民法院相关规定的出发点来认识。从规定来看，知识产权法院对专业性较强的技术类案件进行集中管辖，因此，只要案件涉及计算机软件技术内容的，纳入知识产权法院管辖更符合规定的精神。对于一些名为技术服务合同、买卖合同的案件，在合同中如果涉及软件的开发、个性化定制或修改的，经释明，当事人同意以计算机软件开发合同纠纷起诉的，也应由知识产权法院受理。当然，对一些游戏软件仅涉及部分界面或者游戏形象的著作权侵权或者不正当竞争纠纷，应当列入著作权侵权或者不正当竞争纠纷更为适合。

4. 信息网络侵权案件管辖问题

最高人民法院《关于适用〈中华人民共和国民事诉讼法〉的解释》（以下简称《民诉法司法解释》）第25条规定："信息网络侵权行为实施地包括实施被诉侵权行为的计算机等信息设备所在地，侵权结果发生地包括被侵权人住所地。"该规定明确了被侵权人住所地可以作为信息网络侵权纠纷的管辖地，但在知识产权司法实践中，上述规定如何理解和适用却存在争议。

首先，该规定中信息网络侵权行为的内涵和外延需要明确。实践中与信息网络相关的侵权行为主要有两种表现形式，一种情形是侵权行为的全部过程均发生在信息网络环境下，例如，网上擅自使用他人商标进行宣传的行为，网上进行许诺销售侵权产品的行为以及侵害作品信息网络传播权的行为等；另一种情形是侵权行为的部分环节发生在信息网络环境下，信息网络仅仅是实施侵权行为的手段。例如，在网上展示侵权商品，网下销售。实践中，有观点认为，《民诉法司法解释》的规定仅适用于第一种情形，如果存在侵权产品的线下交付，则应适用传统的管辖规定；也有观点认为，只要侵权行为涉及信息网络，均可以适用《民诉法司法解释》的规定。

其次，该规定与已有的审理知识产权案件相关司法解释管辖规定之间的关系需要明确。一是与最高人民法院《关于审理商标民事纠纷案件适用法律若干问题的解释》相关规定的关系。该解释第六条规定，侵犯注册商标专用权行为提起的民事诉讼，由《商标法》第13条、第52条所规定侵权行为的实施地、侵权商品的储藏地或者查封扣押地、被告住所地人民法院管辖。如果商标侵权行为发生在信息网络环境下，是否可以适用《民诉法司法解释》的规定？有观点认为，相较于信息网络侵权行为，商标侵权行为系特殊的侵权行为，根据特殊法优于一般法的适用原则，发生在信息网络环境下的商标侵权行为仍应适用有关商标侵权管辖的规定。也有观点认为，《民诉法司法解释》有关信息网络侵权的管辖规定与《商标法司法解释》有关商标侵权的管辖规定并不是简单的一般与特殊的关系，而是存在一定的交叉，信息网络环境下的商标侵权行为相对于其他商标侵权行为，又是特殊与一般的关系，因而存在适用《民诉法司法解释》的可能性。对此问题，最高人民法院（2016）最高法民辖终107号民事裁定认为，根据前述司法解释第六条的规定，在侵犯商标权案件中，除了大量侵权商品的储藏地以及海关、工商等行政机关依法查封、扣押侵权商品的所在地外，仅侵权行为的实施地或者被告住所地可以作为管辖依据，而不再依据侵权结果发生地确定管辖。该裁定所传达的精神是，知识产权法及其司法解释对侵权行为地的解释属于特别规定，应优先于民事诉讼法解释得到适用。二是与最高人民法院《关于审理侵害信息网络传播权民事纠纷案件适用法律若干问题的规定》（以下简称《信息网络传播权规定》）的关系需要明确。根据《信息网络传播权规定》，对于侵害信息网络传播权民事纠纷案件，侵权行为地和被告住所地均难以确定或者在境外的，原告发现侵权内容的计算机终端等设备所在地可以视为侵权行为地。同样地，根据（2016）最高法民辖终107号民事裁定的精神，《信息网络传播权规定》所确定的管辖规则应优先适用。

最后，选择被侵权人住所地作为管辖地是否存在前提限制需要明确。除了上述涉及网络环境下的侵害商标权和信息网络传播权的管辖，在涉及其他网络环境下的知识产权侵权案件时也存在被侵权人住所地管辖是否有条件限制的问题。《民诉法司法解释》主要是为了解决被告住所地和侵权行为实施地均在国外时方便权利人起诉，同时避免将侵权行为发现地作为管辖地导致管辖连接点过于随意，但由于《民诉法司法解释》第25条文字上并未明确上述条件限制，“被侵权人住所地”似乎成为普遍适用的管辖规定，当事人出于便利考虑，也必然会做这样的选择。而这与民事诉讼“原告就被告”的基本管辖原则相悖，尤其是在信息网络已深入日常生活的各个方面，网络环境下的侵权行为不断增多的背景下。因此，对该规定的适用，应按其制定时考虑的背景为条件加以限制。这样，既可以解决特殊情况下方便权利人诉讼的问题，也不至于违背普遍的诉讼管辖原则。

二、知识产权法院实施民事、行政、刑事案件“三合一”问题

知识产权民事、行政和刑事案件审判“三合一”是指知识产权审判庭统一审理知识产权民事、行政和刑事案件。《知识产权法院管辖规定》仅对北京、上海、广州知识产权法院的民事和行政案件管辖进行了规定，而未将知识产权刑事案件纳入知识产权法院管辖范围。实际上，从1996年上海市浦东新区人民法院探索实施知识产权民事、行政、刑事案件“三合一”审判模式以来，全国法院知识产权“三合一”改革试点工作已经走过了20年。2008年6月，“三合一”审判机制被写入国务院印发的《国家知识产权战略纲要》；2015年3月，中共中央、国务院发布的《关于深化体制机制改革加快实施创新驱动发展战略的若干意见》提出推进知识产权民事、刑事、行政案件的“三审合一”；2015年9月，中共中央办公厅、国务院办公厅印发的《深化科技体制改革实施方案》重申，要完善知识产权审判工作机制，推进知识产权民事、行政、刑事案件审判“三合一”。可以说，推进知识产权“三合一”工作，是人民法院贯彻落实党的十八届四中全会关于司法体制改革任务的重要举措，是落实国家知识产权战略和创新驱动发展战略的重要措施。推进知识产权“三合一”工作的目的是要构建符合知识产权司法特点和规律的工作机制和审判体制，不断提高知识产权司法保护的整体效能。因此，在知识产权审判领域包括在知识产权法院全面实行知识产权民事、刑事和行政“三合一”审判模式是社会发展和审判改革的必然趋势。

（一）知识产权“三合一”审判改革试点的基本成效

截至2016年7月，全国法院共有6个高级人民法院、95个中级人民法院和104个基层人民法院先后开展了知识产权审判“三合一”试点工作，积累了丰富的经验。多年的改革试点实践证明，知识产权“三合一”审判机制符合知识产权专业性强的特点，在统一裁判标准、提升司法水平、加大保护力度、培养专业法官等方面发挥了重要作用。

1. 裁判标准统一化，审判质量不断提高。知识产权“三合一”审判机制不仅解决了以往刑事审判法官、行政审判法官知识产权专业知识储备不足、审判质量难以提高的问题，也促进了法律适用的统一，在各类案件的权属认定、侵权行为性质判断、法律的理解适用等方面，能够相互协同，确保裁判标准的统一。

2. 司法资源节约化，审判效率不断提升。在“三合一”审判机制下，刑事或行政案件审理中查明的事实可以作为权利人提起民事赔偿诉讼的相关依据，免除或减轻了权利人民事诉讼中的举证负担，提升了民事侵权赔偿案件的审理效率，有效避免了司法资源的浪费。另外，在“三合一”审判机制下，知识产权刑事案件审判时，审判法官更能够从有利于纠纷一次性解决的思路出发，通过有效的民事调解、和解工作，促进刑事和解，实现刑事案件、民事赔偿的一体化解决。

3. 司法主导凸显化，审判效果不断提升。一方面，通过案件高质量的审理，有效发挥典型案例对社会公众的法制教育作用，以及对知识产权保护的规范引导效应。另一方面，通过“三合一”审判有效促进了刑事司法和行政执法程序的规范。例如，对检察院指控定性有误的案件，依法判决改变指控罪名。对行政机关认定违法行为缺乏事实基础的案件，通过依法判决撤销行政处罚等方式，起到对行政行为的监督和引导作用，进一步发挥司法保护知识产权的主导作用。

4. 人才培养专业化，队伍合力有效形成。学习培训中，既学习知识产权专业知识，又学习刑事审判与行政审判理论知识，不断加强知识产权民事、行政和刑事审判的实践锻炼。“三合一”审判团队中，民事、行政或刑事法官为弥补专业不足，彼此之间取长补短，不少年轻法官在向资深法官请教实务经验和既往做法的同时又传递了崭新的司法理念和技术实践。同时，还在相关单位之间开展常态化交流，形成良性互动。法院在与检察院、公安局、知识产权局等单位定期研讨、实时联动的过程中不断拓宽专业视野，不仅培育了一批专业化的高素质“三合一”法官队伍，也在公、检、法等多部门间形成了对知识产权保护的整体合力。

5. 机制创新科学化，司法改革不断深化。二十年来，人民法院知识产权“三合一”审判工作在遵循司法规律的前提下，坚持深化改革，坚持探索创新，并在探索中成长，在创新中完善。在以审判为中心的诉讼制度改革过程中，知识产权“三合一”审判机制改革的推进，有助于切实解决知识产权审判领域影响司法公正、制约司法能力提升的深层次、关键性问题，从而维护司法公正，提升司法公信。

总体来说，推进知识产权“三合一”工作，有利于增强行政机关和司法机关执法合力，实现知识产权的全方位救济和司法公正；有利于统一司法标准，提高案件审判质量，完善知识产权司法保护制度；有利于合理调配审判力量，优化审判资源配置，提高知识产权司法保护的效益和效率；有利于知识产权专门审判队伍建设，提高知识产权审判队伍素质。

（二）推进知识产权“三合一”审判工作亟待解决的问题

知识产权“三合一”审判改革的正当性和必要性在多年的实践探索中已经达成共识。2016 年 7 月 5 日，最高人民法院正式下发《关于在全国法院推进知识产权民事、行政和刑事案件审判“三合一”工作的意见》，要求在全国法院推进该项工作。尽管该项工作在实践中的推进还需要公安机关、检察机关等有关单位的大力支持与配合，但这都是具体运作与协调问题。应当说，现在讨论的不是要不要做，而是怎样做的问题。当前应关注的是，怎样在全国范围内推进该项工作，积极做好理论储备，尽快研究推进该项工作过程中遇到的具体问题。

2010 年以来国务院持续开展“打击侵犯知识产权和制售假冒伪劣商品专项行动”，给法院“三合一”改革提供了重要发展契机。随着知识产权“三合一”审判工作的深入，实践中行政诉讼和刑事司法经验不足、理念不清晰、尺度不统一的问题日益突出。知识产权“三合一”并非简单地将知识产权民事、刑事和行政三类案件放在一起审理，还涉及“三合一”的具体模式以及较为复杂的程序问题，特别是案件受理范围、法院管辖体制、刑事程序规范等重要环节需要详加讨论。

（三）推进知识产权“三合一”的审判模式研究

我国幅员辽阔，各地差异较大，在推进知识产权“三合一”审判工作的过程中应当考量各地经济发展水平、交通便利条件以及各类知识产权案件数量等因素。但是，应当明确，知识产权“三合一”审判机制的关键在“合”。将三类案件放在一起审理，不是简单地相加，而是要产生“1+1+1>3”的聚合效应。为此，要通过案件合一、人员合一、平台合一，开展和推进知识产权“三合一”审判工作。

1. 案件合一，发挥专业优势。不仅是知识产权民事、行政、刑事三类案件的集中审理，还要考虑多年试点过程中存在的刑事、行政案件数量过少，不利于培养锻炼队伍等因素，适当扩大案件范围，将与知识产权或不正当竞争紧密相关的刑事、行政诉讼纳入知识产权庭审理案件范围，从而发挥知识产权庭专业化审判的专业优势和规模效益。比如生产、销售伪劣商品罪及非法经营罪，所涉犯罪行为往往同时还侵犯知识产权。而“扰乱市场秩序罪”中的虚假广告、串通投标等犯罪，所涉犯罪行为的性质总体上多属于不正当竞争等。

2. 人员合一，加强队伍建设。法院知识产权庭审理知识产权民事、行政或刑事三类案件，一般均应由知识产权庭法官审理，不以跨庭组成合议庭的方式审理案件。这样安排可以避免临时组合造成的合议庭法官的不确定性以及排期、工作量考核等方面遇到的困难，有助于培养锻炼一支高素质、专业化的知识产权法官队伍。在队伍的培养上主要可以采取三种模式：一是从知识产权庭审理民事案件的法官中培养，经过长期培育，不断积累刑事和行政诉讼经验；二是从刑庭、行政庭等部门选调优秀法官，加强知识产权民事审判经验的学习积累，逐渐适应新的工作环境；三是从刚提任的年轻法官中选拔，发挥其学习能力和进取意识强的优势。同时，还要加强与刑庭、行政庭的业务交流与人员轮岗，通过学习不断提升业务水平。实践中，由于各地情况差异，在推进初期，作为过渡方案的一种选择，可以考虑在知识产权庭审理刑事和行政案件时，邀请刑庭、行政庭法官参加，共同组成合议庭。

3. 平台合一，注重协作沟通。加强协调，通过各种机制努力搭建统一的外部沟通协作平台。与检察院、公安局、知识产权局、市场监管局等单位建立联席会议制度，就知识产权行政执法与刑事司法工作中的协调机制、操作规范及相关实体和程序问题达成共识。建立日常沟通联络机制，加强新类型疑难复杂和大要案的研判，做好日常工作动态的信息交换，交流典型案例和调研报告。建立业务培训交流机制，就知识产权执法中的相关问题为知识产权行政机关介绍、讲解司法审查标准及相关工作要求，提示风险，引导和规范知识产权行政行为。

（四）知识产权“三合一”审判机制下刑事案件受理范围研究

《刑法》分则第三章第七节明确规定的“侵犯知识产权罪”包含七个罪名，分别涉及商标、专利、著作权和商业秘密，在部分试行“三合一”审判机制的法院知识产权庭受理刑事案件主要是这七个罪名。《刑法》在章节安排时，表述了涉及商标、专利、著作权和商业秘密的七个罪名，这是客观事实。但是，在研究和规划知识产权“三合一”审判机制下刑事案件受理范围时应当充分重视和注意两点：关联工作的统筹推进和知识产权的概念界定。

1. 关联工作的统筹推进。自2010年10月起，为加大知识产权保护力度，维护公平有序的市场环境，国务院专门成立“打击侵犯知识产权和制售假冒伪劣商品工作领导小组办公室”，在全国统一开展“打击侵犯知识产权和制售假冒伪劣商品专项行动”。各地也相应地专门成立了该项工作的领导小组。在统一开展打击侵犯知识产权和制售假冒伪劣商品工作的同时，如果将侵犯知识产权罪案件与制售假冒伪劣商品犯罪等案件分别由不同审判庭审理，不利于该项工作的统筹协调。特别是在司法实践中，《刑法》第三章第一节的“生产、销售伪劣商品罪”及第八节“扰乱市场秩序罪”中的非法经营罪，所涉犯罪行为往往同时还侵犯知识产权。如销售假冒注册商标且伪劣的商品，同时触犯了销售伪劣产品罪和销售假冒注册商品的商品罪；又如审理非法经营罪案件中，大量案件涉及非法经营烟、酒，其中有的是非法经营真品烟、酒，有的案件涉及假冒注册商标的烟、酒。将《刑法》第三章第一节的“生产、销售伪劣商品罪”及第八节“扰乱市场秩序罪”中的非法经营罪纳入“三合一”审判机制下知识产权庭受理刑事案件的范围，既有利于统一涉知识产权刑事案件的裁判标准，也有利于加大知识产权刑事司法保护力度，打击侵犯知识产权和制售假冒伪劣商品的行为。

2. 知识产权的概念界定。经过多年的社会发展和宣传普及，知识产权概念的内涵和外延已经广为人知、形成共识。在知识产权民事诉讼中已经广泛并且成熟地运用这一术语界定相关案件范围。众所周知，《反不正当竞争法》是我国知识产权法律体系的重要组成部分，禁止不正当竞争亦属知识产权保护国际公约所确定的知识产权保护的内容之一。而《刑法》第三章第八节“扰乱市场秩序罪”中的损害商业信誉、商品声誉罪、虚假广告罪、串通投标罪、强迫交易罪，所涉犯罪行为的性质属于不正当竞争。将这些罪名纳入“三合一”审判机制下知识产权庭受理刑事案件的范围符合知识产权的概念界定和审判规律，有利于实施严格的知识产权保护，加大知识产权的保护力度。

此外，其他一些技术性较强的刑事案件，比如修改 DNS 设置盗取流量，窃取计算机 COA 标签后予以销售，改变数据库中的数据来增加或修改网络游戏武器及装备并予以销售等行为，就审理便利而言，纳入知识产权庭的审理范围似乎是更为可取的一种选择。

总体而言，当前各地法院知识产权庭审理的知识产权刑事案件体量不大，且有减少的趋势。案件数量过少，不利于发挥专业化审判的优势，不利于积累、总结知识产权刑事审判经验，不利于培养锻炼专业法官，也不利于提高知识产权刑事审判质效，有必要深入研究并作出长远规划，慎重界定知识产权庭审理刑事案件范围，以此推进知识产权“三合一”审判机制。鉴于此，建议由知识产权庭审理以下述罪名起诉的刑事案件：

1. 《刑法》第三章第七节“侵犯知识产权罪”中的七个罪名：假冒注册商标罪；销售假冒注册商标的商品罪；非法制造、销售非法制造的注册商标标识罪；假冒专利罪；侵犯著作权罪；销售侵权复制品罪；侵犯商业秘密罪

（该节罪名案件为知识产权庭现有受案范围）。

2.《刑法》第三章第一节“生产、销售伪劣商品罪”中的九个罪名：生产、销售伪劣产品罪；生产、销售假药罪；生产、销售劣药罪；生产、销售不符合安全标准的食品罪；生产、销售有毒、有害食品罪；生产、销售不符合标准的医用器械罪；生产、销售不符合安全标准的产品罪；生产、销售伪劣农药、兽药、化肥、种子罪；生产、销售不符合卫生标准的化妆品罪。

3.《刑法》第三章第八节“扰乱市场秩序罪”中的五个罪名：损害商业信誉、商品声誉罪；虚假广告罪；串通投标罪；非法经营罪；强迫交易罪。

（五）知识产权“三合一”审判机制下法院管辖体制研究

1. 当前知识产权刑事审判管辖体制的弊端

2014 年，全国地方法院共新收涉知识产权刑事一审案件 11 088 件，包括侵犯知识产权罪案件 5242 件，相当于平均每家法院受理的侵犯知识产权罪案件或涉知识产权刑事案件不超过 10 件。可见，全国绝大多数基层法院受理的知识产权刑事案件数量非常少，由此导致大多数基层法院刑事法官普遍缺乏审理这类案件的经验。

目前我国一审知识产权民事案件一般由中级法院管辖，而一审知识产权刑事案件一般由基层法院管辖，由此导致知识产权刑事与民事案件的级别管辖不协调，不利于节约司法资源、提高司法效率、及时保障当事人权益。由于知识产权刑事案件与民事案件的级别管辖不协调，特别是一审知识产权民事案件的级别管辖通常高于一审知识产权刑事案件，同时知识产权民事案件的数量又远多于知识产权刑事案件，因此，知识产权民事法官相对于知识产权刑事法官来说，往往在侵权证据的审查认定、侵权事实的判定方面经验更丰富，导致司法实践中很可能出现知识产权刑事裁判与民事裁判的冲突。

由于知识产权刑事案件在证明标准、证据认定方面比知识产权民事案件要求更高，因此，知识产权刑事案件中技术鉴定的规范化程度应当高于知识产权民事案件。然而，由于知识产权刑事案件与民事案件的级别管辖不协调，导致审理知识产权刑事案件的法官往往对技术鉴定的经验不足，或对技术鉴定的规范性要求认识不足，最终导致知识产权刑事诉讼中的技术鉴定往往不够客观、公正，制约了知识产权刑事审判质效的提升。

2. 完善知识产权刑事审判管辖体制的主要理由

为克服我国知识产权刑事审判管辖体制存在的上述弊端，应当立足知识产权刑事案件的特点，从提升知识产权刑事审判质效的实践需求出发，改革和重构我国知识产权刑事审判管辖体制，统一知识产权刑事与民事案件的管辖法院。主要理由如下：第一，知识产权刑事案件对诉讼证据的审查判定、对案件事实的证明标准均比知识产权民事案件要求更高，知识产权刑事案件对被告人权益的影响比知识产权民事案件对被告权益的影响更大。因此，知识产权刑事案件的级别管辖应当不低于知识产权民事案件的级别管辖。第二，知识产权刑事案件相对其他类型刑事案件来说，数量较少，且知识产权刑事案件专业性强，因此，没有必要赋予每个基层法院对知识产权刑事案件的管辖权。第三，知识产权刑事案件的数量远少于知识产权民事案件的数量，在一审知识产权民事案件的级别管辖实现以中级法院管辖为主的前提下，一审知识产权刑事案件的级别管辖有条件做到以中级法院管辖为主。第四，统一知识产权刑事案件与民事案件的管辖法院，有利于统一知识产权案件的裁判标准，提升知识产权审判质效。

3. 完善知识产权刑事审判管辖体制的建议

一审知识产权刑事案件一般由中级法院管辖，涉技术类一审知识产权刑事案件，如侵犯技术秘密犯罪案件、侵犯计算机软件著作权犯罪案件等，对技术事实的证据认定、技术鉴定、侵权比对要求高，因此，应当由中级法院作为一审法院。各高级法院根据本辖区的实际情况，报经最高人民法院批准，可以确定若干基层法院管辖一审知识产权刑事案件。基层法院管辖的知识产权刑事案件应当是侵犯商标权犯罪、侵犯著作权犯罪等不涉及专业技术的一般知识产权刑事案件。在确定基层法院知识产权案件管辖权时，应当注意享有知识产权刑事案件管辖权的基层法院必须是享有知识产权民事案件管辖权的基层法院，反之亦然。各高级法院根据本辖区的实际情况，报经最高人民法院批准，可以确定享有知识产权刑事案件管辖权的基层法院，跨行政区划受理一审知识产权刑事案件。在确定基层法院跨行政区划受理知识产权刑事案件时，应当注意知识产权刑事案件跨区管辖范围应当与知识产权民事案件的跨区管辖范围一致，以免出现跨区管辖上的冲突。由于知识产权刑事案件还涉及公安局侦查抓捕和检察院提起公诉，需要处理被告人关押、提押与还押等问题。一方面，要考虑检察院在批捕、提起公诉等项工作中是否也存在知识产权刑事案件的集中管辖可能；另一方面，在检察院管辖未作调整时，考虑到检察院与其提起公诉的法院很有可能不再属于同一行政辖区，应协调检察院提起公诉的具体法院。

需要特别指出的是，应当赋予知识产权法院对知识产权刑事案件的管辖权。根据全国人大常委会的决定，目前北京、上海、广州三地知识产权法院只受理知识产权民事和行政案件，从而形成了知识产权民事、行政案件在专门法院审理，知识产权刑事案件在普通法院审理的审判体制。该体制割裂了知识产权民事、行政和刑事审判间的内在联系，增大了三类知识产权诉讼相互沟通和协调的难度，不利于统一裁判标准。因此，建议尽快在相关法律中规定：知识产权法院受理不服辖区内基层法院审判的涉知识产权刑事案件的上诉和抗诉案件，以及应当由本院管辖的一审涉知识产权刑事案件。

（六）关于办理知识产权刑事案件的程序规范研究

由于知识产权刑事案件数量不多，侦查、公诉及审判经验均处于不断积累之中，因此，审判中所反映出来的各执法机关执法理念不一致、执法程序不规范、执法尺度不统一的问题日益突出。各执法机关之间因对程序性和实体性规范认识不统一，一定程度上影响了执法效率和办案质量的提升。为依法惩治知识产权犯罪，进一步提高知识产权犯罪案件的办案质量，有必要结合实际情况，制定相关规范意见，特别是从程序上达成共识，指导工作推进。

1. 关于证据的固定。与民事诉讼不同，知识产权刑事案件的证据固定需要公安局、检察院、法院以及相关行政机关等多家单位的通力协作和相互配合。(1) 公安机关对可能影响案件定罪量刑的证据应全面及时地扣押、调取、移送。公安机关扣押涉案侵犯知识产权物品时应当依照《刑事诉讼法》第140条的规定，查点、归类后应当场开列扣押物品清单；因客观原因不能当场开列清单的，应当对涉案物品的扣押、见证、清点过程同步录像。涉案侵权物品与被侵权物品照片的特征对比、商标标识对比和标价等应当清晰、全面；扣押的物品应当妥善保管，保持扣押时状态。公安机关出具的案发经过等相关材料应如实反映查获及扣押时的具体情况、数额、侵权产品的摆放位置等，由侦查人员签名并加盖公章。（2）检察机关应当向人民法院移送侵权产品或者其样品。侵权产品不便搬运、不易保存或者依法应当由有关部门保管、处理的，可以拍摄、制作足以反映原物外形、特征和侵权内容的照片、录像作为证据出示。（3）行政执法部门依法收集或调取的物证、书证、视听资料、电子数据以及其依法制作的勘验、检查、辨认笔录，在刑事诉讼中可以作为证据使用。但是，行政执法部门制作的证人证言、当事人陈述等调查笔录，公安机关认为有必要作为刑事证据使用的，应当依法重新收集、制作，除非确有证据证实涉案当事人或者相关证人因死亡、失踪或者丧失作证能力，无法重新收集的除外。

2. 关于金额的认定。知识产权犯罪中，应当区分不同情形对犯罪金额认定作出区别处理。司法实践中，存在简单按照被侵权产品市场中间价格即正品价格计算销售金额的泛化倾向，对此应予以重视，加强人权保障，避免随意侵害被告人合法权益。建议侵犯知识产权犯罪案件中销售金额、待销售货值金额和非法经营额的认定，按照以下原则计算：（1）按照实际销售价格计算。要尽力查证实际销售价格证据，并以此作为首选计算犯罪金额的依据。有销售记录的，用销售记录平均价计算待售相同商品、已售或者待售的其他同一品牌的同类商品的货值金额；没有销售记录的，也可以依据犯罪嫌疑人供述、证人证言等能够相互印证的实际销售价格计算犯罪金额；没有销售记录，但有其他证据以及存在同类侵权产品市场中间价并可以相互印证的，以相互印证的价格计算。（2）按照标价计算。确实无法查证实际销售价格，但有标价的，可以以标价计算待销售货值金额；没有标价但查获的侵权产品与有标价的侵权产品属于同一品牌的同类商品的，可以以同类侵权产品的标价认定。（3）按照被侵权产品市场中间价格计算。根据实际销售价、标价、其他相互印证价格的认定标准确实无法计算侵权商品价格的，可以按照被侵权产品的市场中间价格计算。按照被侵权产品的市场中间价计算的，量刑时应当充分考虑犯罪未遂形态、产品本身具备的价格特点、被告人具备的人身危险性等情节，依法恰当确定处罚。（4）按照实际查证价格计算。犯罪嫌疑人和被告人供述、证人证言、侵权产品的市场中间价等能够相互印证的价格明显低于标价或者被侵权产品市场中间价的，以该能够相互印证的价格计算犯罪金额。对侵犯知识产权犯罪的产品系另一产品的零部件的，还应当根据该零部件本身的价值确定具体的犯罪金额。

3. 关于鉴定的处理。知识产权刑事诉讼中对犯罪事实的查明很大程度上依赖技术鉴定，从庭审情况来看，争议较大的也往往是对鉴定的意见。有必要对此予以进一步明确：（1）侵犯知识产权犯罪案件需要鉴定的，应当由侦查机关作为委托人聘请具有法定资质的鉴定机构和鉴定人进行鉴定，鉴定费用由委托人支付。公安机关根据权利人单方鉴定意见立案的，进行重新鉴定时应当另行委托其他鉴定机构进行鉴定。（2）鉴定意见中鉴定材料的来源、取得、保管和送检必须符合法律和相关规定要求，鉴定的形式要件要完备，提起鉴定的事由、鉴定委托人、鉴定机构、鉴定要求、鉴定过程、鉴定方法、鉴定日期等相关内容均需明确。（3）公安机关送检材料应当包括犯罪嫌疑人提供的书面辩解意见或者其提供的其他相关证据。鉴定中，鉴定机构应当听取犯罪嫌疑人的辩解意见。（4）对于侵犯商业秘密犯罪中技术信息的鉴定，应当由被害人（权利人）确定技术信息的范围并不得变更，侦查机关再根据确定的技术信息范围是否构成技术秘密以及被控的技术信息与被害人的技术信息是否相同或者实质性相似进行委托鉴定。

第五章
知识产权民事行政诉讼程序交叉及其解决

我国的知识产权法院建设虽已破蛹，但是相关问题及其解决方案仍存在许多值得探讨的内容。比如，针对知识产权领域的民事侵权程序和授权确权行政程序的交叉问题，应如何改进裁判方式，强化裁判指引，提高诉讼效率，尽可能避免循环诉讼和程序往复，促进争议的实质性解决；再如，针对知识产权授权确权行政程序的冗长，如何完善该类案件的审理程序，以尽快稳定权利状态，实现裁判结果的公正并提高程序效率；又如，目前的知识产权法院是中级法院的架构，是专利等技术类民事案件的一审法院，无法从根本上保证此类案件裁判标准的统一，如何将对专利等技术类民事案件以及相应的知识产权授权确权行政案件的裁判标准加以统一，是否需要对知识产权诉讼制度予以配套性改革等。基于以上问题，本章拟从我国目前知识产权诉讼制度入手，追溯起源，分析利弊，并借鉴其他国家和地区知识产权司法制度的经验提出相应的解决方案。

一、概况

我国知识产权诉讼制度，是我国诉讼制度在知识产权领域的具体体现，同样分成民事诉讼、行政诉讼和刑事诉讼制度三部分。由于我国的刑事诉讼制度有比较完善的理论和实践，其中涉及知识产权的部分较少，而且刑事诉讼和民事诉讼交叉的问题也已经有较为成熟的解决方案，因此，知识产权刑事诉讼制度以及与其他诉讼制度的关联并非本章重点需要探讨的问题，较为重要的是知识产权民事诉讼和行政诉讼制度及其交叉所带来的问题。

民事诉讼处理的是作为平等主体的自然人、法人或者其他组织之间因民事权益而发生的争议；行政诉讼处理的是作为行政相对人的自然人、法人或者其他组织与具有国家行政职权的机关、组织及其工作人员之间因行政行为而发生的争议。[①] 相应地，知识产权的民事诉讼和行政诉讼处理的争议则均与知识产权有关。其中的知识产权行政诉讼特指，知识产权授权确权行政诉讼，包括授权和确权两类。知识产权授权诉讼，是指对当事人提出的专利申请、商标申请等授予知识产权的申请，在审查机关拒绝授权时所进行的后续具有司法审查性质的诉讼。简言之，其是对专利、商标等的申请应否获得授权进行审理的诉讼。知识产权确权诉讼，是指在获得专利、商标等知识产权授权后因他人对该权利的有效性提出否定性主张，在审查机关作出维持或否定涉案知识产权效力后而进行的具有司法审查性质的诉。简言之，其是对技术方案、商标标志等获得的权利应否有效进行审查的诉讼。[②] 目前法院的实践是将知识产权授权确权案件作为行政案件进行审理，适用行政诉讼法，被告为国家知识产权局专利复审委员会（以下简称专利复审委员会）或国家工商行政管理总局商标评审委员会（以下简称商标评审委员会）[③]（统称“两委”）。为突出研究的针对性，本章重点针对专利商标授权确权程序，特别是对专利商标确权（无效）程序进行研究。

我国的知识产权法，包括专利法、商标法、著作权法和反不正当竞争法等，均制定于20世纪80年代至90年代，我国的知识产权诉讼也相应地开始于这一时期。早期的知识产权诉讼，涉及专利、商标的争议在人民法院的经济审判庭审理，涉及著作权的则在民事审判庭审理。到20世纪90年代中后

① 杨荣馨主编：《民事诉讼原理》（第1版），法律出版社2003年版，第729页。

② 邰中林：《知识产权授权确权程序的改革与完善》，载《人民司法·应用》2010年第19期，第86~91页。

③ 根据中央机构改革部署，原国家工商行政管理总局商标评审委员会的相关职责由国家知识产权局统一行使。

期，北京、上海和广州等地法院相继成立了知识产权审判庭，从此开启了知识产权专业化审判的历程。目前我国31个省、自治区、直辖市的高级人民法院均可受理知识产权民事案件，绝大多数中级人民法院和部分基层人民法院也可受理涉及商标（涉及驰名商标保护的民事案件在相关中级人民法院一审）、著作权、不正当竞争纠纷等民事案件，各省、自治区、直辖市人民政府所在地的中级人民法院以及大连、青岛、温州、佛山、烟台、潍坊、苏州、宁波、景德镇、葫芦岛、泉州、镇江、金华等数十个中级人民法院均可以受理涉及专利纠纷的一审民事案件。

从1985年开始，原北京市中级人民法院受理涉及发明专利权无效的案件，由于当时行政诉讼法尚未制定，审理程序依照民事诉讼法的规定进行，原中国专利局专利复审委员会作为被告参加诉讼。之后，随着行政诉讼法的制定和施行，发明专利权无效案件按照行政诉讼法进行审理，审理法院自1993年起变更为北京市第一中级人民法院。2000～2001年，为加入世界贸易组织，我国根据世界贸易组织《与贸易有关的知识产权协议》对专利法、商标法进行了大幅修改，增加了人民法院对专利商标授权确权行政行为的司法审查权，这类案件由北京市相关中级人民法院专属管辖，但在具体审理庭室上存在分工。根据最高人民法院2002年5月21日印发的《关于专利法、商标法修改后专利、商标相关案件分工问题的批复》和其他相关规定的要求，对于人民法院受理的涉及专利权或者注册商标专用权的民事诉讼，当事人就同一专利或者商标不服专利复审委员会的无效宣告请求复审决定或者商标评审委员会的裁定而提起诉讼的行政案件，一审由北京市第一中级人民法院知识产权审判庭审理；不服“两委”的复审决定或者裁定的其他行政案件，一审由北京市第一中级人民法院行政审判庭审理。之后因为审理庭室不统一导致裁判标准不统一以及当事人有意识选择有利于自己的审理庭室的现象比较严重，根据最高人民法院2009年6月26日印发并于2009年7月1日起施行的《关于专利、商标等授权确权类知识产权行政案件审理分工的规定》和其他相关规定的要求，不服“两委”的授权确权行为提起诉讼的案件，一审统一由北京市第一中级人民法院知识产权庭审理。2014年11月6日北京知识产权法院成立后，根据最高人民法院《关于北京、上海、广州知识产权法院案件管辖的规定》上述专利商标授权确权行政案件的一审受理法院变更为北京知识产权法院。

从我国专利商标民事侵权案件与授权确权行政案件的受理和审理情况可以看出知识产权民事和行政诉讼制度存在以下特点:

1. 专利民事侵权案件一直采取相对集中管辖模式，审判质量较为稳定。我国的专利民事诉讼采取相对集中的管辖模式，一审专利民事案件的审理法院集中在直辖市、省会城市和经济较发达的城市，这些城市的中级人民法院的专利审判有较长的历史和较丰富的经验，法官职业素养较高。由于审理专利案件的时间较长，审理的专利案件较多，而且专利法领域的研究也比较集中和深入，因此，从事专利审判的人员在多数专业问题上有较高共识，从而专利民事侵权案件的审判质量一直比较高。

2. 专利民事侵权案件与专利确权行政案件关联密切，审理周期长，诉讼效率较低。在专利民事侵权案件中，被控侵权人通常都会选择向专利复审委员会申请宣告权利人的专利权无效，以此来对抗权利人的侵权指控。我国的知识产权诉讼采取二元诉讼体制，即民事争议和行政争议分属两个不同的部门、不同的机构进行处理，因此在专利侵权民事案件中，当主张保护的专利权的有效性遭到质疑时，经常采取的一个做法就是中止侵权民事案件的审理，等待专利确权行政案件的审理结果。由此，专利侵权民事案件审理周期非常长，而且专利无效需要经过专利复审委员会、北京知识产权法院一审、北京市高级人民法院二审乃至最高人民法院再审等三四个层级的审理才能确定，有时候如此一轮的审理也无法确定，还要二轮、三轮，导致权利不够稳定、诉讼效率低下。比如，针对肇庆新利达电池实业有限公司拥有的“无水银碱性钮形电池”实用新型专利权，国内多家企业提出无效宣告请求。专利复审委员会在2004年宣告该专利权无效，但专利复审委员会的决定被北京市高级人民法院2005年作出的二审判决撤销并判决宣告该专利权有效。2005年，其他申请人又提出该专利权无效的申请，专利复审委员会第二次作出决定宣告该专利权无效，后于2008年被北京市高级人民法院二审判决撤销决定并判令重新作出决定。此后，专利复审委员会第三次作出决定宣告该专利权无效，该无效决定被北京市第一中级人民法院和北京市高级人民法院撤销，但最高人民法院提审了该案并于2012年年底作出再审判决撤销了一审、二审判决，维持了专利复审委员会第三次宣告该专利权无效的决定。从最早提出无效申请的2004年到该专利权最终被宣告无效历时8年多，经过三轮诉讼才最终确定。针对肇庆新利达电池实业有限公司起诉他人侵害上述专利权的民事案件，广东省高级人民法院曾认为该专利权经过三次无效程序均被法院维持有效故认定其权利稳定，且被告行为构成侵权，但最高人民法院却中止了侵权案件的再审程序待最终宣告该专利权无效后，驳回了肇庆新利达电池实业有限公司的侵权诉求。①

3. 商标民事侵权案件一直采取普遍管辖模式，各地法院的裁判标准不尽统一。商标侵权的构成要件通常包括是否属于商标法意义上的使用，商品是否类似、商标是否近似以及是否足以导致相关公众的混淆误认，虽然这些条件在商标法及相关司法解释中均有明确的规定，但是在具体的个案中，仍然存在不同的认识，由此导致具体裁判标准的不统一。比如对于OEM这种贴牌加工行为是否构成商标法意义上的使用，长期以来不同的法院有不同的认识。最近，最高人民法院在"PRETUL"商标侵权案中认定，OEM贴牌加工行为"在委托加工产品上贴附的标志，既不具有区分所加工商品来源的意义，也不能实现识别该商品来源的功能，故其所贴附的标志不具有商标的属性，在产品上贴附标志的行为亦不能被认定为商标意义上的使用行为。"② 但是，同期江苏省高级人民法院在"DONG FENG（东风）"商标侵权案中则提出了相反的意见，认为对国内企业明知或应知国内商标具有一定影响或为驰名商标而境外委托人涉嫌恶意抢注的情况下却仍从事OEM贴牌加工行为的，则认定构成侵权。另外，在最近几年的商标侵权案件中，被控侵权人时常会拿被控侵权的标志并未进行商标法意义上的使用来抗辩其行为不侵权，而在各地法院的处理中也存在不同的认定和结论。

4. 专利商标授权确权行政案件虽然采取专属管辖模式，但审理层级多，循环诉讼现象非常严重。对于授权案件，需要国家知识产权局或国家工商行

① 参见最高人民法院（2012）行提字第29号行政判决书。
② 参见最高人民法院（2014）民提字第38号民事判决书。

政管理总局商标局[①]、“两委”、一审法院和二审法院至少四个审级，确权案件则需要“两委”、一审法院和二审法院至少三个审级。如果二审法院撤销“两委”的行政行为但未对诉争专利或者商标是否有效提供意见则至少还要再经过一轮才可能有确定的结论。比如2002年，艾利富电子（深圳）有限公司针对第1060011号“艾利富ALEPH及图”商标提出撤销（无效宣告）申请，2007年商标评审委员会裁定维持有效，北京市第一中级人民法院以漏审为由撤销了上述裁定，北京市高级人民法院维持了一审判决。2009年商标评审委员会作出重审裁定仍维持该商标有效，北京市第一中级人民法院又撤销了商标评审委员会的裁定，北京市高级人民法院对该一审判决亦予以维持。之后，商标评审委员会按照法院第二次裁判的意见作出撤销该商标的决定，后被一审、二审法院于2012年维持，该商标最终得以被撤销。[②] 从提出撤销申请到商标最终被撤销历时10年之久。

二、知识产权民事行政诉讼交叉的类型与原因分析

（一）知识产权民事行政诉讼交叉的类型

我国施行民事、行政、刑事三大诉讼制度并列的体制，通常情况下，它们相互独立，互不相干，各自依据不同的诉讼法解决性质完全不同的争议。[③] 在知识产权领域由于作为民事实体法的专利法、商标法中渗透着行政法的内容，行政授权确权机关对民事和行政纠纷处理均享有一定的权限，因此，在知识产权领域存在明显的民事行政诉讼交叉的现象。诉讼程序的设置在于解决当事人之间的争议，因此，可以根据当事人的争议将知识产权民事行政诉讼的交叉作一个类型化的区分，而根据知识产权民事行政争议处理的主次关

① 根据中央机构改革部署，原国家工商行政管理总局商标局的相关职责由国家知识产权局统一行使。

② 参见北京市高级人民法院（2012）高行终字第1549号行政判决书。

③ 杨荣馨主编：《民事诉讼原理》（第1版），法律出版社2003年版，第730页。

系可以分为以下三种类型[①]：

1. 以民事争议为主，交叉行政争议的知识产权案件

这种案件一般出现在民事诉讼中，为了解决民事争议需要先解决行政争议，即行政争议成为民事争议处理的前提。这种案件在知识产权诉讼中最典型的体现就是专利侵权民事案件中，被控侵权人针对涉案专利权向专利复审委员会提出无效宣告请求，在判定侵权是否成立之前，必须等待该专利权是否有效的行政决定生效[②]，不解决专利权是否有效的行政争议，侵权的民事诉讼程序无法继续进行。此时多数法院采取中止民事侵权诉讼程序等待行政争议的做法。

2. 以行政争议为主，交叉民事争议的知识产权案件

此类案件一般出现在行政诉讼中，在知识产权领域主要的表现是：如果专利权、注册商标专用权属于恶意取得的，在专利权、注册商标专用权的权利人提起侵权诉讼或者准备对正常经营者提出大规模“侵权诉讼”之前，潜在的被控侵权人也会提出无效申请。

还有一种权利无效的行政案件，涉及的是专利权、注册商标专用权人侵犯他人在先权利，而被该在先权利人提出无效并由行政机关作出行政裁决的案件。这种案件实际是专利商标的权利人与在先权利人之间的民事争议，但是由于主张的是否定经过行政机关确认的专利权、注册商标专用权的效力，所以由行政机关先行处理，再由人民法院对行政机关的处理进行司法审查。对无效、撤销案件来说，虽然是以行政争议的解决为表象，即人民法院需要裁决的是行政机关的行政行为是否合法，但是其实质却是民事争议的解决，即作为民事权利的专利权、注册商标专用权是否应当存在、应当于何时消灭等。因此专利权、注册商标专用权本身是否侵害其他在先权利这一民事争议

① 参见杨建顺：《行政、民事交叉案件审理机制的困境与对策》，载《法律适用》2009 年第 5 期，第 2 ~ 9 页。

② 根据 2016 年 3 月 21 日公布的最高人民法院《关于审理侵犯专利权纠纷案件应用法律若干问题的解释（二）》第 2 条第 1 款的规定，专利侵权诉讼中，主张保护的专利权被专利复审委员会宣告无效的，侵权案件管辖法院可以裁定驳回专利权人的起诉。但这也需要等待专利复审委员会作出无效宣告决定。

构成了行政案件解决的前提。

3. 民事争议和行政争议并重的交叉案件

这种交叉案件主要是关于专利权、注册商标专用权权属的行政诉讼。这类案件一般是以国家知识产权局、国家工商行政管理总局商标局为被告的确认专利权、注册商标专用权归属或者核准转让错误的案件。同时，对于专利权、注册商标专用权权属的争议也是以民事权利的归属来作为前提条件的，因此权属争议的双方当事人既可以直接向法院提起关于权属的民事诉讼，也可以通过起诉确认权属的行政机关通过行政诉讼来解决。

（二）知识产权民事行政诉讼交叉的原因分析

1. 诉讼体制与纠纷解决一体化要求的矛盾

通常的民事行政诉讼交叉现象在于社会生活的一体化、纠纷解决的一体化与诉讼体制的二元区分之间存在一定的矛盾。① 我国的民事、行政、刑事实体法将社会生活划分为不同的领域，不同类型的纠纷适用不同的实体法规范。但是这种法律类别的划分是人为的，它与社会生活的一体化之间必然存在矛盾。诉讼体制的不同性质导致不同的案件适用不同的诉讼法和审理原则。民事诉讼通常采取当事人主义的审理原则，即作为裁判基础的事实所必需的资料，包括请求与事实的主张、证据的收集与提交等，均应由当事人行使并承担责任。行政诉讼则通常采取职权调查主义的审理原则，即法院应当依职权探知事实关系，即依职权调查证据，不受当事人主张陈述以及证据的约束。② 基于审理原则的不同，民事诉讼法和行政诉讼法的审判程序也不尽相同，而且根据《人民法院组织法》和民事、行政和刑事诉讼法的规定，我国法院内部设置民事、行政和刑事审判庭分别由不同的审判人员适用不同的诉讼程序审理不同性质的案件。这种民事、行政诉讼适用不同审判程序、审理原则和审判组织的现象也不利于知识产权纠纷一体化解决。在知识产权领域中，虽

① 参见许尚豪：《民事、行政交叉案件诉讼程序研究》，载《山东大学法律评论》2007 年第 1 期，第 39 ~ 46 页。

② ［日］新堂幸司：《新民事诉讼法》（第 1 版），林剑锋译，法律出版社 2008 年版，第 305 页。

然专利法和商标法被看作民事实体法的一部分，但是因为专利权和注册商标专用权这种民事权利取得和灭失都与国家知识产权局、国家工商行政管理总局商标局的行政职权密切相关，因此，上述两部法中有大量的关于行政授权确权的规定。同时，专利权、注册商标专用权的保护也可以采取民事方法和行政方法来实现，这就导致了适用专利法、商标法调整社会生活时，不仅要考虑民事诉讼方式，也要考虑行政诉讼方式，从而产生了交叉。涉及专利商标侵权的民事案件由全国范围内有管辖权人民法院的知识产权审判庭审理，而专利商标授权确权的行政案件仅由被诉行政机关所在地的特定法院审理①，同样会存在民事行政诉讼交叉的问题。

2. 公法与私法相互区分的二元论

从前述的分析可知，知识产权民事行政诉讼交叉问题的根源在于民事、行政诉讼的二元诉讼体制，二元诉讼体制源于公法与私法区分的二元论。我国的法律制度基本上是沿袭大陆法系的体制，而大陆法系向来都有公法与私法的区分，这种区分体现在法律发展史上是将市民社会的关系用民法来规范，将市民与国家之间的关系用公法（或行政法）来规范，分别适用不同的法律原则来处理。

从公私法二元论引发的，还有关于专利法和商标法性质上的区分。虽然专利权、注册商标专用权被认为是私权（民事权利），但是专利法和商标法并不当然地被认为是私法，通常认为专利法和商标法在权利的得失变更方面属于行政法规制的范畴，即只有经过行政机关的授权确权行为，权利的得失变更才会发生法律效力；但是对于专利权、注册商标专用权的保护则属于对民事财产权的保护范畴，应当受民法基本原则和规则的约束，从而专利法和商标法被认为兼具公法与私法的双重属性。这种性质上的区分导致，对于专利商标授权确权行为，通常认为属于国家知识产权局、国家工商行政管理总局商标局和“两委”的行政行为，必须经过上述行政机关的前置审查，才能进而由人民法院对行政行为进行司法审查。根据德国行政法理论，行政行为的效力可以区分为实体性效力和程序性效力两种，由于专利商标授权确权行政

① 曾经由北京市第一中级人民法院审理，现由北京知识产权法院审理。

行为须经法院的司法审查，因此该行为的效力主要是程序性效力，即专利商标授权之公告产生任何人不得否定专利权、注册商标专用权已经存在的效果，只能通过无效宣告程序才可以对专利权、注册商标专用权的效力进行否定。通过前述行政行为的公定力理论确保了“两委”对专利权、注册商标专用权宣告无效的单一管辖权，在立法上则确保对专利权、注册商标专用权无效宣告的前置审查模式。[①]

当然这种无效宣告程序的排他性控制在专利法和商标法领域仍存在不同的政策基础。在专利权利效力的判断上，其核心是专利是否具有新颖性、创造性和实用性，这需要将专利与本领域最接近的现有技术进行对比，从本领域技术人员的角度判断专利是否具有实质性特点和显著的进步。这一判断的主体是具有本领域专业技术知识的假想的人——本领域技术人员，专利审查人员在这方面具有专业技术优势。基于此，行政法上的判断余地理论[②]认为，在涉及专利权效力的技术性判断上，专利行政机关更具有专业性，其在具体案件中依专业知识所作的解释和法律适用，法院应当予以尊重。当然，法院并非不能审查。因为现代法治国家理念要求司法权能够延伸到对一切行政行为是否实质合法的审查，如果要排除司法的审查必须经过立法机关的明确授权，而这种授权只有在司法对行政行为审查没有积极作用的情况下才允许存在。如此，司法能够对专利授权确权行政行为进行审查，但同时也应当尊重专利行政机关的专业判断。但是在注册商标专用权效力的判断上，由于注册商标专用权的取得和丧失是基于普通消费者的认知，商标行政机关并不具有专业的技术性判断优势，所以司法对商标授权确权行政行为的审查应当要比专利方面深入，即对商标行政机关的判断不具有予以尊重的政策基础。[③]

---

① 参见张鹏：《我国专利无效判断上“双轨制构造”的弊端及其克服——以专利侵权诉讼中无效抗辩制度的继受为中心》，载《政治与法律》2014 年第 12 期，第 126 ~ 135 页。

② 行政法上的判断余地理论，是指行政机关通过不确定法律概念（比如专利法上的创造性）获得了一种判断余地，即独立的、法院不能审查的权衡领域或判断领域，法院对行政机关在该领域内作出的行政行为必须接受，只能审查该领域的界限是否得到了遵守。参见伍劲松：《行政判断余地之理论、范围及其规制》，载《法学评论》2010 年第 3 期。

③ 参见吴庚：《行政法之理论与实用》（增订 8 版），中国人民大学出版社 2005 年版，第 74 ~ 89 页。

（三）公私二元论的重塑

公私法的二元区分，在现代社会中已非典型。因为国家现代化以后，公领域和私领域实际上都是由非常多样化的规范构建起来的秩序，在公领域中存在大量以规范平等关系为内容的法律规范，在私领域中也存在大量以规范垂直关系为内容的法律规范。传统公法和私法所实践的分配和对等正义，已经不能满足高度工业化、城市化的社会对正义的渴望。新的公法规范追求阶级正义和世代正义的满足，而新的私法规范则尝试去回应平均正义和资源效率的需求，如此造成了公私法的调和与交错，其中的区分已经并非泾渭分明。[①] 因此，虽然在理念上和体制上仍然存在公私法区分的做法，但是社会生活的一体化和纠纷解决的一体化要求，使诉讼体制上相互融合的趋势反而更加明显。

在知识产权法领域，公私法二元论主要在欧陆法系盛行，英美法系的诉讼体制受到公私法二元论的影响不大，它们是在一个法院内采取同一程序对专利商标授权确权行为和侵权行为进行审理，并且在侵权民事案件中直接就主张的专利权、注册商标专用权的效力进行认定，并不存在民事行政诉讼交叉的难题。

基于英美法的影响以及理论研究的深入，近年来，对于专利商标授权确权行为性质的观点也发生了一定的转变。有相当部分的观点认为，专利商标授权确权行为，并非行政行为，而是一种登记行为（针对授权行为）或者准司法行为（针对确权行为）。授权行为，就是申请人提出专利、商标申请后，国家知识产权局或国家工商行政管理总局商标局对其申请进行审查并予以准许或者不准许的行为。这种行为与物权登记一样，其背后的基础是对申请的技术方案或商标标志的“先占”，审查机关的审查只是确认这种“先占”的声明并不违反法律的强制性规定，也不侵犯他人的在先权利，在此情况下作出具有公示公信效力的“授权”公告，这只是对申请人声明主张权利的一种确认，是以国家机关的权威性确保这种确认的初步合法性，而不是“授予”

---

① 苏永钦：《民事立法与公私法的接轨》（第1版），北京大学出版社2005年版，第77~78页。

权利，因此不属于行政授权行为。确权行为，是无效申请人和专利权、注册商标专用权的权利人之间的争议，由无效申请人提出无效请求和具体理由并提供相应证据支持其主张，由专利权、注册商标专用权的权利人予以反驳，“两委”既不主动收集证据也通常不会超出无效请求人的请求范围进行审理，审理程序与人民法院的诉讼程序并无太大区别，人民法院的“司法审查”更关注的是专利权、注册商标专用权的权利效力，而并非“两委”裁决的合法性，因此也难以认定“两委”的裁决属于行政行为。①

如前所述，基于行政法上的判断余地理论对专利复审委员会依据专业技术知识作出的专利授权确权行为，法院即使审查也应当对该专业判断予以尊重，在目前的实践中也已经有所突破。德国专利法院在对专利无效案件的审理中就引入了技术法官来查明技术问题；② 日本、我国大陆和台湾地区则采用技术调查官的制度，通过技术调查官对技术问题的解释来帮助法官理解技术问题，因此法院对专利授权确权中的专业技术问题的也可以进行全面审查，不再受判断余地理论的约束。

综合以上分析，专利商标权利效力的审查被排他性地授予，“两委”并不具有当然的理论基础和政策基础，法院在民事侵权案件中也应当具有独立的对权利效力进行审查的权限，当然从法院与“两委”工作协调的角度并基于现行授权确权程序与民事侵权程序区分的二元司法体制下，尚难以对知识产权民事行政诉讼交叉问题予以根本性的改变，因此本文对于该问题的解决建议采取“两步走”的模式，立足当下，规划长远，以期实现知识产权民事行政诉讼交叉的最终解决。

三、知识产权民事行政诉讼交叉的解决建议

对于普通的民事行政诉讼交叉问题，诉讼法学者们提出的建议通常或者

---

① 参见阳平：《商标行政授权行为是一种“备案”》，载《中华商标》2004 年第 7 期，第 33 ~ 35 页。

② 参见熊诵梅：《设立智慧财产法院之评估研究——兼论德国、韩国及日本之专利诉讼制度》，载我国台湾地区《司法研究年报》2005 年第 25 辑第 19 篇；关铭富、黄麒伦、林月娥：《日本智慧财产法院及行政诉讼新制考察报告》，载《我国台湾地区“司法院”2005 年出国报告》；林欣蓉：《各国专业智慧财产法院运作现况之介绍与评析》，载我国台湾地区《法学丛刊》第 204 期，第 147 ~ 193 页。

是先行政诉讼后民事诉讼，或者是先民事诉讼后行政诉讼，或者行政附带民事、民事附带行政等。[①] 无论何种解决方案都以对行政行为的合法性审查为基础，并未涉及除合法性审查之外的仍属于争议的权利有效性问题，因此，并不能完全解决目前知识产权民事行政诉讼交叉的问题。知识产权民事行政诉讼交叉的最根本原因是，审理民事侵权案件的法院/法庭无法对主张保护的权利有效性进行审查，在该权利没有被宣告无效之前，必须假定该权利是有效的。[②] 在当事人提出无效宣告请求后，或者消极等待行政审查的最终处理结果，或者甘冒风险以权利有效为基础作出裁判。同时，法院在授权确权行政案件审查过程中，即使明知该权利应当无效，但在行政机关未作出认定时，法院只能判令行政机关重做，而无法直接对权利的效力作出判断，由此导致循环诉讼和行政、司法资源的浪费。面对知识产权民事行政诉讼交叉的特殊性问题，已经有很多改革的建议，但大多是长远的规划，比如将“两委”作为准司法结构，其对权利有效性的审查视为一审程序，二审则由最高人民法院指定的法院进行审理，审理程序依民事诉讼程序进行，二审法院可以对一审“两委”认定的权利是否有效的结论予以变更等。[③] 应当说，这些规划都有相应的理论和实践的基础，但是如果不对现行诉讼制度和司法体制进行重大调整，上述建议的可操作性不强。据此，本文建议分两步走，一是立足于目前的司法实践，采取有力措施解决当前紧迫的权利效力不稳定、循环诉讼无效率的问题；二是立足长远，从整个知识产权司法体制改革的角度出发，重新设计知识产权司法审判制度，以从根本上消除知识产权民事行政诉讼交叉问题。

（一）现行知识产权诉讼体制下的完善建议

当前的知识产权诉讼体制，仍然将民事侵权诉讼和权利无效诉讼进行区

① 参见杨荣馨：《民事诉讼原理》，法律出版社 2003 年版，第 733 ~ 735 页。薛刚凌：《处理行政、民事争议重合案件的程序探讨》，载《法律科学》1998 年第 6 期，第 86 ~ 90 页；马怀德、张红：《行政争议与民事争议的交织与处理》，载《法商研究》2003 年第 4 期，第 120 ~ 127 页；江伟、范跃如：《民事行政争议关联案件诉讼程序研究》，载《中国法学》2005 年第 3 期，第 165 ~ 173 页。

② 参见朱理：《专利民事侵权程序与行政无效程序二元分立体制的修正》，载《知识产权》2014 年第 3 期，第 37 ~ 43 页。

③ 参见邰中林：《知识产权授权确权程序的改革与完善》，载《人民司法 · 应用》2010 年第 19 期。

分并分别审理，即除最高人民法院、北京市高级人民法院、北京知识产权法院外，其他法院既不能审理权利无效诉讼，也不能对权利的有效性作出认定。对此，本文认为可以从民事诉讼体制和行政诉讼体制两个角度给出相应的建议。

1. 民事侵权诉讼体制

在民事侵权诉讼中，建议允许被控侵权人对主张权利的专利权、注册商标专用权的效力提出无效抗辩，且审理该民事侵权案件的法院可以就此进行认定，但该认定仅“个案”有效，不能拘束非本案当事人，欲使权利“对世”无效，仍需提起无效宣告请求，通过“两委”的裁决和后续的行政诉讼解决。

在民事侵权诉讼中，对主张权利的效力进行判断有诉讼法的理论和实践基础支持。当事人在民事侵权诉讼中，主张他人行为构成对自己享有的专利权、注册商标专用权侵害的，首先应当证明其享有该专利权或注册商标专用权。当事人支持其主张的证明就是专利证书或者商标注册证。这些证据要出示给法院，而法院应当遵循证据审查的规则对这些证据的真实性、关联性和合法性进行审查。《民事诉讼法》第64条第1款和第3款分别规定：“当事人对自己提出的主张，有责任提供证据。”“人民法院应当按照法定程序，全面地、客观地审查核实证据。”而且对于在调查取证过程中，有关单位和个人出具的证明文书，第67条第2款规定，法院也“应当辨别真伪，审查确定其效力”。因此对于专利权、注册商标专用权的效力，当事人仅提供专利证书、商标注册证，但被控侵权人提出其权利应当无效并提供相应证据支持的，法院对权利的有效性进行审查符合民事诉讼法规定。①

在司法解释、司法政策和司法实践中，法院也已经开始在民事侵权诉讼中，对权利的有效性进行审查，并对依据应当被宣告无效的专利权、注册商标专用权提出的主张予以驳回。2016年3月21日公布的最高人民法院《关于审理侵犯专利权纠纷案件应用法律若干问题的解释（二）》第2条第1款规定：专利侵权诉讼中，主张保护的专利权被专利复审委员会宣告无效的，侵

① 参见杨荣馨：《民事诉讼法原理》，法律出版社2013年版，第739～740页。

权案件管辖法院可以裁定驳回专利权人的起诉。但这也需要等待专利复审委员会作出无效宣告决定。最高人民法院2009年5月1日施行的《关于审理涉及驰名商标保护的民事纠纷案件应用法律若干问题的解释》（法释〔2009〕3号）第6条规定："原告以被诉商标的使用侵犯其注册商标专用权为由提起民事诉讼，被告以原告的注册商标复制、摹仿或者翻译其在先未注册驰名商标为由提出抗辩或者提起反诉的，应当对其在先未注册商标驰名的事实负举证责任。"也就是说，当被告以未注册驰名商标提出抗辩并提供证据时，法院应当对原告主张保护的注册商标是否是对被告在先的未注册驰名商标的复制、摹仿或者翻译进行认定，如果能够认定这就是对原告注册商标效力的否定。最高人民法院在2011年12月16日印发的《关于充分发挥知识产权审判职能作用推动社会主义文化大发展大繁荣和促进经济自主协调发展若干问题的意见》（法发〔2011〕18号）第16条中规定，"对于明知其专利权属于现有技术或者现有设计，仍然恶意向正当实施者及其交易对象滥发侵权警告或者滥用诉权，构成侵权的，可以视情支持受害人的损害赔偿请求"。第22条规定，"注册商标权人的注册商标属于复制、摹仿或者翻译他人未在中国注册的驰名商标、抢注被代理人或者被代表人的商标或者以不正当手段抢注他人已经使用并有一定影响的商标，被诉侵权的在先商标使用人以此为由提出抗辩的，应当予以支持。"

最高人民法院在柏万清诉成都难寻物品营销服务中心、上海添香实业有限公司侵害"防电磁污染服"实用新型专利权再审案中指出："准确界定专利权的保护范围，是认定被诉侵权技术方案是否构成侵权的前提条件。如果权利要求的撰写存在明显瑕疵，结合涉案专利说明书、本领域的公知常识以及相关先用技术等，仍然不能确定权利要求中技术术语的具体含义，无法准确确定专利权的保护范围的，则无法将被诉侵权技术方案与之进行有意义的侵权对比。因此对于保护范围明显不清楚的专利权，不应认定被诉侵权技术方案构成侵权。"① 上海市高级人民法院在诺基亚公司诉上海华勤通讯技术有限公司侵害"选择数据传送方法"发明专利权案中指出：诺基亚公司主张保护

① 参见最高人民法院（2012）民申字第1544号民事裁定书。

的“涉案专利权利要求7包含功能性技术特征，且结合涉案专利说明书及附图仍然不能确定权利要求7的保护范围，故无论被控侵权产品的技术方案如何，上诉人诺基亚公司的侵权指控均不能成立”，因此判决维持了一审驳回诺基亚公司诉讼请求的判决。[①] 最高人民法院在王碎永诉深圳歌力思服饰股份有限公司、杭州银泰世纪百货有限公司侵害商标权纠纷一案提审判决书[②]中认定：王碎永取得和行使第7925873号“歌力思”商标权的行为难谓正当。王碎永以非善意取得的商标权对歌力思公司的正当使用行为提起侵害商标权之诉，构成权利滥用，其与此有关的诉讼请求不应得到法律的支持。因此判决撤销了一审、二审法院判决，驳回王碎永的全部诉讼请求。

上述司法解释、司法政策和司法实践均已经在民事侵权诉讼中对专利权、注册商标专用权的效力予以否定，并据此驳回了原告主张侵权的诉讼请求，应当说目前已经成为较为固定的审判模式，下一步则可以在法律或者司法解释中明确，法院在民事侵权诉讼中可以根据被控侵权人的抗辩和证据对主张保护的专利权、注册商标专用权的效力进行审查，民事判决对权利效力予以否定的，仅及于案件的当事人不具有普遍性、公示性的效力，该案件当事人或者案外人仍可向专利复审委员会或者商标评审委员会申请对该专利权、注册商标专用权宣告无效。

2. 行政授权确权诉讼体制

对于专利商标授权确权行政诉讼而言，则建议赋予法院对“两委”作出的关于专利权、注册商标专用权效力的行政行为予以变更的权力，以避免程序的冗长和循环诉讼。

由于专利商标授权确权行政诉讼的审理法院只有最高人民法院、北京市高级人民法院、北京知识产权法院和原北京市第一中级人民法院，因此授权确权诉讼的审理主要体现在北京市法院系统中。在2008年之前，北京市法院系统曾经认为，法院可以在行政诉讼中对诉争的专利权、注册商标专用权的

---

① 参见上海市高级人民法院（2013）沪高民三（知）终字第96号民事判决书。同样的情形可参见上海市高级人民法院（2010）沪高民三（知）终字第89号曲声波诉新世界（中国）传媒有限公司、颐信科技有限公司侵害“多线路公交电子站牌”实用新型专利权案民事判决书。

② 参见最高人民法院（2014）民提字第24号民事判决书。

效力予以判定并在判决主文中予以表述。北京市高级人民法院最早在2003年温州市宏福家具制造有限公司诉专利复审委员会、深圳大豪兴利家具实业有限公司“梳妆台”“床饰件（成套）”两件外观设计专利权无效二审行政案判决主文中直接判决宣告涉案专利权无效。①

2004年6月8日，北京市高级人民法院知识产权审判庭下发了《关于规范专利无效行政案件裁判文书主文的意见（试行）》，明确法院的判决在撤销专利复审委员会审查决定的情况下，可以直接判决维持本专利有效或宣告本专利无效。这样做的理由是：第一，有利于节约行政、司法资源。当专利复审委员会作出的专利权无效决定显然错误，专利权明显应当被宣告无效、维持有效或部分无效时，如果人民法院不直接对专利权的效力作出判断，则生效判决作出后专利权的效力仍不确定，当事人需重新请求专利复审委员会作出决定，并且对该决定当事人仍可请求司法审查。这一程序甚至可以被无限反复使用，从而造成行政、司法资源的浪费。第二，有利于协调判决主文同判决理由的关系，维持生效判决的权威性。当专利权明显应当被宣告无效、维持有效或部分无效时，如果生效判决书拒绝对此作出判决，则判决书的主文同判决理由显得不协调。第三，有利于相关民事诉讼案件的审理。专利无效行政诉讼一般都与民事诉讼有交叉，当人民法院撤销专利复审委员会的行政决定且专利权明显应当被宣告无效、维持有效或部分无效的，如果人民法院不对专利权的效力作出直接判断，则专利权的效力在相关民事诉讼中仍然处于不确定状态。如果专利复审委员会重新作出行政决定，则因该决定具有可诉性，可能导致相关民事诉讼被无限期中止。如果专利复审委员会不重新作出决定，则专利权的效力将一直处于不确定状态，也会导致相关民事诉讼被无限期中止。第四，专利权是一种私权，对私权之有无和归属的判断，属于司法权行使的当然职能，法院直接判决专利权的效力没有损害当事人的权益和专利复审委员会的权力，相反切中了当事人争议的焦点，实践中专利权人也并不反对这种判决方式。②

① 参见北京市高级人民法院（2003）高行终字第60号、第61号行政判决书。

② 耿博：《争议之判：法院直接宣告专利权无效案——接受司法审查后的行政权能否被司法权所取代》，载《知识产权》2005年第6期，第47~48页。

在商标授权确权行政诉讼中，北京市法院也参考了上述做法，但判决主文的具体内容不完全相同，有的是直接在判决主文中宣告注册商标专用权的效力，有的则是在判决主文中判令商标评审委员会对诉争商标作出撤销注册或者维持注册的裁定，而不是直接宣告注册商标专用权的效力。比如在重庆市全心食品厂诉商标评审委员会、郑州三全食品股份有限公司“凌及图”商标争议行政案中，北京市第一中级人民法院判决主文的一项就是：“第703183号‘凌及图’商标注册予以维持。”北京市高级人民法院终审维持了该一审判决。[①] 在新乡市步云鞋垫有限公司诉商标评审委员会、杨德华“彩步云及图”商标争议行政案中，北京市第一中级人民法院的判决主文的一项就是：“被告国家工商行政管理总局商标评审委员会于本判决生效之日起90日内就第1800814号‘彩步云及图’商标作出予以撤销注册的裁定。”该判决后被北京市高级人民法院维持。[②]

北京市法院的上述做法没有坚持下来，主要的原因有两个：一是“两委”对这种裁判方式有较大质疑，主要是认为这种裁判方式有越权之嫌。[③] 二是当时专利商标授权确权行政案件由北京市第一中级人民法院和北京市高级人民法院的知识产权审判庭和行政审判庭分别审理，而行政审判庭认为，对此类案件只应像传统行政案件那样审查行政行为的合法性，不应对诉争专利、商标的权利效力予以审查，也不应对权利效力予以表态，而知识产权审判庭则就这两方面的问题都予以审查。基于上述原因，当时最高人民法院对北京市法院在判决主文中宣告专利权、注册商标专用权效力的做法持否定态度。最高人民法院在如皋市爱吉科纺织机械有限公司诉专利复审委员会、王玉山关于“清洁器吸棉管废棉截留装置”实用新型专利权无效行政案中认为：“根据我国行政诉讼法的规定，即使专利复审委员会的决定错误，法院也不能直接予以变更，只能判决撤销或者一并要求重作决定。在判决主文中直接对涉案

① 北京市第一中级人民法院（2005）一中行初字第357号行政判决书，北京市高级人民法院（2006）高行终字第182号行政判决书。

② 北京市第一中级人民法院（2005）一中行初字第850号行政判决书，北京市高级人民法院（2006）高行终字第216号行政判决书。

③ 耿博：《争议之判：法院直接宣告专利权无效案——接受司法审查后的行政权能否被司法权所取代》，载《知识产权》2005年第6期，第48~49页。

专利权的效力作出宣告判决，超出了行政诉讼法及其司法解释有关裁判方式的规定，缺乏充分的法律依据。”但是，在法院的审查范围问题上，最高人民法院认为，不仅要审查“两委”所作行政行为的效力，还要对诉争的专利权、注册商标权的效力进行审查并作出判断：“在现行的行政诉讼法律框架下，人民法院审理专利无效纠纷案件，应当依法按照合法性审查原则，对所争议专利权是否符合专利法规定的专利授权实质性条件等问题作出判断。”[①] 之后，专利商标授权确权行政案件越来越多，循环诉讼的情况也越来越多，有的案件由于法院不对权利效力表态，导致多次撤销“两委”的裁定，权利的稳定性受到极大影响，社会公众，包括权利人亦颇有意见。基于这种现实，最高人民法院在《关于充分发挥知识产权审判职能作用推动社会主义文化大发展大繁荣和促进经济自主协调发展若干问题的意见》第 23 条中规定，“要注重商标授权确权争议的实质性解决，避免陷入不必要的程序重复，搁置实体问题和回避矛盾。对于商标是否应予注册、是否应当撤销等能够作出实体性判断的，可以在裁判理由中作出明确的判断，为被诉行政机关重作决定作出明确指引”。

本文认为，在当前的专利商标授权确权行政诉讼中赋予法院对专利权、注册商标专用权效力进行直接认定的权力，利大于弊，除前述意见外，还有以下考虑：

（1）法院对专利商标授权确权案件的审理，既包括对行政行为的合法性审查，也包括对专利权、注册商标专用权效力的审查，这已经成为共识，因此法院在判决中确定诉争专利、商标的权利效力是其职责所在。

（2）法院在专利商标授权确权案件中对诉争专利、商标权利效力的认定，能够避免因循环诉讼而导致的纠纷久拖不决，避开专利商标无效诉讼程序定性的争论，阻力较小。

（3）目前专利商标授权确权采取行政诉讼的模式下，在专利法、商标法或者司法解释中增加人民法院可以直接变更“两委”决定的规定，只是对《行政诉讼法》关于人民法院裁判方式的有关规定作出补充，未突破“两委”

---

① 最高人民法院（2007）行提字第 3 号行政裁定书。

裁决程序加行政诉讼两审终审原则，难度较小，现阶段的可行性较大。①

3. 需要注意的问题

任何制度都是人设计的，基于人性的不完美，制度也不可能完美无瑕并一劳永逸解决全部问题。当前，知识产权民事行政诉讼制度的改革致力于改善司法效率低下和结果不公平的情况，但同时也可能造成新的问题和风险。这种风险主要来自以下三个方面：一是在专利商标民事侵权案件中，人民法院认为专利权、注册商标专用权存在无效理由而不予保护，在行政无效程序中该专利权、注册商标专用权的效力却得以维持的，会出现在权利效力判断中民事诉讼与行政审查的冲突；二是审理专利商标民事侵权案件的不同法院对于同一专利权、注册商标专用权的效力问题认定不一，造成民事裁判结果相互冲突；三是被诉侵权人在民事侵权案件中滥用专利商标权利无效抗辩，随意提出各类无效主张和证据，将民事侵权程序演化为行政无效程序的预演或重演，耗费审判资源，拖延诉讼，阻碍了本欲实现的效率目标。上述问题需要在知识产权民事行政诉讼制度改革过程中加以避免。②

对此本文有两个建议，一是限定审查权利效力的具体理由，二是限制管辖法院。

在目前诉讼体制不发生大的变动的前提下，应当尽量先从限制对专利权、注册商标专用权效力进行否定性判断的具体理由开始。比如授予专利权的实质性条件，尤其是关于其中的创造性条件，是国家知识产权局、专利复审委员会审查的核心内容，需要相当数量的证据和专业技术知识才能作出准确的判断，要求审理专利民事侵权案件的法院对授予专利权的实质性要件均予以审查，显然给审理法院施加了过重的负担，反而不利于纠纷的解决，因此，不宜允许以此为由在专利民事侵权案件中否定专利权的效力。否定专利权效力的理由可以选择那些明显的、形式上的无效理由，比如专利缺少必要技术特征、说明书公开不充分等。对于注册商标专用权的效力判断，则集中体现

---

① 参见部中林：《知识产权授权确权程序的改革与完善》，载《人民司法·应用》2010 年第 19 期。

② 朱理：《专利民事侵权程序与行政无效程序二元分立体制的修正》，载《知识产权》2014 年第 3 期。

在恶意抢注商标然后主张被抢注人侵权这类案件中，对此，现行司法政策要求对抢注他人未注册驰名商标、在先使用并有一定影响的商标或者代理人抢注被代理人的商标等情形直接驳回原告诉讼请求，该做法已经基本满足了此类案件的审理需求，不宜再行扩大效力审查的范围，根据新商标法相应条款稍作修补即可。

为了避免不同管辖法院在民事侵权案件中对专利权、注册商标专用权的权利效力认定结论产生矛盾，考虑到北京、上海和广州均已成立知识产权专门法院，建议通过逐步过渡的方式将专利商标民事侵权案件集中至上述知识产权专门法院管辖。对于专利民事侵权案件，由于北京、上海和广州知识产权法院均属于一审法院，且已经开始采取技术调查官辅助法官对专业技术问题进行处理的做法，因此，可以采取先将专利民事侵权案件集中至上述三家知识产权法院，然后再考虑集中至一家二审法院进行审理，以实现审理标准的统一。商标民事侵权案比较多，管辖法院也多，可以考虑维持现有的一审各基层法院管辖不变的模式，将二审管辖集中至北京、上海和广州知识产权法院，如此可以在一定程度上统一裁判标准，而且跨区管辖也同样是知识产权诉讼体制改革的要求，不存在政策上的困难。

针对行政诉讼中的循环诉讼、效率低下的问题，在现有模式下赋予人民法院对专利权、注册商标专用权效力直接认定的司法变更权即可缓解，无须太多其他诉讼体制方面的改革。

（二）未来知识产权诉讼体制下的改革展望

未来知识产权诉讼体制的改革，应当以目前体制下的弊端为改革重点，以现有的北京、上海和广州知识产权法院为起点进行。大体上需要改革的内容有两项：管辖法院和诉讼程序。这两项内容相互依存，诉讼程序的改革以管辖法院的改革为前提，管辖法院的改革反过来又可以为诉讼程序的改革提供动力和经验。

1. 管辖法院的改革

管辖法院的改革重点在于，授权确权案件的审理模式和审判规则。对于授权确权诉讼，前文已经提到，属于民事诉讼的性质，即授权行为在性质上属于对技术方案或者商标标志占有的事实确认和公示，确权行为所宣告的是专利权或者注册商标专用权的无效，而不是专利商标授权行为的无效。[①] 因此，从审理模式和审判规则上，应当向民事诉讼靠近，实现无效请求人与专利权、注册商标专用权的权利人之间真正的对抗。由于此类案件每个审级只涉及一个法院，因此，通过管辖法院的改革能够顺便实现诉讼程序的改革。其中的关键在于减少循环诉讼的发生、提高审判效率、统一裁判尺度。最直接的解决方案就是成立知识产权高级法院，与之配套的则是要减少审级，将“两委”视为一审法院，对“两委”裁决不服的，直接上诉至知识产权高级法院，如此将原来的三级两审改为两级两审，同时附带的改革建议有以下四项：

（1）知识产权高级法院二审生效判决后，当事人仍不服的，可以向最高人民法院申请再审，但最高人民法院是否受理由该院决定，即最高人民法院可以将受理的再审案件限定为属于法律适用争议的案件。

（2）知识产权高级法院在审理专利授权确权案件中，对于其中的技术问题，通过设立技术调查官制度解决，而法律问题则由法官来解决，以更大限度地实现对专利授权确权条件的全面审查。

（3）对于专利等技术类民事侵权案件，一审由北京、上海、广州知识产权法院管辖，二审则由知识产权高级法院管辖，如此可以在一个法院内部统一对专利权效力和民事侵权的判定。

（4）借鉴美国、英国等知识产权司法制度的经验，将知识产权授权确权诉讼确定为民事诉讼，按照民事诉讼模式进行审理。审理的内容是涉案专利权、注册商标专用权的有效性，经生效判决认定的，国家知识产权局、国家工商行政管理总局商标局应当执行。

2. 诉讼程序的改革——《知识产权诉讼程序特别法》

对于知识产权的民事侵权和授权确权诉讼的审理程序，建议考虑制定单

---

① 张鹏：《我国专利无效判断上“双轨制构造”的弊端及其克服——以专利侵权诉讼中无效抗辩制度的继受为中心》，载《政治与法律》2014 年第 12 期。

独的《知识产权诉讼程序特别法》统一予以规制。之所以要制定《知识产权案件审理法》，是因为考虑到社会上对将知识产权授权确权案件按民事诉讼还是行政诉讼处理存在较大的争议，为避免争议，实现纠纷的一体化解决，从专门案件审理法的角度入手较为可行。而且统一的《知识产权案件审理法》可以将民事侵权案件中专利权、注册商标专用权效力的审查，授权确权案件中法院对专利权、注册商标专用权效力的直接裁判相互结合统一起来，能够避免矛盾。知识产权案件审理法应当包括如下内容：

（1）知识产权法院、知识产权高级法院管辖案件的范围，其与普通法院的管辖如何区分；

（2）技术调查官的职责范围，其参加诉讼时的地位，其对案件所提出的关于专业技术方面的意见，在诉讼中应当如何处理；

（3）在专利商标授权确权诉讼中，人民法院能否要求国家知识产权局、国家工商行政管理总局商标局、“两委”出庭说明有关情况以及这种说明的程序性规定；

（4）在专利商标授权确权诉讼中，人民法院能否对当事人的专利权、注册商标专用权的效力在判决主文中予以判定，如果不能，其裁判方式应当怎样，能否允许当事人在诉讼中提出新的证据；

（5）知识产权案件审理法实施前后的过渡规定。

知识产权民事行政诉讼交叉问题是知识产权领域的一个特殊问题，只能通过知识产权诉讼的不断实践和经验总结来逐步地加以解决。大量实践层面的探索已经表明，对于并存的、具有内在关联性的民事行政争议进行一并审理，是迅速、公正、有效地保护当事人合法权益的重要保证。要赋予法院、法官寻找新的解决途径的裁量权，为了使当事人的合法权益得到有效保障，不宜再以公私法的二元区分作为法院审判权划分的基础，而应以案件的类型进行区分，使知识产权民事行政争议在一个诉讼程序内解决。因此，在立法上，应当充分尊重法院在知识产权民事行政诉讼交叉问题上已经作出的探索和成功的经验，并借鉴其他国家或者地区已经成熟的诉讼经验，不仅学习其制度的表层，更要掌握其制度的内在支撑，为我国将来成立知识产权高级法院和制定“知识产权案件审理法”提供更丰富的理论和实践资源。

第六章
技术调查官制度

一、概述

技术调查官制度是我国建立知识产权法院的一项全新制度。2014 年 12 月 31 日，最高人民法院发布了《关于知识产权法院技术调查官参与诉讼活动若干问题的暂行规定》（以下简称《暂行规定》）。《暂行规定》对技术调查官的身份定位、管理机构、工作职责、参与诉讼活动的案件类型、程序，技术审查意见的法律效力等方面作了指导性的规定，为技术调查官参与诉讼活动提供了明确的指引。2019 年 1 月 28 日，最高人民法院审判委员会通过了《关于技术调查官参与知识产权案件诉讼活动的若干规定》（以下简称《规定》），《规定》于 2019 年 5 月 1 日施行。北京、上海、广州三家知识产权法院建立运行已一周年，不断对技术调查官制度进行调研、探索和经验的积累。本部分将在《暂行规定》《规定》的基础上，结合司法审判实际，进一步探讨技术调查官制度的构建与运行的问题。从技术调查官制度的定位、设立技术调查官的缘由、技术调查官的主体要素（人员配置、来源、选任及管理）、技术调查官辅助行为的内容及其效力四个方面，探索具体的制度设计。通过本文的研究，将理论上的思考与实践中遇到的问题嵌入技术调查官制度的设计中，并提出有针对性的建议和意见，以推动该制度的完善和发展。

二、技术调查官的基本定位

根据《暂行规定》，知识产权法院配备技术调查官，设置技术调查室，负责技术调查官的日常管理。技术调查官的基本职责定位是法官的技术助手，属于国家行政（政法）编制、不具有审判权、仅就技术问题履行辅助职责的司法辅助人员，始终围绕辅助法官这一轴心来开展工作。

1. 技术调查官属于具有国家行政（政法）编制的司法辅助人员。技术调查官不同于当事人委托的专家辅助人以及法院聘请的技术专家，其作为法院的正式编制人员，任职资格、程序、管理等都要参照公务员的相关规定执行，因此技术调查官较之专家辅助人、咨询专家等具有更高的稳定性，可以在诉讼的整个过程中辅助法官解决技术问题。此外，由于技术调查官是法院的正式编制人员，因此法官就案件所涉技术问题需其辅助解决时，可以快速、便捷地与其进行沟通交流，提升了技术问题解决的效率。

2. 技术调查官属于不具有审判权的司法辅助人员。虽然技术调查官在法官同意的情况下，对于某些诉讼环节可以作出直接询问当事人、证人等辅助行为，不需要通过法官转化，直接与诉讼参与人进行互动，当事人也可以对其申请回避，但是技术调查官不能等同于法官，其所作出的行为来自《暂行规定》的授权，均为司法辅助性、为查明技术事实服务。就具体个案而言，技术调查官必须根据法官的要求、征得法官的同意，遵守法定的程序，才能参加诉讼，作出法律授权的辅助行为；其提出的技术审查意见仅作为法官认定技术事实的参考，其对案件裁判结果不具有表决权，只是为法官审理技术类案件提供技术支持。①

3. 技术调查官属于仅就技术问题履行辅助职责的司法辅助人员。根据《暂行规定》第6条的规定，技术调查官仅就案件所涉的技术问题履行职责、

---

① 我国技术调查官的定位与德国联邦专利法院的技术法官不同，而与日本、韩国和我国台湾地区的技术调查官建制相同。分别参见范长军：《德国专利法研究》，科学出版社2010年版，第85页；王晶晶：《韩国专利法院介绍》，载《中国发明与专利》2015年第1期，第15页；吴蓉：《知识产权法院技术调查官制度初探——评〈最高人民法院关于知识产权法院技术调查官参与诉讼活动若干问题的暂行规定〉》，载《中国版权》2015年第2期，第10页。

作出辅助行为，不能对技术问题以外的其他案件问题作出辅助行为。因此，案件中技术问题的解决是技术调查官辅助行为具有正当性的出发点和依据，法院根据技术调查官参与案件的主要类型，对案件技术问题的范围作出界定，明确技术调查官只协助法官对技术问题进行理解分析，不涉及法律问题的理解和判断。而且，对技术问题认定与判断的结果仍归法官独立负责，避免技术调查官充当影子法官，让人民群众真切看到是法官审理案件、法官裁判案件进而感受到公平正义。

4. 技术调查官在诉讼中的身份既非证人也非鉴定人，因此，技术调查官提供的技术审查意见不属于在法庭上需要质证认证的证据；对于技术事实负有举证责任的当事人不得援引技术调查官的意见作为其举证、质证和反证的依据；当事人不能在庭审中就技术问题对技术调查官进行发问，或要求技术调查官对技术事实的认知结论作出回应。

三、我国设立技术调查官制度的缘由

（一）知识产权技术问题的查明需要制度创新

技术问题存在于各类案件中，除了知识产权案件以外，医疗、建筑工程、海事商事等案件都涉及专业技术问题，但在这些案件中，均没有为解决技术问题专门设置技术调查官。关键区别在于，就知识产权案件而言，技术问题并不仅仅是作为证明案件事实的证据而存在，它本身就是案件事实；技术问题也并不仅仅是作为影响当事人权利义务的事实而存在，它本身就是权利义务的内容，[①] 而在其他民商事案件中，技术问题不具有这样的意义。例如专利侵权诉讼中，法官在确定专利权的保护范围时，对于权利要求中的功能性特征，应当结合说明书和附图描述的该功能或者效果的具体实施方式及其等同的实施方式来审查确定技术特征的内容，因此对功能性特征的解释就是对专利权保护范围的限定，技术问题本身就是权利义务的内容。又如专利侵权中的等同侵权问题，等同特征既需要以“基本相同的手段、功能、效果以及本

① 林广海：《广州故事：知识产权法院多棱镜》，载《法律适用》2015 年第 10 期，第 21 页。

领域普通技术人员无须创造性劳动就能联想到”为标准进行认定，同时等同特征本身也是专利案件中关键的案件事实。相应的，《规定》第2条明确技术调查官属于审判辅助人员，具体而言属于审判辅助人员中的司法技术人员。

此外，在知识产权民事案件中，权利义务具有三重公共属性：权利义务由公开的司法裁判予以认定、权利范围符合在先行政公开确权或者权利人独创性权利利益、保护权利兼顾维护社会公共利益，因此，作为权利义务内容的技术问题也当然具有上述三重公共属性。第一，权利人因其知识产权受到侵害向法院提起民事诉讼，法院裁判侵权成立的前提是确认权利的效力存续，因此，民事诉讼中知识产权的第一种公共属性是公开的司法裁判所认定的知识产权存在及有效。第二，法院裁判认定的知识产权保护范围应当符合权利产生时所公示或划定的边界，符合国家保护这种专有性权利的初衷，避免法院的公开裁判与行政主管机关公开确权或者权利人独创性权利利益之间产生冲突，这是权利的第二种公共属性。例如专利侵权案件中，法官要结合本领域普通技术人员阅读说明书及附图后对权利要求的理解，确定权利要求的内容，其结论应当符合国家知识产权局确认专利权时的权利范围。又如商标侵权案件中，法官要审查商标注册时的商品和服务种类，确定符合国家工商局商标总局确认商标权时所划定的权利范围，从而对于未认定驰名商标的跨类保护主张不予支持。第三，法院裁判保护知识产权的同时，应当兼顾维护社会公众的公共利益，这是权利的第三种公共属性。在普通的民商事案件中，法院对案件所作的评判是对双方当事人私人权益的认定及分配，一般不会直接涉及社会公共利益。但是，由于知识产权是在已有知识和成果的基础上进行创新，已有知识和成果中存在属于公有技术的内容。法官在知识产权民事案件中的评判不仅是对私人权益的认定及分配，还会直接涉及社会公共利益的分配，保护知识产权过度，将会不当压缩社会公众对于公有技术自由运用的空间。因此，知识产权技术问题的查明需要制度创新，原有的制度和机制不能很好地满足审判需要，技术调查官制度呼之欲出。

（二）技术调查官制度适应查明技术问题的需要

无论是从实体还是从程序而言，知识产权案件中所包含技术疑难问题都会放大上述三种公共属性之间的冲突。从实体而言，知识产权案件涉及广泛的专业技术问题，技术事实的查明认定难度较大。如广东法院受理了全国最多的专利侵权案件，其中不少于30%是发明和实用新型专利侵权案件，技术领域遍及机械、电学、通信、医药等领域。纠纷解决首先需要根据折中解释原则限定专利权的保护范围，既合理地保护专利权人的利益，又使社会公众能够比较清楚地知道专利权的边界。其次，判定被诉侵权的技术方案是否落入专利权的保护范围，除了两者技术特征完全相同的“字面”侵权以外，还要判定是否构成等同的侵权行为，又涉及禁止反悔、捐献等原则的适用。同时，被诉侵权人还常常提出现有技术、抵触申请等抗辩事由。在民事侵权案件中引入对知识产权有效性的审查，也是未来的一种趋势，更进一步增加了技术问题的疑难复杂程度。

从程序而言，由于知识产权行政确权机关和社会公众在知识产权民事案件中都是缺席的，而法官在审判中往往只能从自身掌握的知识结合证据作出评判，即使有意识地考虑司法裁判与在先的行政确权相协调、让权利人与社会公众的权益相平衡，也存在心有余而力不足的情况。综上，当民事诉讼中知识产权及其所包含的技术问题具有强烈公共属性的情况下，技术疑难将会放大司法裁判与行政确权、保护社会公共利益之间的冲突，引发当事人对于裁判结果的不信任，甚至降低社会公众对裁判的认同感。

知识产权法官的职责就是均衡民事司法裁判与行政确权、保护社会公共利益之间的冲突。具体而言，在理解技术问题的基础上，让当事人和社会公众清楚地了解知识产权的边界和保护范围，在裁判中平衡行政确权与司法保护、技术自由与技术专有、合法利益与非法侵权的关系，[①] 既给权利人提供合理的保护，又确保社会公众的利益不受侵害。要做到这一点，往往需要法官在审判中至少以每个领域的“本领域普通技术人员”的能力与视野来对知识产权所涉的技术问题审查判断，同时还需要随着知识、技术的快速更新换代，不断提高相关领域专业知识的积累。这明显超越了法官个人通常知识结构的能力。正因如此，法官不懂技术往往成为败诉当事人不服裁判的口实；为了

---

① 林广海：《广州故事：知识产权法院多棱镜》，载《法律适用》2015年第10期，第21页。

拨开知识的迷思、明晰产权的边界，[①] 使知识产权司法在不同利益的多重冲突之间取得平衡，知识产权审判亟须具有专业知识的技术事实查明辅助人员。这就是技术调查官制度应运而生的正当性原因。

（三）技术调查官制度符合知识产权审判公正与效率的要求

在知识产权审判中，由于知识产权无形性的特点，知识产权审判的公正性与有形财产权利受到侵害的民事案件具有明显的区别。知识产权审判的公正具有双重性，首先是呈现为点的公正，即原告与被告双方之间权利、义务、责任恰当的初次分配；其次是呈现为面上的公正，是保护权利人的权利与自由公知技术之间的均衡与协调。同时，由于知识产权案件数量每年以较快速度增长，在公正的前提下解决好效率问题也迫在眉睫。为了提升知识产权审判公正与效率的目标，有效查明和快速解决技术问题是关键。根据我国民事诉讼法及相关司法解释，解决知识产权诉讼中的技术争议、查明技术事实，主要是专家辅助人、鉴定制度；在司法实践中，还包括专家咨询、专家陪审制度。[②] 将这些制度与技术调查官进行比较，专家辅助人由当事人委托，类似于当事人的代理人，其发表的技术意见不具有中立性。技术鉴定费用高昂，启动不易，鉴定期间旷日持久，导致法院和当事人都将鉴定视为解决技术问题的最后手段。专家咨询是指由法官向相关领域的专家就专门性问题进行咨询，缺陷在于专家不进入诉讼，专家身份没有公示程序，当事人无法行使申请回避等程序权利，在需要现场比对的场合也无法适用。人民陪审员由于任命和任期都有法律规定，一旦任命变更不易，在具体个案中能使用相关专业领域人民陪审员的情形凤毛麟角。综上所述，以上来自法院外部的专家和程序，均需要消耗较高的经费成本与时间成本，增加当事人的诉讼压力，降低了技术类案件的诉讼效率。而技术调查官兼具技术人员与司法辅助人员的双重属性，从成本与效益的角度予以考量，这一制度的引入将有助于提升技术问题的审理效率。

---

① 林广海：《广州故事：知识产权法院多棱镜》，载《法律适用》2015 年第 10 期，第 20 页。

② 参见《最高法公布对网民 31 个意见建议答复情况》，中新网最高人民法院 2009 年 12 月 23 日举行新闻发布会公布，载 http://www.chinanews.com/gn/news/2009/12－23/2034783.shtml，最后访问日期：2015 年 10 月 29 日。

（四）技术调查官制度是国际经验中国化的历史选择

世界范围内多个设置了审理知识产权案件专门法院的国家或地区都建立了类似技术调查官的制度。如韩国专利法院设技术顾问，受院长指示，就商标以外的知识产权案件中的专业技术问题提供咨询和建议。法官认为有必要，技术顾问会参加审判前和审判中的听证，经法官允许审核各方和证人关于技术问题的讨论。技术顾问坐在远离法官的左侧，向法官提出关于技术问题的观点。① 日本知识产权高等法院设处理有关知识产权案件的司法调查员，规定在审理工业产权案件时，凡涉及技术问题，法官均可要求调查员调查取证。调查员可遵照审判长的命令，在法庭辩论中向当事人发问。我国台湾地区明确智慧财产法院设技术审查官“承法官之命，办理案件之技术判断、技术资料之收集、分析及提供技术之意见，并依法参与诉讼程序”。②

在知识产权法院设立之前，我国的知识产权诉讼程序和制度是对传统民事诉讼程序进行微调而逐步形成的固定范式。随着知识产权法律制度日益完善，以及知识产权专业性、技术性特征日益加深，一元化的民事诉讼程序规则和制度已无法满足知识产权诉讼案件个别化的审判需要。③ 知识产权专门法院的建立，适应了知识产权诉讼的特殊性，也对体现知识产权特点、解决知识产权基础事实的技术事实查明机制即技术调查官制度提出内在要求，并为该制度的建立提供了新的历史条件。

四、技术调查官的选任及管理

（一）技术调查官所涉技术领域分析

技术问题的解决须区分技术专业领域。鉴于岗位有限，知识产权法院在

---

① 熊诵梅：《韩国行政诉讼及专利诉讼制度之研究》，我国台湾地区司法行政管理部门 2004 年出境考察报告。

② 吴蓉：《知识产权法院技术调查官制度初探——评〈最高人民法院关于知识产权法院技术调查官参与诉讼活动若干问题的暂行规定〉》，载《中国版权》2015 年第 2 期，第 10 页。

③ 吴汉东：《中国知识产权法制建设的评价与反思》，载《中国法学》2009 年第 1 期。

考虑配备技术调查官时，首要是掌握技术类案件主要的技术领域及其大致比重。笔者统计了两组数据：一是2013年北京一中院受理的专利授权确权行政案件的技术领域分布状况，二是2011年至2014年7月北京一中院审结的专利授权确权行政案件中判决撤销专利复审委被诉决定案件的技术领域分布状况。根据第一项统计，2013年受理的713起发明、实用新型专利授权确权行政案件主要分布在机械、光电、通信（包括计算机）、医药生物化学等4个大的技术领域，其中机械技术领域共349件，医药生物化学技术领域共158件，光电技术领域共123件，通信（包括计算机）技术领域共83件。根据第二项统计，2011年至2014年7月审结的181起判决撤销专利复审委被诉决定的发明、实用新型专利授权确权行政案件主要分布在机械、通信（包括计算机）、化学、生物医药、材料和光电等技术领域，其中机械技术领域120件，通信（包括计算机）技术领域23件，化学技术领域16件，生物医药技术领域13件，材料技术领域5件，光电技术领域4件。对北京一中院2011年至2014年7月审结的专利确权行政案件中判决撤销被诉决定案件，以及2013年受理的专利确权行政案件，所涉及的技术领域分布状况进行分析发现，案件主要涉及机械、通信（包括计算机，下同）、化学、生物医药、材料、光电等技术领域。[①] 再通过收集上海市2002年至2015年4月6日的专利侵权判决案件，分析其涉及的技术领域分布，[②] 发明和实用新型案件依次涉及人类生活必需，如作业、运输，机械工程，建筑，纺织、造纸，电学，物理，化学、冶金等技术；外观设计案件涉及的前9类依次为：家具、工具、纺织品、建筑构件、照明设备、游戏玩具及体育用品、运输容器、液体分配设备及通风空调设备、装饰品。通过对广东省近年来受理的发明和实用新型专利侵权案件的分析，涉案专利涉及家用电器、灯具、机械、电子、建筑材料等领域的案件比重较大。

综合考虑各种案由的代表性、专利案件中各技术领域所占的比重，以

① 以上资料及分析均来自江户川漫步：《三议“技术调查官”之二：当好法官技术助手的三笔数字账》，“知产力”微信公众号2015年5月21日推送。

② 此资料以及以下两段关于上海的审判资料均来自高荣英：《上海市专利侵权案件大数据分析报告》，“知产力”微信公众号2015年10月24日推送。

及发明、实用新型专利相对于外观设计专利较难更需要技术调查官辅助的特点等因素，推断知识产权法院技术案件所涉及的技术专业领域的重要程度依次是：(1) 机械工程（包括作业、运输，下同）、(2) 材料、(3) 通信、(4) 光电（包括照明设备，下同）、(5) 生物技术与医药、(6) 化学（包括冶金，下同）、(7) 建筑及其构件、(8) 纺织和造纸、(9) 液体分配设备及通风空调设备、(10) 人类生活必需（包括家具、工具、装饰品、游戏玩具及体育用品）。建议各知识产权法院在此基础上根据自身受理案件的具体数据分析，形成更合适的技术调查官岗位设置。

（二）技术调查官的人员配置

对技术调查官的数量需求应考虑其工作量，这取决于每年有多少件涉技术案件，其中又有多少件需要技术调查官参与。同时还须考虑技术调查官的工作职责、工作程序等决定其工作耗时和效率的制度设计。以广州知识产权法院为例，目前一年收案量约为5000件，其中约有500件案件需启动技术事实查明机制，占年收案数5000件的10%。广州知识产权法院核编的技术调查官岗位编制是9人，分摊到每位技术调查官每年的案件量约为60件，每月5件。考虑到涉及技术调查官程序的均是较为复杂的案件，同时技术调查官参与案件的各个阶段并承担其他工作，这样的工作量属于较为合理的范畴。最后，本文认为，技术调查官的数量涉及知识产权法院未来发展的顶层设计，故对其人员配置的测算十分有必要，上述计算路径仅为知识产权法院技术调查官的岗位设置提供参考。

（三）技术调查官的来源

人员来源渠道可归纳为以下三方面。一是从有相关工作经验的国家专利行政部门的专利审查员中交流选任；① 二是从法院系统内部具有技术专业背景的人员中选任；三是向社会各领域技术人员公开招录，大致包括 (1) 高等院

① 《最高人民法院关于知识产权法院技术调查官选任和管理的指导意见（征求意见稿）》第3条、第4条。

校及其研究机构、独立科研机构中的专家学者；（2）行业协会中的专业技术人员；（3）大型企业技术研发机构的专业技术人员；（4）国务院专利行政部门所属专利审查协作中心的专利审查员①；（5）专利代理人。

1. 从率先实行技术调查官制度的国家或地区来看，从国家专利行政部门的专利审查员中交流选任较为可取。这种做法的优点：（1）可借助其多年的实务经验以及对知识产权法律法规及审查标准的深入了解，降低知识产权行政审查与司法审查不一致的风险；（2）尤其在北京知识产权法院，国务院专利行政部门的专利审查员作为技术调查官参与专利确权的行政诉讼过程具有天然的优势；（3）在协调相关领域技术专家时也存在一定优势。此种方式存在的问题：（1）我国专利审查人才资源集中于北京，对于上海、广州及其他地区而言此类人员难以聘请；（2）即便在北京，也可能出现来自国家专利行政部门的专利审查员作为技术调查官参与案件审理时需回避的情况；（3）易出现行政权及其观点的膨胀，影响司法对知识产权行政确权的再审查和监督功能从而引发的中立性质疑问题。②

2. 在法院系统内部招录具有相应技术专业背景的在编人员。此方式被广州知识产权法院采用，其优点是熟悉法院业务和工作程序，其缺点是法院内部技术人员的专业领域和人才数量有限。

3. 根据知识产权审判的技术领域分布，向社会招聘相关技术专家，是短期相对有风险但长期来看对技术调查官制度颇有裨益的方法。首先，供选择的技术领域可以满足知识产权诉讼需求；其次，其技术观点相对专利审查员在行政审查程序中的观点较独立，在辅助法官进行技术事实查明时可以充分维护司法的独立性及发挥对行政权的监督功能。其缺点是此类人员一开始对法院工作不熟悉，需接受必要的培训和实习，并提供适应期。

总之，由于技术调查官必须兼具知识产权的法律知识和技术知识，这种针对复合型人才的培养已然不易，而招聘后应科技发展的需求让知识及时更

① 强刚华：《试论中国知识产权法院技术调查官制度的建构》，载《电子知识产权》2014 年第 10 期，第 84 ~90 页。

② 江户川漫步：《三议“技术调查官”之一：与选任相关的三个基础问题》，“知产力”微信公众平台 2015 年 5 月 20 日推送。

新也会成为难题，因此，目前从国务院专利行政部门借调专利审查员不失为一种简单易行的权宜之计。不过，考虑到目前专利一审案件的实际审理期限在一年左右，甚至超过一年，因此建议借调任期以2～3年为限。

（四）技术调查官的选任和退出

选任条件原则上包括以下两条，即与知识产权诉讼技术专业领域相匹配，符合工作所需专业素质要求。前者有赖于对所需技术领域的统计以便在选任时明确所需专业；后者有赖于对应聘人员的素质考核，而在形式上有丰富工作经验的条件限定可以提高其专业素质水平的可能性。具体条件上，应包括准入性条件和限制性条件。准入性条件应包括：（1）具有大学本科及以上学历；（2）具有相关技术领域教育背景；（3）从事相关技术领域的专利审查、专利代理或者其他实质性技术工作5年以上。在明确人员来源、选任条件后，可启动选任程序。与法官通过遴选产生的方式不同，技术调查官应通过在编司法辅助岗位的选任程序进行招选，并由本院院长任免。

关于退出机制。技术调查官任职期限届满的，由法院免除其技术调查官职务。具有犯罪、严重违纪等不适宜继续担任技术调查官职务情形的，由法院免除其技术调查官职务。

（五）技术调查官的日常管理

从《暂行规定》第1条第2款、《规定》第2条可见，技术调查室负责在编技术调查官的日常管理，是技术调查官管理模式中已明确的基本内容，但并未详细规定其具体管理职责。技术调查室的主要职责，应包含对技术调查官的以下管理内容：（1）组织法意义上的管理工作，建立技术调查官档案；（2）技术调查官参与诉讼程序的管理工作；（3）对其在协调其他技术事实查明机制等辅助性工作的管理。狭义的技术调查官的管理主要指第一项内容，应该包括以下几点：（1）招录后，技术调查官分为若干等级，等级的确定以其所任职务、德才表现、业务水平、工作实绩和工作年限为依据，并根据法院内部制定的等级编制、评定和晋升办法进行管理。（2）建立技术调查官档案，记录其工作表现，按照公务员法的相关规定进行考核，作为奖惩、培训和任免的依据。审判部门可向技术调查室提出考核意见。（3）技术调查官需对其在法院任职期间发表的案件意见负责。（4）任职期间出现较大过失或者造成不良影响的，根据情节轻重采取对应措施并计入档案；违反与审判工作有关的法律及相关规定，徇私舞弊，造成错误裁判或其他严重后果的，或存在其他怠于履行职责的行为，严重影响审判工作正常进行的，技术调查室应当提请本院免除职务；涉嫌构成违法犯罪行为的，移送相应司法机关处理。①

五、技术调查官参与诉讼活动的问题

根据《暂行规定》第2条的规定，知识产权法院在审理有关专利、植物新品种、集成电路布图设计、技术秘密、计算机软件等专业技术性较强的民事和行政案件时，可以指派技术调查官参与诉讼活动。虽然《暂行规定》在此没有明确商标侵权案件、除技术秘密以外的不正当竞争案件、反垄断等案件是否属于技术调查官可以参与的案件类型，但本文认为，技术调查官参与诉讼的关键是辅助法官解决技术问题，而不应通过案由对其进行限定；只要知识产权案件中出现了技术疑难问题，技术调查官均可根据法官的要求实施辅助行为，该行为具有以下特征：一是辅助行为的类别是法定的；二是辅助行为从启动到终结均应依据法官的要求；三是技术调查官仅就技术问题而非法律适用问题或其他案件事实实施辅助行为。具体而言，可以从辅助行为的启动程序、所涉技术问题的内容、辅助行为在不同的诉讼程序中对于证据形成的作用、技术意见是否属于证据及应否向当事人公开等多个角度进行深入剖析。

基于此，《规定》第1条指出，在有关专利、植物新品种、集成电路布图设计、技术秘密、计算机软件、垄断等专业性较强的民事、行政、刑事案件的审理中均可以指派技术调查官参与诉讼活动。

（一）技术调查官实施辅助行为的启动程序

技术调查官的正式启动程序包括派遣决定、告知程序和回避程序等随附

① 参考自《广州知识产权法院技术调查官选任和管理暂行办法》第6~9条。

程序。《暂行规定》第3~5条规定，法官根据案件审理需要，可以书面通知技术调查室指派技术调查官参与诉讼活动。确定技术调查官后，应当在三日内告知当事人。当事人有权申请技术调查官回避，并参照适用诉讼法有关审判人员回避的规定。程序的启动应分为两种：一是法官依据对案件的审查认为需要技术调查官参与诉讼，依职权主动启动；二是当事人提交申请要求法院派遣技术调查官，法官决定启动技术调查官。对于法官依职权启动的情形，可以考虑增加当事人提出技术领域异议程序，即在确定技术调查官三日内告知当事人时，随附回避和技术领域异议告知，当事人可据此提出申请、说明理由并提供证据。法院应进行审查，并决定是否需要对技术调查官人选或相应技术领域的确定进行调整。① 对于异议程序，应以及时简易为原则，不能因此拖延案件的审理期限。对于依职权启动的情形，启动的时间点可以在法官认为需要时的案件审理任何阶段。对于依当事人申请启动的情形，当事人书面申请应在证据提交期限届满前提出，说明申请理由、需要解决的问题及相关技术背景，以及要求参审的技术调查官所属技术领域。法院经审查同意派遣的，确定参审的技术调查官所属技术领域并向技术调查室发出通知，启动随附程序。在一方当事人申请的情况下，其他当事人也可以提出技术领域异议。同时，从技术事实的查明目的出发，在正式辅助行为以外，还应该增加技术调查官对技术问题提供日常咨询意见的行为，作为解决日常技术问题的快捷通道，以简便易行为原则，主要解决相关领域普通技术人员即能了解掌握的常识性问题。这种咨询是非正式的，法官不需要通过书面通知正式启动技术调查官程序，也不需要告知当事人。

（二）技术调查官辅助解决的技术问题

在启用技术调查官的案件中，案件中存在法官无法解决的技术问题是技术调查官辅助行为具有正当性的重要依据，法官应当对案件中所涉及的技术问题范围作出精细化的界定，从而明晰技术调查官辅助行为的边界，减轻当

① 强刚华：《试论中国知识产权法院技术调查官制度的建构》，载《电子知识产权》2014年第10期，第84~90页。

事人和社会公众对于技术调查官变相成为影子法官的担忧。在司法实践中，技术调查官参与案件的主要类型包括侵害专利权、技术秘密、计算机软件著作权纠纷，其中最为典型和占比最重的是发明、实用新型专利侵权案件，以下将结合发明专利侵权案件中部分的技术问题，对技术调查官辅助行为进行探讨。

1. 确定权利保护范围所涉的技术问题

在发明专利侵权案件中，首先要通过正确解释权利要求来确定专利权的保护范围，均衡权利的三重公共属性之间的冲突。即司法认定的专利权保护范围要与国家知识产权局确权的权利一致，同时也充分尊重在先权利和社会公共利益，以防保护权利时不当压缩社会公众对于公有技术自由运用的空间。在确定专利权的保护范围时，相关的技术问题主要集中在对于权利要求的解释方面，以下举两例予以说明：

（1）在明确案件争议焦点的阶段，双方当事人对于权利要求的理解存在争议时，技术调查官通过阅读权利要求书或者说明书的整体及其上下文后，认为权利要求书、说明书和附图中的语法、文字、图形、印刷等存在明显歧义并且只能得出唯一理解，应当向法官作出详细说明。法官可在技术调查官提出意见的基础上，行使释明权引导当事人对于歧义部分分别发表意见，逐渐形成具体明确的争议焦点。

（2）双方当事人对于权利要求中功能性特征的解释存在争议时，技术调查官应提出技术意见，向法官说明仅阅读涉案专利的权利要求能否直接、明确地确定实现上述特征中记载的功能或者效果的具体实施方式，让法官理解该特征是否应排除出功能性特征的范畴；此后，技术调查官可以在参与庭审时，询问双方当事人对于涉案专利说明书和附图描述的该功能或者效果的具体实施方式的理解与解释，庭审后向法官解释本领域普通技术人员对于权利要求的特征所描述功能的通常理解，供法官对于功能性特征的解释作出最终判定。

2. 侵权比对中所涉的技术问题

在侵权比对中，应当正确比对专利权人要求保护的技术特征与被诉侵权技术方案的技术特征，对相同或者构成等同的侵权行为作出否定性法律评价，其中所涉的技术问题包括技术特征的相同、等同以及技术比对的方法等内容。例如，在等同侵权的比对过程中，除了基本相同的手段、实现基本相同的功能、达到基本相同的效果以及本领域的普通技术人员无须创造性劳动就可以联想到的标准以外，还要结合禁止反悔原则、捐献原则加以判断，这些原则的具体适用中都包含了技术调查官可以作出技术意见的技术问题。又如在侵权比对中，比对的方法、顺序等内容也涉及技术问题。例如，在许世昌诉索尼（中国）有限公司、深圳市苏宁电器有限公司等侵害发明专利权纠纷一案①中，二审期间合议庭通过对物证笔记本电脑采用破坏性试验的方式，发现用专利方法生产的产品与被诉侵权产品的技术特征既不相同亦不等同，因而得出二者各自的生产方法既不相同亦不等同从而不构成侵权的结论。此种情况下，技术调查官应当向法官就技术事实的调查范围、顺序和方法提出恰当的建议。

（三）技术意见具有非证据性及不公开性

《暂行规定》第6条前6项规定了具体的辅助行为，第（7）项以规定法官指派的其他工作作为兜底条款。该条基本明确了技术调查官参与庭前准备、调查取证、庭审、评议等审判流程的主要环节。同时，我国《民事诉讼法》第63条规定了证据种类包括当事人陈述、书证、物证、视听资料、电子数据、证人证言、鉴定意见和勘验笔录八种，技术调查官在庭前程序、庭审以及案件合议等不同程序中的辅助行为，对于各种证据的形成产生积极影响，有助于法官厘清证据查明技术事实。但是，技术调查官出具的技术意见不属于证据、不需要进行公开质证。理由在于，技术调查官不代表任何一方当事人的利益、与案件没有利害关系，技术意见不能作为证据而导致免除负有举证责任一方当事人的举证义务，将技术意见视为证据与诉讼主体不符、与诉讼原理相悖。但是，技术意见不公开并不会导致不公正，技术意见最终内化于法官助其形成对于技术问题的心证判断，裁判文书中技术事实的认定仍由

① （2012）粤高法民三终字第624号民事判决。

法官决定并由法官对案件承担责任；技术调查官只对法官负责，由法官对当事人负责。[①] 同时，我们也应当注意到，技术调查官的部分辅助行为可以直接形成属于上述八种法定的证据类别，例如，技术调查官发问当事人的内容直接记载形成证据保全笔录，但这部分的内容不应视为技术调查官的独立意见，而应视为受法官委托和许可完成的，与技术意见的不公开、非证据性是不矛盾的。以下将按诉讼程序分类对于辅助行为的内容及效力进行具体阐述。

（四）调查取证、勘验、保全等庭前程序中的辅助行为

根据《暂行规定》第6条的规定，技术调查官通过查阅诉讼文书和证据材料，明确技术事实的争议焦点；对技术事实的调查范围、顺序、方法提出建议；参与调查取证、勘验、保全，并对其方法、步骤等提出建议。经法官许可，可以就案件有关技术问题进行发问。据此，在调查取证、现场勘验、证据保全等庭前程序中，技术调查官可以就技术事实提出专业方面的建议，建议是向法官提出而非直接向当事人提出，由法官决定是否采纳，并由法官对决定负责；技术调查官建议的具体内容不是证据，不需要由当事人质证。唯一的例外是技术调查官在经法官同意的情况下，可以向诉讼参与人进行发问，技术调查官发问的内容会记录在调查、保全和勘验笔录中，最终成为勘验笔录等法定证据类型，当然属于公开的范围，应由当事人质证并由法官进行认证。

但是，对于技术调查官明确技术事实争议焦点时给出的技术意见，无论是辅助法官确定专利权的权利保护范围，还是辅助法官掌握相关专业的特殊知识等，都应当通过法官心证公开的方式向当事人适度披露，并且给予当事人以辩论的机会，争议焦点才能成为案件审理和裁判的基础。同理，技术调查官在开展保全、调查前对于技术事实的调查范围、顺序、方法提出的建议，法官采纳后也可以通过行使释明权的方式向当事人公开，当事人对此充分发表意见后，调查获得的证据才更显公平公正。

---

① 强刚华：《试论中国知识产权法院技术调查官制度的建构》，载《电子知识产权》2014年第10期，第34页。

（五）法庭审理中的辅助行为

《暂行规定》第 6 条、第 7 条有以下规定：参与询问、听证、庭审活动；提出技术审查意见；必要时，协助法官组织鉴定人、相关技术领域的专业人员提出鉴定意见、咨询意见；技术调查官参与询问、听证、庭审活动时，经法官许可，可以就案件有关技术问题向当事人、诉讼代理人、证人、鉴定人、勘验人、有专门知识的人发问。其座位设在法官助理的左侧。

由此可见，技术调查官参与询问、听证、庭审活动，应当遵守人民法院法庭规则。为了最大限度地查明技术事实，经法官许可，技术调查官可以在法庭上发问，其发问记入庭审笔录，但不可以就当事人陈述中难以理解的专业术语向法官作出陈述和说明。整个询问、听证和庭审活动仍然是在法官的主持下进行。另外，为形成规范的庭审环境，须对技术调查官在法庭上的座位予以明确，从左到右依次设置技术调查官、法官助理、书记员的座位，体现其司法辅助人员的性质和在法庭上有发问的权力。[①]

在法庭调查阶段，若法官认为技术调查官的询问内容超出其职责范围，应当予以制止。在当事人对其中所涉的技术问题提出异议时，法官行使最终决定权。具体司法实践中，本文建议技术调查官此时可以提请法官暂时休庭进行合议，在合议中提出自己的技术意见。当事人、诉讼代理人证人针对技术调查官的询问作出的回答，会直接构成当事人陈述或证人证言，法官应当在当事人发表质证意见后进行认证。

（六）组织鉴定人、技术专家提出鉴定意见、咨询意见

在必要时，技术调查官协助法官组织鉴定人、相关技术领域的专业人员提出鉴定意见、咨询意见。这是由于知识产权案件的技术问题涉及领域广泛，发展日新月异，技术调查官囿于编制有限，不能完全涵盖所有技术专业，对于某些需要专业工具辅助进行的鉴定也无能为力。因此专家辅助人、司法鉴

---

① 宋晓明、王闯、吴蓉：《〈关于知识产权法院技术调查官参与诉讼活动若干问题的暂行规定〉的理解与适用》，载《人民司法》2015 年第 7 期，第 33 页。

定、专家咨询等其他技术事实查明机制仍然有其各自的制度价值，为了充分发挥这些制度的作用，与技术调查官制度形成良好的对接、实现补充和制衡，赋予技术调查官统筹协调司法鉴定、专家辅助人、专家咨询的职责。技术调查官履行职责，实施相应的辅助行为，一方面会间接推动鉴定意见、专家辅助人意见、专家咨询意见的形成，另一方面鉴定人、专家辅助人在庭审中针对技术调查官的询问所作的回答，将会构成法定证据类型的鉴定意见以及专家辅助人意见的一部分，法官必须在当事人发表质证意见后进行认证。

此外，技术调查官可以针对鉴定意见、专家意见向法官出具技术意见。在一般情况下，技术调查官与鉴定人、专家辅助人关于技术问题的意见应具有趋同性；但是，当技术调查官出具的技术意见与鉴定人、专家辅助人的意见有明显不同，法官认为应当采纳技术调查官的意见作为裁判基础前，可以考虑以技术调查官的意见为基础，通过法官释明的方式进一步询问双方当事人对该项争议的技术事实的意见，让双方当事人对此有充分陈述的机会。

（七）列席案件合议并提出技术意见

根据《暂行规定》第6条、第8条的规定，技术调查官根据法官的要求，提出技术审查意见，列席合议庭评议；列席案件评议时，应当针对案件有关技术问题提出意见，接受法官对技术问题的询问，但对案件裁判结果不具有表决权；提出的意见应当记入评议笔录，并由其签名。

据此可见，技术调查官不是合议庭成员，不能对案件裁判结果进行表决，合议时的身份是“列席评议”；只针对案件所涉技术问题发表意见，不能对法律适用问题发表意见；为强化评议时技术调查官发表意见的公正性以及评议活动的客观性，虽列席评议，但其仍应在评议笔录上签字；为使案件评议有的放矢，应当在案件评议前完成并提交技术审查意见；其意见类似于法官在案件评议时发表的评议意见，因此，应将技术审查意见归入案卷副卷备查。技术审查意见只是法官认定技术事实和合议庭评议案件的参考，既不需要经过当事人质证的程序，也不需要向当事人公开。日、韩等国及我国台湾地区对技术审查意见也同样实行不公开制。[①]

（八）提供日常技术咨询意见的辅助行为

作为法院具有技术专业知识的职责人员，在上述由具体程序启动的正式技术事实查明职责之外，技术调查官还可以就法官对案件或者某类专业知识的有关技术问题提供非正式的日常咨询。技术调查官作出的意见也有多种表现形式，以内容为标准，既有纯粹以案件所涉专业的自然知识、背景知识、物的属性为内容的意见，也有属于提升法官理工科思维模式、方法技巧的意见。这种咨询既可以是直接就某一类专业技术问题而提出，也可以基于具体案件而提出，如法官在未决定案件是否正式启动技术调查官程序时，可以先向技术调查官寻求咨询。咨询是非正式的，不须正式启动技术调查官程序，技术调查官提出的咨询意见对法官理解相关技术问题时起到辅助作用，不作为正式的咨询意见稿载入案卷。对于技术调查室来说，可以对咨询问题进行简单记录和备案，以便技术调查室管理和统计法官对技术问题的需求情况。

① 徐雁：《论我国知识产权专家参审制度之完善》，载《东南司法评论》（2012 年卷），第 316 页。

第七章
知识产权民事诉讼证据制度革新

在知识产权民事审判实践中，诉讼证据收集难、甄别难、认定难等问题经常成为困扰审判工作的老大难问题。案件被改判乃至发回重审以及部分当事人信访上诉的根源大部分是当事人在举证上存在缺陷或者与审判者对证据的认定存在分歧。因此，建立和完善符合知识产权民事审判规律的证据制度和规则，是极其重要的工作，它既是提高知识产权审判质量的关键前提之一，也是提升知识产权司法保护水平的钥匙。本文立足于知识产权审判实践，运用比较研究和实证分析的方法，研究如何针对知识产权证据的特点革新知识产权民事诉讼证据制度，恰当地分配举证责任，建立证据开示制度，合理地采取保全措施，正确地认定证据的效力，运用证据披露、举证妨碍规则破解知识产权损害赔偿难确定的问题，并在专家辅助人、电子数据等证据制度方面进行创新，提高审查认定证据和查明客观事实的能力，促进知识产权司法保护水平的提高，更加充分地发挥司法保护知识产权的主导作用。

一、知识产权民事诉讼证据制度的现状与问题

（一）知识产权民事诉讼证据制度的特点

证据，是指能够证明案件真实情况的材料，证据在民事诉讼中有极其重

要的意义，从某种意义上讲，整个诉讼活动都是在围绕证据的搜集和运用进行的，证据在诉讼中发挥着举足轻重的作用。对于每一个法官来说，证据既是人民法院认定案件事实的根据，也是人民法院作出裁判的基础，证据问题是法官在审判中必须面对的核心问题。

知识产权诉讼证据在诉讼中的重要地位更为直观明了，知识产权诉讼涉及的证据具有数量众多、种类繁杂、技术性强、知识面广、难于获取、极易丧失等特性。取证过程本身往往就是借助科学技术等手段提取、分析、审查、判断和确认证据的过程，就是认识和掌握智力成果如何产生、变化、运用及发展规律的过程，因而对知识产权诉讼证据的收集、审查、判断和确认就比其他民事诉讼证据的相关工作更加复杂和困难。法官和诉讼参与人在参与诉讼过程中为诉讼证据的收集、审核甄别、采信运用投入大量的精力，知识产权诉讼证据收集难、甄别难、采信难等问题经常成为困扰知识产权审判工作的老大难问题。案件被改判乃至发回重审以及部分当事人不断信访上诉的根源很多还是证据上存在缺陷或者对照证据认识的分歧导致的。所以，建立与完善知识产权证据制度是完善知识产权诉讼制度极其重要的工作。随着知识产权诉讼案件的增多，知识产权证据制度也有了长足发展。在运用传统民事诉讼证据理论和执行现行民事诉讼法的基础上，知识产权审判实践进一步充实和完善了民事诉讼证据制度，在庭前证据交换、举证责任倒置和诉前证据保全等方面积极推动了民事诉讼证据制度的改革，也在一定程度上丰富了民事诉讼证据理论。相对于一般民事诉讼证据而言，知识产权诉讼证据具有以下特点：

1. 证据具有“无形性”。知识产权的一个重要特点就是“无形”，这一特点使其与有形财产及人们对有形财产享有的权利区分开来，如对有形财产的侵犯往往直接作用于有形物的本身，侵犯他人对某物的所有权，表现为对具体物的非法占有、使用和处分，而对知识产品的侵犯则不同，如使用了他人专利，表现出仅仅是专利的“技术方案”这一无形物被利用，销售了构成侵权的产品表现出的仅是这一产品的制造过程中运用了专利技术而非“产品”这一有形物本身，所以，知识产权的客体为智力成果，即知识产品本身的“无形性”，决定了对其构成侵权的行为也具有“无形”这一特点。

2. 证据具有“技术性”。知识产权侵权诉讼中，由于受侵犯的往往是技术方案，因而对某项具体技术方案的侵权表现形式并不像对有形物的侵犯，而是表现为相应的技术方案。如对摄影作品的侵犯，往往需要从摄影作品的独创性出发去进行判断，因此，知识产权侵权诉讼证据往往会有较高技术成分，给收集和判断带来了一定的困难。

3. 证据具有“时间性”。知识产品一般都具有一定的价值有效期，知识产权仅在法律规定的期限内受到保护，一旦超过法律规定的有效期限，这一权利就自行消灭，相关的知识产品即成为社会之共同财富。所以，对知识产品的侵犯往往是在其有效的时间即界限内，反之超出时间界限的所谓“侵犯”则不能成为证据。而在侵犯所有权的证据之中，具有所有权的客体没有灭失就一直有侵犯其客体的证据存在，并无“法定时间性。”

4. 证据具有“隐蔽性”。由于知识产权的特点决定了对其构成侵权的证据往往不易取得或不易全部取得，被告极易转移、隐匿侵权证据，证据的隐蔽性突出，进而使法院很难客观全面地了解侵权的真相。

（二）知识产权民事诉讼证据制度存在的突出问题

随着知识经济时代的到来，知识产权民事纠纷数量日益增加，而我国知识产权民事诉讼证据制度尚未完善，影响着当前的知识产权司法保护效果。本文经调查分析，认为当前知识产权民事诉讼证据制度一些问题和漏洞，主要体现在以下几个方面：

1. 现有法律规定的民事侵权诉讼举证责任原则、规则不能完全适应知识产权民事诉讼证据的特点，导致权利人举证难，获得赔偿难。知识产权不同于其他大部分民事权利，是随着科技和社会的发展新出现的权利，它与之前已有的民事权利相比具有显著不同之处。相应地，相对于一般民事诉讼证据而言，知识产权民事诉讼证据具有无形性、技术性、时间性、隐蔽性等特点，这些特点导致运用现有法律规定的民事侵权诉讼举证责任原则、规则不能完全平衡知识产权诉讼案件中双方当事人的利益，权利人的举证负担过重。例如，因为知识产权民事诉讼证据具有隐蔽性的特点，所以权利人往往不易取得证明侵权人构成侵权的证据，侵权人极其容易隐匿侵权证据，法院很难客观全面地了解侵权的真相，以致具体应当赔偿的数额往往难以查清，最终权利人也只能请求法院依法酌情判决。以东莞市第一人民法院 2010 ~ 2012 年已审结的知识产权案件为例，判决结案的案件判决的支持率近 96% （包括部分支持)，而这些案件的立案标的总额为 17 770. 5 万元，结案标的总额为 1162. 5 万元，赔偿额的支持率只有 18. 1% 。①

2. 现有法律法规在知识产权民事诉讼证据保全方面缺乏统一的具体操作指引，影响了证据保全的及时性及有效性效果。由于知识产权民事诉讼证据具有无形性、时间性、隐蔽性等特点，权利人在自身难以举证证明被诉侵权人存在侵权行为、权利人因该侵权行为受到损害、被诉侵权人因侵权行为而获得利益等事实的情况下，往往会向有关法院申请进行证据保全。如何妥当有效地采取证据保全措施，关系到权利人迅速保护权利、获取证据的正当需求能否得到满足。而现实中的证据保全情况复杂多样，我国现有相关法律、司法解释对证据保全的规定多为原则性，缺乏具体的操作指引，导致权利人、侵权人对自身的相关权利、义务不清楚，各地法院在进行证据保全时也没有统一的具体审查及执行标准，一定程度上影响了证据保全的及时性及有效性效果。

3. 专家辅助人制度未完善，导致诉讼当事人难以对专业性技术问题充分举证。专家辅助人，是指在科学、技术以及其他专业知识方面具有特殊的专门知识或经验的人员。他们接受当事人的聘请委托，在诉讼过程中帮助当事人分析技术问题、评价鉴定意见，必要时经法庭准许出庭，以辅助当事人对案件事实所涉专业性问题进行说明，或发表专业意见和评论。

在知识产权司法实践中，建立专家辅助制度的必要性主要体现在知识产权诉讼中的技术问题上。这些问题可能包括：涉及化学成分、化学反应过程的鉴别，电子线路的结构，走向，原理、功能的认定，机械结构，运用原理的阐述，计算机软件源代码真实性判断，两种软件的相似性对比等。这些问题均难以用肉眼、用感觉、用知觉直接感知，问题的解决只能依靠该领域内拥有专业知识的人士。这就决定了知识产权审理过程中专家参与诉讼的重要

---

① 东莞市第一人民法院课题组：《关于知识产权案件审判情况的调研报告——以“东莞一院”近三年的数据为样本》，载《东南司法评论》（2013 年卷），第 101 页。

性。虽然在实践中专家辅助人制度开始发挥越来越重要的作用，但是目前法律规定并不完善，没有对专家辅助人的资格、选人权归属、启动（适用标准）、适用范围、争点归纳、意见采用标准、法律责任等作出具体、明确的规定，不利于该制度的推广与具体实施。因此，完善专家辅助人制度，对解决诉讼当事人难以对专业性技术问题进行充分举证的难题具有重要意义。

4. 电子数据相关制度发展滞后，不能适应“互联网＋”时代权利人的举证需求。电子数据（Electronic Data），是指基于计算机应用、通信和现代管理技术等电子化技术手段形成包括文字、符号、图形、数字、字母等的客观资料。“互联网＋”时代向围绕电子数据证据展开的一切司法活动提出越来越高强度的要求与挑战，它们已不仅仅局限于以计算机数据为争议标的的个别类型化案件，而是广泛地存在于各种与计算机技术相关联的生活现实当中。

相传统介质的证据类型，电子数据证据作为一种基于计算机数据物理属性衍生而出的全新证据类型，具有无形性、技术性、客观性、易篡改等特点，因此，如何对其进行固定是权利人对侵权行为进行举证的关键问题。目前，公证是固定电子证据的重要手段，也是司法实践中运用最多的方式。

然而，相对于互联网的快速发展及其带来的日益增长的公证服务需求，公证书暴露出各种问题，公证业的发展也显得有些滞后，很多方面出现了不适应。公证书存在的主要瑕疵有：公证书不能准确、客观记载案件的关键事实，如文书记载物品与封存物品无法对应；对于涉及技术事实的公证，尤其是对网络环境下的证据保全公证缺乏专业性，程序上如异地公证等。公证业的不适应体现在：传统公证早九晚五的工作模式与互联网全天候的需求之间的冲突；公证地域管辖、执业区域与全球化趋势之间的冲突；公证程序规定的出证时间与知识产权保护要求的及时性、实时性要求之间的冲突；公证书法定形式与网络服务要求的无纸化电子公证书之间的冲突；对大规模的侵权行为进行公证需花费昂贵的公证费用的现实与知识产权权利人希望尽可能节省取证成本的愿望之间的冲突等。因此，鼓励和探索设立第三方的电子数据保全机构，规范相应的法律权利和义务，让相关机构接受相关法律的监督，并统一法院对电子证据的认定标准，是在“互联网＋”时代提升知识产权司法保护水平的重要途径之一。

5. 现有法律法规在对知识产权诉讼中特殊证据的证明力方面缺乏统一规定，导致权利人在对该等证据进行举证时缺乏明确指引。知识产权诉讼与其他民事诉讼相比具有不同的特点，突出表现之一在于其证据形式具有特殊性，如在知识产权诉讼合法来源抗辩中的证据就呈现出其特有的形式。同时，知识产权诉讼中用以证明知识产权权属的证据、用以证明侵权行为的公证证据等都是其他民事纠纷所少见的证据形式。这些证据在诉讼中通常是当事人争议的焦点，对其效力的审查认定往往是知识产权案件审理中的难点，目前，在司法实践中对一些特殊情况下形成的证据的认定标准尚未达成共识，对审判工作造成一定的困扰。因此，对知识产权诉讼中争议较大的特殊证据问题需要统一认定标准，以达到裁判尺度的一致。

本文基于对当前知识产权民事诉讼证据制度存在的问题和漏洞的上述分析，进而以问题为导向，分别对知识产权民事诉讼证据制度革新若干问题进行论述。

二、知识产权民事诉讼证据制度革新的总体原则

我国知识产权民事诉讼证据制度存在的上述问题在一定程度上影响了我国司法保护主导作用的发挥，制约着知识经济的发展，应当进行革新。根据我国社会、经济发展的现状，当前的革新应当遵循以下原则：

（一）有利于加强知识产权司法保护

加强保护知识产权是目前知识产权民事诉讼证据制度革新的核心目标，知识产权民事诉讼证据制度革新应当围绕这一核心目标进行。一方面，我国经济经过多年持续高速增长，环境资源的压力日益增加，要求大力推动创新经济发展和经济结构转型升级；另一方面，放眼当今世界，随着知识经济和经济全球化的深入发展，知识产权日益成为国家发展的战略性资源和国际竞争力的核心要素，成为建设创新型国家的重要支撑和掌握发展主动权的关键。上述现状决定了我国需要对知识产权加强保护。2015 年 3 月 23 日发布的中共中央、国务院《关于深化体制机制改革加快实施创新驱动发展战略的若干意

见》提出，“到2020年，基本形成适应创新驱动发展要求的制度环境和政策法律体系，为进入创新型国家行列提供有力保障”。目前，我国知识产权民事诉讼证据制度的规定大多数与其他类型民事诉讼证据制度相同，并没有特别考虑到知识产权这一权利的特点以及需要加强保护力度的因素。因此，在知识产权民事诉讼证据制度改革时，要突出加强保护知识产权的导向，对一些重复侵权和恶意侵权情况突出的领域应当合理减轻权利人举证负担，加重侵权人举证义务，提高侵权成本，降低维权成本，有利于有效地遏制侵权行为，促进创新经济发展。

（二）有利于经济有效查明案件事实

经济有效查明事实是司法审判实现公平正义的根本基础。查明的经济性是指案件事实的查明应当注重效率，努力以较小的成本获得查明事实所需要的证据。查明事实的有效性是指查明案件事实的手段应当切实有效，努力最大限度接近客观真实。为了实现经济有效地查明案件事实，合理减轻权利人的举证负担至关重要。合理减轻权利人的举证负担是目前知识产权民事诉讼证据制度革新的重要任务，也是实现加强保护知识产权这一核心目标的基本保障。从知识产权诉讼的自身规律来看，在知识产权民事诉讼中原告即权利人一方在举证能力方面通常处于劣势地位，且证据常常涉及技术性问题，法院查明案件事实的难度相对于传统民事诉讼而言更大。因此，在诉讼证据制度改革方面应当着力减轻权利人的举证负担，尽量使双方当事人在举证能力上达到初步平衡，应当有利于法院最大限度地查明案件事实。如果权利人举证证明自身主张的难度过大，其往往不会提起维权诉讼，即使其提起了诉讼，也难以获得胜诉，加强知识产权的司法保护就无从谈起，所以，合理减轻权利人的举证负担是达到加强保护知识产权目标的重要保障。关于如何减轻权利人的举证负担，经济有效查明案件事实，可以从以下几个方面着手：

1. 正确分配举证责任，认定证据披露义务，从而减轻权利人的举证负担。例如，可以通过建立及完善“证据披露—举证妨碍”制度查明侵权人的侵权获利，从而减轻权利人对此的举证负担。

2. 通过降低权利人取证的金钱成本、时间成本、技术成本减轻权利人的举证负担。例如，可以通过对电子数据证据相关制度的革新，鼓励设立第三方的电子数据保全机构，规范相应的法律权利和义务，通过电子数据存储加公证服务为用户解决电子数据保全难的问题。又如，可以通过完善专家辅助人制度，降低权利人证明技术问题的难度。

3. 对于当事人依靠自身力量无法获取的证据，法院可以根据其申请依法进行证据保全。通过完善知识产权民事诉讼证据保全规则，使权利人可以明确在何种情况下有权利申请法院进行证据保全，以及证据保全的具体程序，这有利于提高司法救济的及时性、便利性及有效性，减轻权利人的举证负担。

（三）有利于“瓶颈”问题的有效解决

随着我国社会、经济的发展，知识产权民事诉讼大量增加，所涉及的各种因素也发生了较大的变化，例如，科技创新背景下各种新的侵权形式、证据形式出现，现有知识产权民事诉讼的部分法律规定已无法适应社会的发展，不能妥善调整相应的知识产权民事诉讼法律关系。这已成为影响创新经济顺利发展且制约司法机关充分发挥知识产权司法保护主导作用的“瓶颈”问题。因此，目前知识产权民事诉讼证据制度革新应更加注重审判实践中有关“瓶颈”问题的切实解决，如高度关注科技创新背景下新的证据形式如电子数据证据的研究和运用，完善相关法律规定，为当事人便利举证提供法律上的保障；又如建立、完善证据开示制度，更好地保障当事人的举证权利，以提高司法公信力及司法效率。

三、举证责任合理分配及证据开示制度的运用

举证责任分配是知识产权民事诉讼证据制度的核心问题，准确把握举证责任分配原则，对查明事实和确定责任尤为重要。

（一）举证责任分配基本原则在知识产权民事诉讼中的适用

最高人民法院《关于适用〈中华人民共和国民事诉讼法〉的解释》将原有的“举证责任”改为“举证证明责任”，体现了对诉讼请求、所依据的事

实和证据“三位一体”的要求。民事诉讼法对当事人举证证明责任分配的基本原则是，主张法律关系成立、变更、消灭的，对法律关系产生、变更、消灭的基本事实承担举证证明责任。此原则同样普遍适用于知识产权民事纠纷。例如，主张知识产权受到侵害的，应对权利基础、权利受到侵害的法律事实承担举证证明责任；主张知识产权合同纠纷的，应对合同关系、合同效力、违约事实等负举证证明责任。由于知识产权的类型和形式不同，在具体适用时，对当事人的举证要求还需进一步细化和明确。

1. 具有特定构成要件的知识产权的权利人举证证明责任

一些特定类型的知识产权，例如，驰名商标、知名商品的特有包装装潢、商业秘密、知名企业名称或字号等，有法定的构成要件，对于需要证明权利基础的当事人来说，应当围绕法定构成要件进行举证，才能证明所主张的权利成立。例如，主张商业秘密遭受侵权的当事人，需先举证证明所主张的技术信息或经营信息，符合不为公众所知悉、能为权利人带来经济利益、具有实用性并经权利人采取保密措施四方面的要件，任一要件不满足，均不构成商业秘密，权利基础不存在。又如，最高人民法院《关于审理涉及驰名商标保护的民事纠纷案件应用法律若干问题的解释》第5条明确规定了主张商标驰名的当事人的举证证明责任。当事人应当提供下列证据，证明被诉侵犯商标权或者不正当竞争行为发生时，其商标已属驰名：使用该商标的商品的市场份额、销售区域、利税等；该商标的持续使用时间；该商标的宣传或者促销活动的方式、持续时间、程度、资金投入和地域范围；该商标曾被作为驰名商标受保护的记录；该商标享有的市场声誉；证明该商标已属驰名的其他事实。

2. 主张侵权的应围绕侵权构成要件进行举证

侵权行为的构成要件，通常包括行为的违法性，损害事实的存在，违法行为与损害结果之间的因果关系，行为人的主观过错（知识产权侵权纠纷中，少数情况下才需要举证证明主观过错）。主张侵权成立的当事人，应当围绕侵权构成要件，分别予以举证证明，并对主张承担特定或具体的侵权责任进行举证。

司法实践中，权利人主张多个被告侵权时，常常提出判令被告承担连带赔偿责任的诉讼请求。侵权人之间是普通共同侵权，还是帮助或教唆侵权，侵权人是否存在主观意思联络和分工合作，帮助或教唆行为人的主观状态和行为如何等，直接关系到对各个侵权人行为的定性，并影响责任承担的具体方式。实践中我们发现权利人虽然提出连带赔偿的诉请，却极少围绕前述问题进行举证，这也是知识产权侵权纠纷中较少判令连带赔偿的重要原因。

3. 实用新型和外观设计专利权人关于权利稳定性的证明（专利权评价报告）

专利权人应对自己享有的权利基础进行举证。而专利尤其是外观设计和实用新型专利的稳定性，直接关系到原告提出诉讼主张的权利基础是否稳定，这既是对方当事人容易提出异议的方面，也是法院在审理案件时需要考虑和作出分析判断的内容。那么原告起诉时，是否需要提交专利权稳定性的证据呢？

按照现行法律条文表述，法院可以要求专利权人或者利害关系人出具评价报告，也就是说当事人应法院要求提交，并非其举证责任。若将之上升为当事人起诉时就应该提交的举证责任，对帮助法官判断专利权稳定性，防止权利人恶意滥诉，减少一些不必要的纠纷，有非常积极的作用。但是目前专利权评价报告在司法领域的运用上还存在以下问题和模糊不清的地方：

一是专利权评价报告提交的情形有限，提交专利权评价报告，并非立案条件。在专利侵权诉讼中，信息不对称情况比较普遍。专利权人一般处于信息强势地位，对于专利制度掌握较为熟练，专利公开授权即认为公众应知专利存在只是一种推定，被告尤其是销售者往往不熟悉专利制度，鲜有要求原告提交专利权评价报告的。从专利法实施细则来看，外观设计专利权评价报告的请求主体为专利权人或者有起诉权的人，被告根本无权请求国家知识产权局作出专利权评价报告，即使专利存在问题，其也无法主动获取证据。

二是专利权评价报告的效力有限，只对评价专利的稳定性起参考作用。在专利权评价报告显示专利存在稳定性问题的情况下，该不该中止诉讼，法官常常感到不好把握。既有专利权评价报告显示专利具有创新性，但专利却被无效的案件，也有二审依据专利权评价报告中止诉讼后，专利权又被维持有效的。正因为专利权评价报告效力模糊不清，如果将其作为举证责任，分配给专利权人，法院会面临是否将该评价报告作为认定案件事实依据的尴尬。

4. 著作权集体管理组织的举证证明责任

著作权集体管理组织并非原权利人，但根据著作权法的规定，著作权人和与著作权有关的权利人可以授权著作权集体管理组织行使著作权或者与著作权有关的权利，授权后，著作权集体管理组织可以以自己的名义主张权利。因此，当著作权集体管理组织自己作为当事人单独进行诉讼时，就有必要审查其权利来源、被授权情况等权利基础问题。著作权集体管理组织负有举证证明已获得著作权人和与著作权有关权利人授权的责任。

司法实践中还经常遇到著作权集体管理组织提供的与著作权人签订的授权合同期限届满的问题，合同是否续约，是否自动续约，直接关系到著作权集体管理组织是否有权主张权利。现实中，中国音乐著作权协会、中国音像著作权集体管理协会与著作权人或相关权利人签订的合同都是格式合同，合同条款中往往有自动续约的规定。那么，著作权集体管理组织还负有进一步举证证明自动续约的条件已成就，授权合同期限已延展的责任。著作权集体管理组织不能仅以原合同中有自动续约的规定，主张在合同记载的期限届满后仍然享有授权。

5. 权利几经转让许可后权利人的举证证明责任

知识产权转让和许可在市场经济活动中比较普遍，当主张权利的人并非原始权利人时，有必要先审核确定其权利来源、权利范围，主张权利的人对此负有举证证明责任。

就转让发生的权属变更情况而言，不同类型的知识产权在权属的体现形式上有差异，举证方式和内容上相应的有所不同。例如，专利权和注册商标权须国家行政管理机构审查授权，转让需变更登记，故权利人主体情况可以直接通过专利证书和注册商标证反映出来。而著作权并非依登记或授权产生，著作权的变动情况难以为外部察知，如果历经多次变动，过程复杂，则在后环节取得的权利人，应举证证明到何种程度才算完成举证证明责任。通常情况下，证明权利的来源应上溯到原始著作权人，才能完整地确认著作权变动的真实情况。前述举证责任无疑难度较大。对于公开出版物、经审批发行的录音录像制品，以相当广泛的程度公开宣示了权利声明的作品等，考虑到有关行政部门进行了一定的登记或审查，或者权利人以合理的方式进行了公示，相对于那些外部难以察知权利变动情况的著作权，可以适当减轻当事人的初步举证证明责任，不用追溯到原始著作权人，除非对方当事人提出异议及反证。

（二）举证责任倒置规则在知识产权民事诉讼中的适用

举证责任倒置规则在知识产权民事诉讼中的适用主要体现在专利侵权纠纷涉及新产品制造方法的发明专利的举证责任分配问题上。我国《专利法》第 61 条第 1 款规定，专利侵权纠纷涉及新产品制造方法的发明专利的，制造同样产品的单位或者个人应当提供其产品制造方法不同于专利方法的证明。这一原则的准确适用，需考虑以下几个问题：

首先，新产品的界定。最高人民法院《关于审理侵犯专利权纠纷案件应用法律若干问题的解释》第 17 条规定："产品或者制造产品的技术方案在专利申请日以前为国内外公众所知的，人民法院应当认定该产品不属于专利法第六十一条第一款规定的新产品。"该条对新产品采用了新颖性标准。据此，新产品是指该产品的技术方案或者制造该产品的技术方案在专利申请日前不为国内外公众所知的产品。确认是否为新产品，对专利权人的举证不宜太苛刻，原告人只要在专利文件中提到是一种新产品的制造方法，或者在诉讼时称是一种在申请专利前市场上未曾见过的新产品即可，如果让原告证明没有的东西，原告是无法举证证明的，至多只能证明一种新产品是何时上市的。一种新产品上市有时可以举出证据证明，如在税收方面的优惠政策、为新产品上市举办的一些专门宣传活动等。但多数情况下，证明一个产品是第一次上市并非易事，而要靠被告提出反证，证明在专利权人的新产品上市之前，市场上已有相同产品，专利权人上市的新产品已不是新产品，这种证据在多数情况下反而容易得到。

其次，比对对象的确定。最高人民法院在（2009）民提字第 84 号民事判决书中对比对对象的确定进行了详细阐述，即在确定是否属于"依照专利方法直接获得的产品”时，同样仅局限于初始产品，而不能无限制地扩大到对初始产品进行加工、处理后得到的中间产品。

最后，时间点的确定。同一件专利涉及的产品是否属于新产品会因原告起诉时间的不同而不同。因此，有学者建议，在新产品制作方法专利侵权诉讼中，为举证责任倒置的目的，在认定专利方法制造的产品为新产品后，还需确定在被诉侵权行为发生日之前，国内外没有公开出专利方法之外的可以制造相同产品的方法。①

（三）知识产权民事诉讼的举证责任转移

知识产权诉讼中的举证责任转移，是指在知识产权诉讼中，承担提供证据责任的当事人提出本证并对要件事实予以证明后，应由对方当事人对使该项证明发生动摇的事实举证的法律责任。简单地说，举证责任转移就是当事人履行举证责任过程中出现的举证行为转化，表现为举证责任在双方当事人之间的来回转移。主张要件事实的一方当事人提供一定的证据后，事实逐渐清楚，对方当事人对此需提出反证来推翻或削弱本证的证明力。所以，举证责任在诉讼中会产生转移，针对一项待证事实，从主张本证的一方，转移到提供反证的一方，再由提供反证的一方回到提供本证的一方。如最高人民法院指导案例2015年第49号案例：石鸿林诉泰州华仁电子资讯有限公司侵害计算机软件著作权纠纷案。本案中，石鸿林主张华仁公司侵害其S系列软件著作权，其应当承担证明双方计算机软件之间构成相同或实质相同的举证责任。石鸿林为此提交了被诉侵权产品、使用流程和说明书等作为证据，此时举证责任转移至被告，而被告抗辩其不侵权并提交检验报告和市场上其他类似程序作为证据，此时举证责任又转移至原告。原告申请法院进行鉴定。此时，原告作为权利人已尽合理努力并穷尽其举证能力，虽然上述证据并不能直接证明侵权行为的存在，并未达到举证责任转移的标准，但法院依然将举证责任又适当转移给被诉侵权人，从而减轻权利人的举证负担。而此时负有

① 张晓都：《如何界定专利法第六十一条第一款中的新产品》，载《中国专利与商标》2009年第3期。

举证责任的被告拒绝提供被诉侵权软件的源程序或者目标程序，且由于技术上的限制，无法从被诉侵权产品中直接读出目标程序的情形下，如果原、被告软件在设计缺陷方面基本相同，而被告又无正当理由拒绝提供其软件源程序或者目标程序以供直接比对，则应判令被告承担举证不能的不利后果。

（四）证据开示制度

民事诉讼证据开示制度是为了保障当事人在民事诉讼活动中行使调查、收集、核对证据以及交换证据的权利而规定的一系列相关程序的总称。该制度起源于英美法系国家，大陆法系国家于20世纪70年代开始部分借鉴上述制度。随着我国改革开放的深入，社会对保障民事主体权利和司法公正要求越来越高，民事诉讼证据开示制度作为一项体现诉讼程序公正，有助于当事人在诉讼中实现平等对抗，有利于法院提高司法效率的证据制度，非常值得我们借鉴和学习。尤其是，在知识产权民事诉讼中，各种证据相对于一般民事诉讼案件的证据而言，数量繁多、种类复杂、专业性强，建立并完善证据开示制度显得更具有必要性。目前的相关法律规定缺乏系统性和实际效果，存在诸多不足，应当加以改革。以下从两方面对知识产权民事诉讼证据开示制度进行探讨。

1. 知识产权民事诉讼证据开示制度的作用

（1）双方证据均向对方展示，有利于促进司法公开、公正。在实行证据开示制度的情况下，双方当事人享有平等的诉讼地位，平等地行使诉讼权利，通过调查收集和交换证据从而使法庭查明案件事实。证据开示强调的是信息交流和公开，法官处于中立地位，不会因为自己的主观意识而对案件事实的查明采取主动行动，而当事人作为民事案件的主体，最了解案件的事实，赋予当事人平等的诉讼权利地位，促使当事人充分调查收集和交换证据，通过交换诉讼文书和证据，排除无关证据的影响，最终有利于法庭查明案件事实，双方当事人对对方的证据均明确了解，也有利于促进司法公开、公正。

（2）有效防止“证据突袭”，有利于案件的公正审理。在知识产权民事诉讼案件中，有时一方当事人进行证据突袭，在庭审中出示一些之前没有提出过的关键证据，使对方当事人一时难以反应过来，不能及时提出反驳的证据、论点，从而陷入不利境地，而进行证据突袭一方借此很有可能在诉讼中获胜。由此可见，证据突袭严重影响着案件的公正审理，而证据开示则要求双方当事人于庭审之前互相向对方展示自己所掌握的证据，能够使双方都作到心里有数，从而在庭审中能够有针对性地展开辩论，保证案件的公正审理。

（3）避免当事人随时提出新证据，有利于提高诉讼效率。如果当事人可以随时提出新证据，则对方当事人可能会要求法庭另行给予一定时间的举证期限，以准备相应的反驳证据，庭审辩论也不能如期进行，这就造成了诉讼的拖延，增加了当事人的诉累及司法资源的耗费，诉讼效率受到严重影响。证据开示制度能够避免上述情况的发生。另外，证据开示制度使当事人有机会在庭前展示证据，对于双方均认可的证据就无须在庭审再次展开质证，节省了法庭调查的时间，提高了诉讼效率。

（4）双方当事人及早了解证据情况，有利于促进庭前和解。在证据开示制度下，双方当事人经过庭前的证据交换，对自己在诉讼中的优劣势已明了，增加了判决结果的可预测性，因此也就很容易达成和解。而在知识产权民事诉讼中，和解既可以节省诉讼当事人的诉讼成本，又可以缓和双方当事人的敌对情绪，甚至达成双赢合作，还可以减少司法资源的耗费，是各方都乐意接受的诉讼结果。

2. 建立并完善我国知识产权民事诉讼证据开示制度的几点构想

（1）证据开示程序的启动及相关制度保障。我国《民事诉讼法》规定人民法院应当在立案之日起 5 日内将起诉状副本发送被告，被告在收到之日起 15 日内提出答辩状，被告不提出答辩状的，不影响人民法院审理。在审判实践中，有不少被告故意拖延至开庭时才进行口头答辩及证据突袭，导致对方缺乏准备和应对的时间，从而在诉讼中受到不利影响，法庭也无法在庭前固定争点及证据。本文认为，可以规定法院应当向双方当事人送达证据开示程序启动通知书，详细告知其应有权利义务以及不履行相关义务所可能导致的不利后果；并规定：法院将被告答辩状送达原告后，通知诉讼双方当事人在举证期限内到法院展示并交换自己所掌握的相关证据材料，双方可以对对方的证据材料简要提出自己的意见，对于没有异议的事实应在法官的指导下做出书面确认。被告在收到原告起诉状后必须提交书面答辩意见，针对原告起诉状中的事实，全面、具体地阐明自己的答辩意见。答辩状陈述的事实必须明确、具体，如果被告没有对有关事实予以答辩，那么在庭审及判决中其应该承担不利法律后果。[①] 负有举证责任的当事人，应当在法律规定和法院指定的期限内提出证明其主张的相应证据，逾期不举证，则要承担证据失权的后果，丧失提出证据的权利。

（2）证据开示程序的主持人员。我国最高人民法院《关于民事诉讼证据的若干规定》第 39 条第 1 款规定“证据交换应当在审判人员的主持下进行”。在审判实践中，如果由庭审法官来主持证据开示程序，容易使该法官产生观念上先入为主、庭审形式化等问题，故应当考虑由其他人员进行主持，可以选择建立独立的调查法官制度，或由法官助理主持进行证据开示程序。独立的调查法官制度以法国为代表，其所设立的预审法官只专门负责对审前准备程序的主持而不参与案件的审理裁判，以保证庭审法官的中立性，避免司法不公；庭审法官能够集中精力去研究探讨法律问题和案件难点，更好地促成审判工作的高效高质完成。法官助理，也完全可以胜任该工作，并且无须在现有法院内部机构中增设新的职位。知识产权民事诉讼证据开示程序的主持人员职责应当包括：主持双方当事人交换证据并如实记录质证意见，依据当事人申请或职权调查收集证据，听取双方当事人陈述，确定案件矛盾焦点，促成当事人双方达成和解，接触当事人诉讼代理人，听取代理人意见，监督代理人的活动，完成其他审前程序性事项，对于调解不成或无法和解的案件将移送案件审判人员。

（3）应当开示的证据的范围。原则上，凡与案件在事实上和法律上有关联的、将在法庭上使用的证据资料都应予以开示，但是基于维护国家利益、社会公益及当事人公平对抗，对开示对象在某些情况下须予以必要限制。《美国联邦民事诉讼规则》第 26 条第 2 款第（1）项规定，任何一方当事人都可以要求对方当事人提出与诉讼标的有关联，并且不属于保密特权的任何事项。

① 参见徐俊：《论我国民事诉讼证据开示制度的完善》，载中国知网，最后访问日期：2012 年 11 月。

英国的民事程序规则对证据开示范围提出“一般开示”的概念，指称当事人赖以证明主张的证据资料，不利于该方当事人或他方当事人或有利于他方当事人的证据资料，以及相关的应用指南要求该当事人开示的证据资料。对于我国而言，我们应该借鉴美国的“保密特权”制度。美国法上的保密特权是对证据开示范围的限制，包括证据法上的保密特权和律师准备的诉讼资料。证据法上的保密特权具体又可分为律师与委托人之间的保密特权，夫妻之间的保密特权，神职人员和忏悔者之间的保密特权，会计师和委托人之间的保密特权等。对于此，在建立我国的证据开示制度时应予以吸收借鉴，限制开示的事项应该包括：①涉及国家秘密的证据资料，不应开示。②涉及当事人一方的商业秘密，该方当事人有权拒绝开示。如确有需要，经法院决定可以开示，但当事人必须严守秘密，不得向案外人泄露该资料，否则将构成妨碍民事诉讼行为，应受到民事诉讼强制措施的惩戒，对因此而造成的损失应予赔偿。③以非法手段获取的证据资料，如秘密录音、秘密录像、擅自开拆他人信件或阅读他人日记、机密文件获取的信息，未经同意复制的他人资料等，都应禁止开示。④当事人双方及第三人对案件事实和证据的分析意见，质证、辩论时将发表的意见，诉讼代理人的代理词等经过分析、思考得出的成果，不予开示，以保障当事人及其诉讼代理人在庭审时充分质证、辩论的权利。[①]

（4）当事人在证据开示程序中的取证权利。知识产权民事诉讼以证据为核心，证据是否充分真实对于案件最终裁判结果具有重要决定性作用。当事人能够提供充分证据并进行证据交换的前提条件是必须保障当事人的调查取证权利。美国的证据开示制度实际上赋予了当事人及其律师向对方和第三人直接收集证据的权力。我国最高人民法院《关于民事诉讼证据的若干规定》第 17 条详述规定了当事人申请法院收集证据的特殊情况：申请的证据属于国家有关部门保存并必须人民法院依职权调取的档案材料；涉及国家秘密、商业秘密、个人隐私的材料；当事人及其诉讼代理人却因客观原因不能自行收集的其他材料。对于当事人的申请，法院有权作出准许或不予准许的决定。

---

① 张远：《试论我国民事证据开示制度》，载中国法院网：www. chinacourt. org/detail/2010/04/id/405776. shtml。

该规定第三项的条件是当事人因客观原因不能自行收集，对于什么属于客观原因该规定并没有明确，有可能导致在实践过程中当事人遭遇困难而无法获得法律救济，应当对“客观原因”予以明确。

此外，我国可以考虑学习国外经验建立调查令制度，所谓调查令是指当事人在诉讼过程中因为遭遇证据收集困难而申请人民法院签发赋予其强制收集证据的令状。调查令在国外很早就有设置，其目的是补充当事人证据调查力量的不足，申请调查令具有严格的程序要求，持证人一般是律师。建立调查令制度应当注意以下几个方面：明确调查令的审查标准和确定程序；明确调查令的申请人和持证权人；明确调查令所能获取的证据范围；明确调查令的法律效力以及违反调查令的法律后果；确立申请人在申请不得时的异议处理和救济机制。

（5）违反证据开示规则的法律后果。证据开示制度应当规定不遵守证据开示规则的当事人应承担的不利法律后果，否则该制度就无法发挥实际作用。美国的证据开示制度规定了四种处罚：一是可判处不服从法院命令的人以藐视法庭罪处以拘留、罚金等；二是不回答对方提出的问题时即认定对方提出的问题已被证实，并禁止再就此问题进行反驳和抗辩；三是不经庭审即可驳回不服从法院开示命令的当事人的诉讼或缺席判决其败诉；四是在开示阶段没有充分理由，不向对方出示其占有的证据的，庭审时该证据将被禁止作为证据使用。如果未开示非故意而是过失，法官可以允许当事人在法庭上出示该证据，但此时对方当事人可申请延期审理，并可要求有过失的一方负担相关的费用。我国可参考上述制度，将其中的第二、四点作为当事人违反证据开示规则所应承担的后果。①

四、知识产权民事诉讼证据保全规则的完善

知识产权民事诉讼证据保全规则的完善，对于提高司法救济的及时性、便利性及有效性具有重要作用。

① 张远：《试论我国民事证据开示制度》，载中国法院网：www. chinacourt. org/detail/2010/04/id/405776. shtml。

（一）证据保全的管辖、种类和范围

证据保全是在证据可能灭失或者以后难以取得的情况下对证据材料采取的措施，视具体情况可采取查封、扣押、拍照、录音、录像、复制、鉴定、勘验或者制作笔录等方法进行。证据保全的范围是与案件相关、有证明作用的证据材料；并宜保持在“最低强度”。所谓“最低强度”，是指通过拍照足以证明的，无须查封；通过查封足以证明的，无须扣押，将对当事人的干扰降到最低。

按所在程序分，证据保全包括诉讼案件受理后的保全（诉中保全）和受理前的保全（诉前保全）。证据保全作为服务于民事诉讼的附随工作，一般情况下由受理民事诉讼的法院管辖。对于诉前证据保全，2013 年实施的《民事诉讼法》规定，利害关系人“可以向证据所在地、被申请人住所地或者对案件有管辖权的人民法院申请”。按照该规定，与诉讼案件管辖无关的证据所在地法院，也可以受理诉前证据保全。但是，这项规定是以证据保全法院与诉讼法院之间“交易成本为零”作为假设前提，在目前情势下可能难以起到预期效果。以法院内部送达诉前文书、开庭在立案庭、业务庭之间分工为例，这种分工往往经常使送达工作脱节于审判工作，导致业务庭不得不重新送达，偏离了原本设想的“集约化”方向，工作量不减反增。同样地，诉前保全、实体诉讼在不同法院的分工，其效果恐难乐观。在各地法院发展不均衡的当前，由非诉讼法院进行证据保全，不仅有可能“打草惊蛇”，单是案卷在不同法院之间的移送时差就足以抵消诉前保全法院的方便效益。因此，在当前，诉前保全事项也宜由应当受理诉讼的法院一并受理。

按保全对象分，知识产权证据保全包括涉嫌侵权产品保全、财务账册资料保全以及其他保全。涉嫌侵权产品的提供，一般属于原告方的举证责任；但在原告方无法自行取得的情况下，法院可以准许其证据保全申请。财务账册资料的保全，出现在需要证明被告因侵权行为所获利润的情况，相关财务账册资料由被告保有，原告无法自行取得，往往提起保全申请。

司法实践中存在诸多“伪证据保全”。民事诉讼中的保全措施包括财产保全、证据保全和行为保全。财产保全是为了日后生效判决得到执行而对可执

行财产采取的措施。行为保全指的是诉讼禁令，法院在作出裁判之前责令停止涉嫌侵权行为。从定义上讲，此三者内涵是明确的。在知识产权侵权诉讼中，停止侵权的处理结果对权利人市场占有率有直接影响，在侵权赔偿标准有待提高的情况下，这种处理结果比获得赔偿更有商业价值。因此，行为保全措施得到广泛青睐。但是，行为保全的“双刃剑”效应、知识产权权利的不稳定性等诸多因素决定了行为保全措施应用的保守性、谨慎性。这种情况下，权利人往往绕开行为保全申请名义，转而以财产保全或者证据保全的名义提出申请。比如，申请人提出对被诉产品的半成品、制造模具进行查扣，理由是意欲证明被告有制造被诉侵权产品的行为。从查扣对象的证明力分析，似乎确能对待证目的起证明作用，但仔细分析，申请人背后目的在于通过保全手段切断或者干扰被告的生产环节，实际上起到使被申请人生产行为无法继续的效果，相当于一项禁令裁判的执行。民事诉讼的要义在于“谁主张，谁举证”，意欲证明或者推断被告存在制造行为，完全可以通过在商品流通环节获取证据等其他方式取得证据，此种借用法院公权力“掘地三尺”的证明意图不应得到提倡。

相类似地，还有一种“伪财产保全”。原告以财产保全的名义提出请求，要求保全被诉侵权产品。当事人的背后目的仍在于让对方停止侵权行为，意在规避行为保全严格的审查。当事人的这种请求从逻辑上是矛盾的：当事人指控被诉产品侵权，既然是侵权产品，一旦诉请成立，应予销毁，故被诉侵权产品不能作为“财产”予以保全。有观点认为，按照法条的规定，财产保全在于避免“使判决难以执行”，保全被诉侵权产品正好可以使判决得到履行。用财产保全去保证禁令判决得到履行，逻辑上是无法自洽的。

（二）证据保全的审查标准

证据保全之制度安排，是民事诉讼中“谁主张，谁举证”两造证据博弈的补充。其要义在于，原告发现被告有侵权的重大嫌疑，但证据达不到证明其诉讼主张成立的高度，而这个“高度差”中的证据又属其自力救济无法取得的，故申请法院行使公权力予以保全。以此要义为核心，是否准许证据保全申请，核心在于侵权的较高盖然性、保全对象的关联性和申请人的权利能力取得三项要件。以此核心辐射开来，还涉及紧急情况的证明、是否需要担保、证据保全与调查收集证据的转换等诸项要件。

第一，被告存在侵权行为的较高盖然性。典型案例是微软公司诉广州某明星企业侵害计算机软件著作权纠纷案。[①] 被告官方网站上公开的信息内容表明，被告有上千名员工，每名员工均配备有自动化办公的个人电脑，且声称该公司办公自动化中使用了某软件，而该软件是基于被诉软件运行。原告以此证据和原被告双方的版权贸易记录（被诉软件贸易量远小于被告声称的使用量），提出被告大量使用被诉软件的指控，请求法院对被告使用被诉软件的证据予以保全。广州市中级人民法院经综合审查，准许了其保全申请。被告存在侵权行为的较高盖然性，是证据保全的法理逻辑起点，如果申请人无法就此节进行初步证明，则基本丧失了保全的意义。至于这种盖然性何谓“较高”，实难以量化，只能在具体个案中进行具体裁量。司法实践中，常有软件公司以被告网站上公布的员工招聘信息为线索，该招聘信息要求应聘人员熟练运用某软件（比如 AUTOCAD），就以此为依据提出保全请求[②]。仅凭此证据，确显单薄，在申请人补充求职者向被告电话询问的相关通话记录和录音后，法院才裁定准许采取保全措施。再如磊若公司起诉软件侵权案，该公司利用远程技术监控，通过信息网络终端设备的回馈代码推知被告在电脑中使用被诉软件，以此请求保全被诉软件。这也是一种涉嫌侵权行为存在的盖然性证明，但是这种盖然性无法代替侵权行为的最终证成，仅凭此不足以认定侵权行为成立[③]。

第二，保全对象的关联性。典型例是对财务账册资料的保全问题。当前社会的诚信状况不佳，企业管理规范化程度不高，尤其对于财务账册的处理，“两个账本”的现象并不鲜见。同时，在民事诉讼中，司法权的强制力是对证据的保全而非搜查。鉴于此，证据保全实际效果难免差强人意，往往流于形式，收获甚微。在这种大环境下，当事人动辄提出保全申请，客观上沦为诉

---

① 广东省广州市中级人民法院（2010）穗中法民三初字第 443 号。

② 广州知识产权法院（2015）粤知法著民初字第 5、6 号。

③ 白帆：《软件著作权侵权的证明方式与责任承担——由磊若公司诉金辰公司、大秦公司侵害计算机软件著作权纠纷案展开》，载《电子知识产权》（总第 277 期）2014 年 10 月。

讼权利的滥用，或者说司法资源的浪费。因此，在此类证据保全事项中，保全对象的关联性被着重提出。

申请保全被告的财务账册资料，原告无非是想以此证明被告的非法获利数额。我们知道，计算侵权赔偿数额有几种途径，一是原告因侵权行为所受的经济损失，二是被告因侵权行为所获得的利润，三是知识产权许可费的倍数，四是法院酌情确定。根据这个逻辑，在审查此类申请过程中，法院可从证据的关联性入手进行释明，引导原告进行计赔途径的选择；同时释明，计赔途径的择一选择意味着放弃以其他途径计算赔偿数额。只有选择了以被告获利为依据计算赔偿数额，原告申请保全的财务账册资料才具备关联性，其申请才可考虑准许，否则不予考虑。这种选择的风险是，鉴于保全效果不佳，很大可能性是赔偿数额落空或者严重不足，这个可能的后果应由原告自行承担。经过如此路径选定，将过滤掉部分无效保全，让意欲借保全措施“骚扰”竞争对手、甚至“窥探”对手商业秘密的申请人望而却步。

为了加强这项效果，司法实践中有进一步的做法，就是在让原告选定计赔途径的同时，责令其预缴部分审计费用。该做法的依据是延续上述法理逻辑，原告申请保全是指望通过被告获利计算赔偿数额，但保全取得的财务账册资料反映的往往企业经营的全貌，而非制造销售侵权产品的单项立账，况且涉案专利权、商标权或者著作权在产品价值中的比例也有待确定，因此，即使能够获取被告的完整财务账册资料，还存在交付审计的问题。将预缴部分审计费用作为启动保全程序的要件之一，是原告申请保全的可预见环节，再次过滤了当事人的无关动机。

第三，申请人（原告）的取证能力。只有超过申请人的取证能力范围，证据为其自力所无法取得，保全申请才有可能被准许。公证事业的蓬勃发展，为相关证据的获取提供了便利。如果通过公证保全等自力手段可以取得证据，保全申请一般不应准许。此要件的审查，要考察申请人的自力手段是否已穷尽、是否符合维权的经济原则。如果有证据表明被诉产品全部外销，可以考虑准许证据保全；被诉产品整体市场价格极高，被诉部件为其中不可拆卸的部分，价值比例小、索赔数额不高，可以考虑准许证据保全。

第四，紧急情况的证明。申请人在诉前提出证据保全，还须举证证明存在紧急情况。紧急情况是一个时间概念，在审查过程中往往需要结合生产生活常识进行认定。一个典型例子是中秋节之前的月饼，生活经验告诉我们，中秋节之前交易红火的月饼，中秋节后其价值会大幅缩减，在市场上有断崖式的时间节点。再如每年在广州举行的中国进出口商品交易会，每期持续3～5天，如果不及时进行保全，将无法取得证据，这就是紧急情况。

第五，证据保全与调查收集证据的转换。在实体条件方面，两者的要件是相同的。如果涉及国家有关部门保存并需法院依职权调取的档案材料，无疑是应当进行调查收集证据，而非进行证据保全。在与调查收集证据相比较的语境中，证据保全的意义在于将证据状态予以固定、待进一步程序处理；而调查收集证据不仅能起到固定证据，还可同时完成对证据的质证、技术对比。因此，为了提高办案效率，对于对抗性不大、技术难度不大的案件，可以组织双方当事人到现场进行证据指认、技术对比，将技术对比环节在开庭之前提前完成。如此，可省去先保全证据，再将保全的证据纳入开庭程序予以技术对比、质证的冗节。

（三）证据保全裁定书的表述与执行

证据保全裁定书属于执行依据，其生命力在于可执行性，因此，判项表述必须具备保全对象明确、可执行性强等要件。明确的保全对象，有时候是二维的，比如被保全对象是某型号的“背刀木工机械”或者电脑系统中的某项统计资料、位于某地某厂房或者某办公场所；有时候是三维的，如增加一项时间维度“某年月日至某年月日的”反映制造、销售某型号台灯的财务账册资料。

证据保全裁定的执行与其他生效裁判文书的执行并无二致。实践中常见的问题莫过于被申请人的阻碍和抵抗。法院一旦处理不当，不仅可能激化矛盾，导致“次生纠纷”，还有可能引发群体性事件，危机当事人或者执法人员的人身安全。这就要求在执行之前结合社会大环境、地方和企业小环境以及具体案情，对执行环境和执行对象做研判，并根据研判结果申请必要的警备力量参与。在执行现场，被申请人积极配合的少，大量表现为拖延转移、“非暴力不抵抗”，少数表现为直接对抗。在必要的诉讼权利义务释明和妨碍后果告知后，如果被申请人仍以“掌控钥匙或密码的人员不在”“老板或直接负责人不在”等理由推挡，可以根据裁定内容采取必要的强制手段。比如对计算机软件或者电子财务资料的复制，如果经释明无效，无法开机，可采用查封或者扣押的方式强制将涉嫌保有证据的电脑设备封存或者带走。当然，如果可能引致群体性维稳事件，还是要审时度势，孰轻孰重必须因时因地应变。

由于证据保全是知识产权民事诉讼的阶段性措施，是否侵权尚未确定，在保全时应该遵守如下原则：

第一，司法权保守原则。正如前文所述，证据保全是法院在当事人对证据“有而不得”情况下动用司法权采取的固定证据之措施，制度安排上不同于公安机关、检察机关的侦查权。基于这种理念，证据保全仅限于对案件相关的被诉产品或证据材料的保全；如果执行过程中触及被告的商业秘密，法院有主动保护的责任，防止公器私用，避免被当事人作为“骚扰”竞争对手的工具使用。

第二，司法中立原则。司法权天生是中立的，无论是对诉讼进行裁判的法官，还是对生效裁判进行执行的法官，都应当恪守中立角色，避免先入为主。执行实施的时候，应当告知当事人相关的权利、救济程序。为防止发生现场过激冲突，一般不合适带申请人或者其代理人或者其技术人员一同前往现场。这就要求执行法官在前往现场之前，必须熟悉、消化保全所涉的技术，必要时邀请技术调查官进行协助，让技术调查官与申请方具有专门知识的人员做好技术知识的充分交流，将其技术知识转化为技术调查官或者执行法官的知识。

实践中，以下面三类证据保全为例，可以进行类型化研究：

一是大型机械设备。大型设备往往只有某具体部位或者某具体单元涉嫌侵权。执行保全时，可进行“活封”，即虽查封但准许继续使用；同时辅以拍照或录像。确因摄录镜像无法直接显示技术事实，需要提交鉴定的，在可将该部分单独拆卸扣押。

二是电子证据。电子证据普遍具有容易删除性。因此，执行保全必须有周密的谋划和果断的强制措施，否则稍有纰漏或阻碍将无功而返。在微软公司诉广州某明星企业侵害计算机软件著作权纠纷案[①]证据保全案执行过程中，保全标的物为 Microsoft Windows（微软视窗）操作系统和 Microsoft Server（微软服务器）等系列计算机软件。这些软件或存在于电脑等终端设备中，或存在于公司总服务器中。保全之前做好电脑设备和总服务器的楼层分布勘察，组织由承办法官、执行官、技术辅助人员和法警组成执行队伍，进行模拟现场策划。到达现场之后，兵分两路，另一路控制总服务器室，一路控制职员办公室，避免被申请人获知后删除标的物。控制职员办公室的队伍，按照不同楼层以及同一楼层不同位置随机均布地抽样保全。两路兵马到达现场后立即开始工作，一鼓作气不间断，使被申请人无暇删改其软件，获取了较为完整的证据。

三是方法步骤。方法专利，如非新产品的制造方法，无法适用举证责任倒置，原告申请保全的例子较为常见。在广州普得环保设备有限公司诉广东绿由环保科技股份有限公司、广州绿由工业弃置废物回收处理有限公司侵害发明专利权纠纷一案[②]中，所涉专利为“一种污泥浓缩脱水的方法”，该发明专利方法包括以下步骤：（1）先将含水率为97%以上的剩余污泥进行浓缩；（2）再对经过浓缩后的剩余污泥加入调质剂混合，然后输送至脱水机进行脱水；（3）脱水后的剩余污泥在满足最终处置的要求时，可直接进行相应的处置；其特征在于，所述步骤（1）中的剩余污泥在进行浓缩前加入有机调质剂进行第一次调质，之后才进行浓缩；所述的第一次调质后的污泥进行浓缩的方式采用重力浓缩或采用机械浓缩；重力浓缩是将调质后的剩余污泥输送至污泥浓缩池，使其在重力作用下沉降，进行快速浓缩，从污泥中分离出来的水分形成上清液，被排除池外，浓缩后的剩余污泥在浓缩池被抽出输送至下步工序，浓缩后的污泥含水率为86%～95%；所述步骤（2）中经过浓缩后的剩余污泥在进入脱水机之前，加入无机调质剂进行再次调质。该专利方法涉及前后步骤、具体化学物质、浓度配比。在执行保全措施时，必须选择正常的经营时间，否则在被申请人不营业的时间，无法保全其具体操作的流程

---

① 广东省广州市中级人民法院（2010）穗中法民三初字第443号。

② 广东省广州市中级人民法院（2012）穗中法民三初字第269号。

步骤。同时，现场拍照、录像必不可少，尤其是录像，能在不干扰其正常操作的状态下忠实记录整个流程。此外，必须现场提取每个步骤的化学物质，用专业的容器予以储存，做好流程标记，回撤后及时提交鉴定。

（四）对保全结果的审查认定

通过采取保全措施取得的材料，将作为判断、确定案件事实的证据，应当在诉讼中予以开示，接受当事人的对质。在证据来源上，视同提出保全申请的当事人提交之证据，属于该当事人的“长臂举证”。保全结果往往对诉讼走向有决定性意义，一次完美的保全将获得技术对比的完整参照物，或者计算赔偿数额的完整账册，以此为据所作的判决是最接近客观真实的。

证据保全的结果因案而异。如果保全工作得以畅通无阻地进行，则无果而归相当于原告或者申请人证据不足；如果是被申请人故意阻挠或者非暴力不合作所导致，则意味着被申请人对公权力执行的妨碍，在严格执法的层面，诉讼参与人或者其他人伪造、毁灭重要证据，妨碍人民法院审理案件；或者拒不履行人民法院已经发生法律效力的判决、裁定的，人民法院可以根据情节轻重予以罚款、拘留；构成犯罪的，依法追究刑事责任。

在案件事实认定层面，当事人的阻挠或不合作，存在被申请人掩盖侵权事实的极大可能性。正是基于此，广东省高级人民法院于2013年出台了《关于开展“探索完善司法证据制度破解知识产权侵权损害赔偿难”试点工作的实施方案》，提出了举证妨碍制度、优势证据制度等作法，若当事人请求对财务账册资料等进行证据保全，而对方当事人阻扰、抗拒、破坏法院保全措施的，可以视为被申请人持有不利于自己的证据但拒绝提供，构成举证妨碍，并结合有关情况推定申请人主张的赔偿数额成立。修改后的《商标法》第63条确立了类似的举证妨碍制度：权利人已经尽力举证，侵权人不提供或者提供虚假的账簿、资料的，法院可以参考权利人的主张和提供的证据判定赔偿数额。实践中落实该规定的方式是，通过制作笔录或者发书面告知的方式向被申请人释明阻扰、隐匿证据的诉讼后果，从而使保全措施取得较高的威慑力。由于这种威慑力，即使现场无法取得更多证据材料，也可以促使当事人事后达成和解。当事人擅自损毁保全证据的情况，同样可参照此规则精神处理：由于损毁导致相关事实继续处于待证状态，可推定对方当事人主张的事实成立。

除了通过举证妨碍进行事实推定外，即使通过保全取得的资料残缺不全，仍可以作为法官认定事实、形成心证的重要依据，为法律事实更加接近客观事实提供更多线索。仍以财务账册资料为例，原告意欲证明被告因制造、销售被诉侵权产品（某种创意 LED 灯）而获利，但法院保全仅取得的销售被诉侵权产品的若干份合同。[①] 虽不足以证明原告的证明目的，但从侧面反映了被诉侵权产品的销售范围遍及各省，并反映了被诉侵权产品的出厂价。通过出厂价与原告在商场公证购买产品之差价，法官可以在酌定利润率、销售额等方面形成心证。再以计算机软件保全为例，在保全过程中由于被申请人阻碍等原因，部分电脑设备中的软件被删除，但遗留删除的痕迹本身就是证据，结合具体执行过程和其他证据，可以做不利于被申请人的事实推定。

证据保全规则的三个重要方面：入口、实施和出路。入口上，是否准许保全申请，不能太随意，太随意则偏离诉讼之当事人主义，断送司法中立性；也不能太严格，太严格则窒息当事人权益，丧失司法的亲民性。实施上，合理使用警力和技术力量，将其作为“执行难”的组成部分给予充分重视。出路上，举证妨碍制度将倒逼形成威慑力，也使得司法权保持适度超然地位。

五、专家辅助人制度在知识产权民事诉讼中的运用

在知识产权审判实践中，存在不少关于专家辅助人制度的问题需要进行探索及解决，以下分几点进行探讨。

（一）专家辅助人的资格

专家辅助制度要解决的不仅仅是技术问题（此类问题更多地出现在专利诉讼中），还要解决在著作权中关于作品原创性和商业秘密案件中公知性问题。所以，对于专家辅助人的资格，我们建议应采取以经验为主、学历要求为辅作为专家选任的标准。

---

① 广州知识产权法院（2015）粤知法专民初字第 110 号。

（二）选任权归属

为了和技术调查官、鉴定人制度相互区别和衔接，专家辅助人的选任权应交给当事人。

（三）专家辅助人的启动

按照设想，专家辅助人的适用应由当事人提出，必要时由法庭向承担举证责任一方当事人阐明其举证责任。启动的首要原则是程序性原则。这里面包括两方面的内容，一是提出申请的时间是技术争点无法解决导致诉讼无法进行之时，庭审结束之前，具体时限应由法院酌情决定。二是申请的分配应按照举证责任来承担。诉讼中技术问题的解决必然要被置于法律框架下。在一方无法向法庭说明、举证证明其主张时，应由其承担举证不能的后果。所以，申请专家证人的一方应该是承担举证责任的一方，若其在法庭认为其有必要聘请专家而不采纳法庭的建议时，其可能承担败诉的后果。

其次是必要性原则，即专家辅助人要解决的技术问题是导致诉讼无法进展下去的唯一原因，只有解决了该技术问题，诉讼才能得以继续。典型的问题是专利诉讼中被控侵权产品技术特征问题、作品中的原创性判断问题等。

最后是专业性原则，即专家辅助人在诉讼中的作用只能被限定于解决诉讼中的专业性问题，与该专业性问题无关的申请一律驳回。

法庭在按照上述三项原则考虑当事人的申请后，决定对其申请是否采纳，继而限定其提出专家身份的时间，供各方当事人对对方提出的专家交叉核查，在核查完之后作出准许或不予准许，是否另行聘请的决定。这一由采纳申请至准许专家参与诉讼的时间应由法庭根据案件审理情况决定，并可依据诉讼的进展速度酌情延展。

（四）专家辅助人的适用范围

如果将专家辅助人的适用前置于技术调查官和鉴定人，那么专家辅助人将承担大部分的专业调查事项。那些以前大部分由鉴定人负责的专业调查领域现在也可以由专家辅助人来完成。

（五）争点归纳

为了解决适用专家辅助人的必要性问题，正式的技术争点归纳程序是必需的。因为归纳出来的争点既是案件中的技术难题，又是专家辅助人要解决的问题，所以它是专家辅助人启动的前提。按照我国现行知识产权诉讼的设置，关键的技术问题均留待在开庭比对环节予以解决。如果我们把争点归纳也放在法庭辩论之前的比对环节，才决定是否启动专家辅助人，必然使诉讼的发展极不平衡，给人头轻尾重的感觉。所以结合新创建的专家辅助人制度，我们有必要对现行的知识产权诉讼程序进行一定程度的改革。建议参考美国的证据开示程序，将争点归纳放在证据交换程序中。必要时，可以在证据交换程序中安排一个初步的技术比对环节。这样的一个初步技术比对环节要解决的核心问题就是将案件中的技术争点归纳出来，同时决定是否启动专家辅助人制度。这就要求主审法官在证据交换之前就对案情有一定的了解，对案件的争点作出预判。具体说来，争点归纳应该包括以下几个环节：法官对案件的预判，证据交换举证、质证，法官引导当事人进行辩论、确定争点。

（六）专家辅助人的手段

专家辅助人在法庭中参与技术问题的调查并发表意见。专家辅助人作出的意见表现为以下几种手段：陈述意见，推理，对某一问题的说明向法庭提供本专业领域内的参考资料予以支持其见解，演示，提问。

（七）法庭对专家辅助人意见的采用性标准

法庭在考虑专家辅助人的意见是否可以被采纳为作出认定某一技术问题的基础时，可从以下几个标准作综合性考量：（1）相关性标准。专家辅助人发表的意见只能与归纳的争点有关。（2）充分性标准。法庭应给予专家辅助人就争点发表充分的意见。当一方的观点满足了合理性要求时，由另一方提出反对意见。反方不能充分说明其反对的合理性的，法庭即应采纳正方观点。（3）合理性标准。即专家所采用的手段与其观点具有逻辑上、常理上的必然性，能经得起对方的质疑。（4）检验性标准。法庭必须将专家意见置于整个诉讼中来予以考虑。考虑如果采纳某一专家的意见，技术争点是否得以顺利解决，随之而来的整个案件中的事实问题、法律问题是否可以迎刃而解，还有没有其他技术问题遗漏，以及是否有必要启动技术调查官和鉴定人。

（八）专家辅助人的法律责任

一方面，对专家辅助人法律责任的设置就在于保证其言论的真实性。其是否尽责，是否应当承担法律责任，承担何种法律责任均可参照律师的诉讼权利和义务标准来设置。另一方面，尽管专家辅助人具有一定的专业性特点，但其与律师还有具有一定的区别。因为专家所发表的意见总是基于一定的科学公理。专家辅助人滥用其专家地位，明显违背科学公理作出与事实不符的专家意见的，应被列入不诚信名单并予以公示。

六、电子数据证据固定及认定规则

电子数据证据在知识产权诉讼中的作用非常突出，分析和研究电子数据证据，对知识产权审判实践具有重要的指导意义和启发作用。

（一）知识产权诉讼中电子数据证据的分类

知识产权诉讼中常见的电子数据证据包括但不限于以下类型：（1）网页信息，包括互联网网页信息、局域网网页信息等；（2）储存数据，包括服务器储存数据、计算机储存数据等；（3）电子邮件，包括 Outlook Express、126、Foxmail、公司内部邮箱等；（4）聊天记录，包括 QQ、微信、手机短信等；（5）网上交易记录，包括网上邀约、网上支付、物流信息等。

（二）知识产权诉讼中对电子数据证据的固定

由于电子数据证据是通过数字符号来记录信息的，具有可以被快速复制、易于保存、又极易被删除、修改等显著特点，其本身极易被修改、模拟、删减等，故如何针对其特点，最快、最全、最安全地将电子证据固定下来，避免日后可能出现的争端是知识产权诉讼中一个的值得探讨的问题。

1. 法院保全

在保全过程中，法官和工作人员会用录像、笔录等形式将数据所在的路径、操作步骤全部记录下来。完成电子数据的复制和转移后，上述人员再在双方当事人见证下将这些数据刻录在一次性光盘或移动硬盘中进行封存，以待日后审理时再开拆质证。

2. 公证保全

公证是固定电子证据的一种重要的手段，也是目前司法实践中运用的最多的一种方式。然而，如前所述，公证书暴露出各种问题，公证业的发展也滞后于“互联网 +”时代的发展，很多方面出现了不适应。

3. 第三方保全

面对法院案多人少、公证业的不适应等困境，本文认为应当鼓励和探索设立第三方电子数据保全机构，规范相应的法律权利和义务，让相关机构接受相关法律的监督。例如，鼓励从全国层面、行业层面或者各省市层面设立诸如电子数据公证云平台等第三方电子数据保全机构，通过电子数据存储加公证服务为用户解决电子数据保全难的问题。在电子数据生成的同时，便将其完整备份在云存储中，解决证据的固化和保存的问题。同时，采取最高级别加密传输保护、完整性鉴别、分布式存储隔离和安全防护保障，解决数据实时同步备份传输过程中不被篡改，从而保证证据的真实性。此外，公证机关也可以直接进入数据库后台调取已备份保全的电子数据，并以公证的形式对电子数据进行形式固定，解决证据取得法庭认可以及归档的问题。

深圳市龙岗区人民法院早在 2010 年就提出建立“可信时间戳”TSA（Time Stamp Authority，TSA）电子证据固化系统，试图解决司法实践中电子数据固化难题。“TSA 电子证据固化系统”正是计算机技术领域两种核心技术——时间戳、数字签名在司法领域内的新应用。

（1）数字签名技术。《电子签名法》将电子签名定义为：“电子签名，是指数据电文中以电子形式所含、所附用于识别签名人身份并表明签名人认可其中内容的数据。”从技术上讲，目前有效的电子签名技术就是基于 PKI 技术的、利用数字证书所做的数字签名。数字证书是由权威公正的第三方机构即

CA（Certificate Authority）中心签发的个人或企业在互联网上的身份标识。以数字证书为核心的加密技术可以对网络传输信息进行加密和解密、数字签名和签名验证，确保网上传递信息的机密性、完整性以及交易实体身份的真实性、签名信息的不可否认性，从而保障网络应用的安全性。

（2）数字时间戳技术。数字时间戳技术是数字签名技术和权威时间源相结合的一种应用。数字时间戳是由权威第三方时间戳服务中心为电子文件签发的证明电子文件完整性和签发时间的电子凭证，可被符合标准的程序公开验证。它包括三部分：其一需加时间戳的文件的摘要；其二时间戳服务中心收到文件的日期和时间；其三时间戳服务中心的数字签名。数字时间戳产生的过程为：用户首先将需要加时间戳的文件在本地计算机用 Hash 编码形成摘要，然后将该摘要发送到时间戳服务中心，时间戳服务中心在加入了收到文件摘要的日期和时间信息后再对该文件进行数字签名，然后形成时间戳文件（*.tsa）送回用户，用户凭借时间戳文件及其验证渠道获得文件在特定时间、特定状态的权威证明。生活中书面签署文件的时间往往由签署人自己书写，而数字时间戳由权威第三方时间戳服务中心依收文时间来签注，确保了时间戳的中立和准确。由于数字时间戳技术的这一原理，它可用以有效地解决证明特定时间、特定数据电文之状态的问题。

如果将数字时间戳技术引入司法取证领域，则借助技术特性明确了两个客观权威：电子证据采集时间的精确性与采集状态的固定性；如果将数字证书技术引入司法取证领域，则借助技术特性实施了对采集主体身份的权威认定。据此，可复合形成“可信时间戳”技术方案：权威可信第三方时间戳服务机构对持数字证书的法院提交的数据电文（电子文件）采用密码技术进行数字签名后生成特定格式的文件凭证（包括时间、签名及文件摘要等），该时间戳和电子文件唯一对应，表示电子文件在加盖时间戳时的状态和时间，对该文件提供完整性保护及不可否认性证明。

在法院最近审理的华盖系列案中，华盖公司就以第三方证据保全的方式（“可信时间戳认证证书”）替代以前的侵权公证书作为证据提交。“可信时间戳认证证书”由国家授时中心负责授时和守时保障的联合信任时间戳服务中心签发，可证明文件（或电子数据）自申请时间戳时起已经存在且内容保持完整、未被篡改。该联合信任时间戳服务中心由中国版权协会推荐使用，其已形成一套完善的可不受外界干扰的硬、软件系统。这一系统的出现印证了深圳市龙岗区人民法院建立 TSA 电子证据固化系统理论的可行性，通过在司法实践中的运用，完全可以成为解决电子数据证据在保全、固定、保存与认定中出现的问题的关键性方向。

（三）对电子数据证据的认定

以下从证据的合法性、真实性、关联性方面分别分析电子数据证据的认定标准。

1. 合法性。因为电子数据证据本身的取得不易，特别是知识产权案件的侵权事实一般具有隐秘性，所以按照利益平衡原则，对证据的合法性应作宽松理解。

2. 真实性。本文认为审查电子数据的真实性可以从电子证据形成的原始性以及电子证据本身的完整性两个层面进行。所谓原始性是指电子数据最早被记载的载体，这可以通过数据本身的日志、修改时间中得到体现，原始版本比转载或复制的版本具有更高的证明力。所谓完整性是指电子数据记录的完整性，包括电子数据本身的完整和操作步骤的完整。完整的电子数据能够反映完整的事件，而人为筛选的部分电子数据容易导致数据是真实的，但反映的事件却并非客观事件。首先，本文认为，电子数据存在的环境必须清洁，包括所使用的电脑是否清洁、所连入 IP 地址、端口的外部环境是否安全都会被作为认定电子数据是否真实的重要前提条件；其次，电子数据提取操作的每一步都必须全面记录，不能跳跃；最后，记载电子数据的存储载体必须被密封盖章、妥善保存，不被毁损、破坏。

实际上深圳市龙岗区人民法院提出建立 TSA 电子证据固化系统，也是为了解决实践中电子数据证据的真实性、完整性难以认证这一难题而开发的，该系统通过事先制定操作者的《操作规范》，从制度性约束的角度确保了 TSA 系统的应用标准，有效防范不当操作给当事人带来的权益损失以及司法裁判者本可避免的被动局面，同时又能解决提取后的电子数据证据的存储问题，不仅在技术层面保证获得的电子数据证据的真实性，也在操作层面保证电子数据证据的真实性。

3. 关联性。关联性是指电子数据证据与案件待证事实之间的关联关系，法院采信的证据材料，应当与法院希望查明的事实之间存在内在联系。相对于真实性、合法性，这更取决于审判者“自由心证”。

七、特殊证据效力认定问题

知识产权民事诉讼中经常涉及公证证据、合法来源证据、涉外证据的审查认定问题。下面对这三类证据的审查认定问题详作探讨。

（一）对公证证据的认证

虽然根据我国《民事诉讼法》规定，除有相反证据予以推翻外，经过公证证明的法律事实法院应当作为认定事实的依据，但是在知识产权诉讼中，对公证书是否应予采信往往是案件争议最大的地方，以下举例分析。

1. 对异地公证的公证书的认证

在审判实践中，相当一部分案件的原告所作的公证是跨执业区域的公证。被告往往以该公证属于跨地域的公证，违反了《公证法》的相关规定而主张对该公证书不予采信。

在审判实践中，对异地公证的公证书的效力不能一概予以否认。首先，从《公证法》的相关规定看，公证机构执业区域仅是司法行政机关对公证机关受理公证业务的管理性规范，无论是《公证法》还是《公证程序规则》均无认定违反此规定作出的公证书不具有法律效力的规定。结合《公证机构执业管理办法》第36条的规定来看，跨执业区域受理公证业务的后果是由所在地或设区的市司法行政机关予以制止并责令改正。由此可见，异地公证的法律后果也仅为行政管理方面的处分，并不涉及公证书的效力。其次，从违反该规范的实际后果来看，公证机构跨执业区域受理公证业务，不会发生损害国家利益、社会公共利益或他人合法利益的后果，损害的主要是公证机构的业务分工和司法行政机关的管理秩序，并不会对其公证事项的真实性产生实质性影响。最后，从公证书的证明效力看，公证书的证明力主要在于公证人员对相关行为、事实等的见证，即使公证的地域违反了《公证法》的规定，亦不影响公证人员对相关行为、事实等的见证，即公证人员的见证并不因此而无效，故公证书所载的内容并不直接因公证跨地域而无效。因此，从证据审查角度出发，即使公证书存在跨区域执业的情况，在无相反证据的情况下，法院对公证书所公证的事实一般可予以采信。

2. 对内容记载存在瑕疵的公证书的认证

实践中，公证书内容存在瑕疵有多种情况：一是显而易见的笔误；二是公证记载的公证过程与实际不符；三是公证记载的公证过程不详。针对上述情况可以作如下处理：（1）对于显而易见的笔误，在当事人可以较好地解释该笔误的正确记载应是什么，或公证机构出具信函对此予以解释说明，且该解释符合情理的，法院可以采信该证据。（2）对于涉及公证过程记载的瑕疵，应从该瑕疵是否影响公证书真实性的角度出发进行判断。如果该瑕疵记载仅是对公证过程的个别错误记载，综合整个公证书看该公证过程是真实发生的，而且该瑕疵不影响对公证保全的被诉侵权产品或被诉侵权作品等真实性的判断，则可以采信该公证书的真实性。（3）对公证书记载不详的情况，如该记载是明显属于应记载而未记载的事项，可视为未记载的事项未发生或操作未实施；如该记载仅是省略了相关操作未记载，且该记载的内容不会直接影响公证书的真实性，则可认定公证书的真实性。

（二）对合法来源证据的认证

合法来源抗辩作为被告提出的抗辩，原则上被告对此负有举证责任。由于市场交易不规范，或者时间久远，被告提交的合法来源证据通常并不充分，法院对被告证据的认证存在较大的困难和争议。

1. 认证的基本原则

我国《专利法》及《商标法》不仅要求被告证明其被诉侵权产品有合法来源，还要求被告主观上不知道其销售的是侵权产品。虽然《著作权法》中未明确对主观是否存在过错予以规定，但从《著作权法》中关于“合法授权”“合法来源”的表述看，《著作权法》也要求行为人对其所使用作品的合法性进行审查。法院在审查合法来源抗辩的证据时，不仅要审查相关证据是否能证明来源合法，还要审查被告的主观是否存在过错，即是否已尽合理的注意义务。

2. 关于产品来源证据的审查

在审判实践中，被告通常通过提交被诉侵权产品的购买凭证以证明其产品具有合法来源。当被告提交了购买被诉侵权产品的发票、支付凭证、合同等，认定被诉侵权产品具有合法来源争议不大。但在多数案件中，被告往往只能提交送货单、出仓单、收据等单方出具的证据来证明被诉侵权产品的合法来源。在此情况下是否能认定被诉侵权产品有合法来源争议较大。本文认为，法院对这些证据的进行审查时，主要从证据的真实性与关联性两个方面进行审查。

（1）对证据真实性的审查。对于被告提交的送货单、出仓单等属于单方出具的证据，不能因为证据容易被伪造就机械地认为所有的此类证据均为伪造证据，应结合实际情况从签章的真实性以及证据出具时间两方面进行审查。对签章真实性的审查在于确定单据是否由真实存在的经营者出具。对证据出具时间真实性的审查在于确定单据是否是被告在诉讼期间为应付诉讼而伪造的。如果能够确定该证据是在诉讼前由真实存在的第三方出具的，则证据的真实性一般可以确认，否则，证据的真实性不能确认。

（2）对证据关联性的审查。对证据关联性审查的核心，是审查被告的合法来源证据上所载的产品是否为被诉侵权产品，是否能证明其产品的来源具有合法性以及被告是否已尽合理的审查义务。如果被诉侵权产品是从非法的渠道、以非法的方式取得，被告的合法来源抗辩不成立并无争议。审判实践中，被告取得被诉侵权产品一般都是合法的，而对证据所载的产品是否为被诉侵权产品的认定也较为明确，争议最大的是对被告是否已尽合理注意义务的认定。

对被告注意义务的要求会因被告经营的专业性及经营规模等不同而不同。经营的专业性越高、经营规模越大，被告的注意义务相应就越高。就某一类商品的专门经营者而言，由于其经营的专门性，决定其必然对所销售的商品的相关情况有较深了解，故其应对所经营的商品的正常进货渠道、合理价格甚至产品是否涉嫌侵权等有足够的辨识能力，对其注意义务应采取较高的标准。对于经营规模较大的经营者，如大型超市，由于其通常具有专门的采购部门负责产品的采购，规范的经营模式、较严格的监督管理体系也要求其一般从合法的渠道采购商品，故对其注意义务的要求也相对较高。但相比之下，虽然大型超市经营规模较大、管理和经营模式较规范，但由于其涉及采购的商品种类庞大决定了其不可能对某类产品的专业经营者和产品有充分的了解，故对其注意义务的要求应较专门经营某一产品的经营者要低。个体经营者是经营规模最低的一类经营者，其经营的规模和成本决定了其更追求较低进货的价格，经营者的知识水平决定了其通常对产品是否涉嫌侵权不具备充分的判断能力，故对其注意义务的要求应较低。

具体而言，对被告是否已尽合理的注意义务，从证据方面可通过以下方面进行判断：

一是对被诉侵权产品销售主体的合法性审查。如果被告从显然不具有经营主体资格的第三方或销售相关产品资质的经营者购买被诉侵权产品，则可认定被告未尽合理的注意义务。

二是对进货价格的审查。由于侵权产品的价格通常比正品要低得多，如果被告以明显不合理的低价购进被诉侵权产品，则结合具体案情可认为被告主观上应知或明知其购买的产品为侵权产品，被告未尽合理的注意义务。但是，并非被告购买被诉侵权产品的价格低于正常产品的价格就可认定其主观有过错。以价格作为认定被告是否已尽到合理注意义务的参考因素，产品的价格必须符合以下两个条件。首先，被告进行了合理说明且从日常生活经验可判断或被告提交证据证明该类产品的价格范围相对确定，且具有稳定性，典型的产品如音像制品等。如果同类产品之间的价格差异较大，或同一产品的价格波动较大，或该类产品经常有较大的折扣，则被告在购买此类产品时难以有合理价格的预期。其次，被告购买被诉侵权产品的价格不能是明显不合理的低价。

三是对交易形式的审查。一般来说，正常的买卖交易应当签订相应的合同，并开具相应的销售发票。如果被告能够提交购买被诉侵权产品的合同及发票，其合法性自不待言。但是，如果被告购买被诉侵权产品未签订销售合同，未取得销售发票，也不能直接认定其交易不合法或被告未尽合理的注意义务，应区分不同的产品予以判断。价值较高的产品，如大型的机械设备等，根据一般的交易习惯，交易双方一般都会签订合同，并开具发票，如果被告不能提供相应的合同或发票，其交易难谓具有合法性，被告的注意义务有所欠缺。对于价值较低的产品，如果被告能提供证据证明被诉侵权产品是支付了相应的对价取得的，一般也可认为被诉侵权产品是通过合法的交易形式取得。值得注意的是，对未能提供发票的被诉侵权产品的采购，法院在审查过程中要注意对被告购买被诉侵权产品过程进行询问。如在佛山中院审理的一起案件中，承办法官询问被告是如何购买被诉侵权产品的，被告称被诉侵权产品当时没有放在销售者的柜台公开销售，销售者是听说被告要买此类商品，才从店里面取得被诉侵权产品销售给被告，由此反映了被诉侵权产品不是该产品销售者放在柜台上公开销售，产品的来源存疑，再结合该案中产品的销售价格等其他因素，佛山中院认定被告在购买该产品时未尽合理的注意义务，对其合法来源抗辩不予采信。

（三）对域外证据的公证认证问题

最高人民法院《关于民事诉讼证据的若干规定》第11条规定："当事人向人民法院提供的证据系在中华人民共和国领域外形成的，该证据应当经所在国公证机关予以证明，并经中华人民共和国驻该国使领馆予以认证，或者履行中华人民共和国与该所在国订立的有关条约中规定的证明手续"。所谓域外证据，是指形成于一国领域以外的证据。与那些形成于我国领域内证据相比较，域外证据除了其形成过程是在国外完成以外，其在证据的种类、性质等方面，以及在对域外证据进行质证及其证明力的确认上，与域内证据没有实质性差别。然而，由于域外证据所具有的涉外因素，为了增强域外证据的真实性和合法性的确认，减少对域外证据真实性误断的风险，我国现行的证据制度规定对在域外形成的证据本身施加一定程序或手续上的限制，即域外证据公证认证规则。

如果要求所有的域外证据都要办理公证、认证手续，在一定程度上增加了当事人的诉讼成本，降低了审判效率。是否未经过公证认证的域外证据一概不能认定？对此，本文认为，不应过分机械地看待这个问题。首先，诉讼证据是用来证明一个已经发生的法律行为，如果该法律行为在行为之时事先并没有进行公证，则当诉讼程序开始之后，再要求当事人提交对已经结束的法律行为的公证证据是不符合常理的。其次，有些情况下，即使域外证据得到公证，也只是保障证据表现形式的真实，而证据本身的真实和来源的合法并不能够得到保证。最后，在证据的真实性能够得到证明的情况下，未经公证认证的证据并不当然丧失证据效力。因此，强制要求域外证据履行公证认证手续并不必然有助于法院查清案情。在没有特殊规定的情况下，证据的审查采信应当经过当事人举证、质证的环节，从而形成证据链以认定案件事实，形式上的公证认证程序不能取代庭审中当事人的质证和法院的认证。对个案审理中的域外证据，不应被现有规则所局限，而应当关注证据与案件事实之间关系的审查。事实上，2005 年最高人民法院下发的《第二次全国涉外商事海事审判工作会议纪要》第 39 条提到：“（1）对证明诉讼主体资格的证据，应履行相关的公证、认证或者其他证明手续；（2）对其他证据，由提供证据的一方当事人选择是否办理相关的公证、认证或者其他证明手续，但人民法院认为确需办理的除外”。2007 年公布的《关于全面加强知识产权审判工作为建设创新型国家提供司法保障的意见》提到：“对于域外形成的公开出版物等可以直接初步确认其真实性的证据材料，除非对方当事人对其真实性能够提出有效质疑而举证方又不能有效反驳，无需办理公证认证等证明手续。”最高人民法院的相关司法政策指出：“要继续完善境外证据的举证和认证制度，尽可能减少境外证据的举证和认证困难，提高举证认证效率。司法解释中有关境外形成的证据需办理公证认证手续规定的本意主要在于便利对证据真实性的审查认定，并不排斥以其他方式认定相关事实的真实性。除按照有关规定必须办理公证认证的特殊事项外，凡有其他合理方式足以认定境外证据真实性的，可以采取其他方式予以认定，防止因未办理公证认证或者其他证明手续而简单否定境外证据效力。”① 上述规定符合实际，对于域外证据的公证认证具有重要指导意义。

在个案审判中，法院应当根据具体情况区别对待：（1）对主体资格、各方当事人授权委托手续等证明当事人和代理人资格的基础事项，应当要求办理公证认证手续。（2）对于可以在国内从公共渠道取得的域外证据，不应以必须经过公证、认证手续作为确认其证据效力的前提条件。例如，在现有技术（设计）抗辩中，被告提交的国外出版的刊物或书籍，但该刊物或书籍可以在国内的进口书店内购买得到，或者经相关图书馆收藏，则应确认其证据的效力。又如，对国外网站的相关内容，如果该网站可以在国内上网访问到，则同样不应要求经过公证、认证。（3）对于无法在国内取得的域外证据，应区分不同情况。例如，被告在现有技术（设计）抗辩中往往需要举证现有技术（设计）形成的时间。该证据如果是域外非公开出版物（如宣传画册）的，因公证认证并不能对确认域外非公开出版物形成时间产生实质性影响，所以此处不应要求公证认证。对该证据真实性判断，应与对待国内形成的非公开出版物相同，即经举证、质证，结合如宣传画图的印刷合同等证据予以判断。对于域外的公开出版物（如书籍、刊物）的形成时间，公证认证程序有助于增加真实性。但是，未经公证、认证的，其证据的来源不能直接认定，但也不宜直接否定其真实性，可结合对该出版物的网上查询信息等予以认定。（4）如果对方当事人能够举证证明对该证据的真实性存有异议（并非仅以未办理公证认证为由），持有证据一方又不能有效反驳的，则应当继续要求办理公证认证手续。如果对方当事人对域外证据真实性和合法性予以确认的，法院应等同于对待国内形成的证据，审查确认该证据，而不应机械地适用法律条文，要求必须公证认证。

（四）如何认定运用远程登录命令程序获取反馈信息的证据效力问题

随着中国计算机网络和通信技术的发展，发生在互联网领域的知识产权

① 最高人民法院《充分发挥知识产权审判职能作用，为推进社会主义文化大发展大繁荣和加快转变经济发展方式提供有力司法保障》。

民事案件日益增多，在网络环境下证据的形式和举证的方式也发生了重大变化，给法官如何准确适用证据规则、合理分配举证责任带来极大考验。互联网技术为侵权纠纷案件的取证提供了新的途径，多地法院审结了多宗涉及远程取证效力的案件。原告在公证人员见证下运用 Telnet 命令程序远程获取目标服务器反馈信息，公证机构制作了记录取证过程的公证书，原告将其作为证明被告侵害其计算机软件著作权事实的关键证据，请求法院判定被告侵害其计算机软件著作权。由于对用远程取证方式获取的证据的证明力以及如何确定举证责任分配等问题存在分歧，相关法院出现不同的意见和不同的处理结果。

1. 目前司法实践对软件侵权案件中的 Telnet 取证的态度

对于通过 telnet 命令远程访问涉嫌侵权网站服务器所得到的反馈信息，是否足以证明被告安装、使用了相关计算机软件的问题，目前司法实践认识不一。有观点认为该反馈信息不能反映计算机软件的内容。例如，在上诉人杭州中商信息科技有限公司与被上诉人磊若公司侵害计算机软件著作权纠纷案中，浙江省高级人民法院认为，使用 Telnet 命令检测上诉人网站服务器的端口，出现“220Serv - UFTP Server v6. 4 for Win Sock ready…”字符，尽管该字符与磊若公司涉案软件名称存在关联，然而该字符并非计算机程序及其有关文档，也不能反映任何计算机软件的内容，因此，仅凭该份证据并不足以证明被告网站上装载的 FTP 软件为磊若公司享有著作权的 Serv - U6. 4 软件。[①] 也有观点认为，磊若公司已经完成了初步举证责任，被告没有提供相反证据予以推翻，因此磊若公司的主张成立。又如，在上诉人吉林省邮电规划设计院有限公司与被上诉人磊若软件公司侵害计算机软件著作权纠纷一案中，吉林省高级人民法院认为，通过输入“telnet www. pdjl. com21”命令后，即显示被告网站使用的为“Serve - UFTP Server7. 0 版本”软件，至此，磊若公司已经完成了初步举证责任。被告认为该信息可以人为设置，但其未提供针对其网站的反馈信息系被人为更改的证据，即未提供相反证据反驳磊若公司依据

① 参见浙江省高级人民法院（2012）浙知终字第 328 号民事判决书。

现有证据所提出的主张，因此一审判决认定被告侵权行为成立并无不当。[①] 再如，在原告磊若软件公司诉被告武汉顿杰测量仪器有限公司侵害计算机软件著作权纠纷一案中，武汉市中级人民法院认为：首先，通过 Telnet 命令可以搭建一个计算机系统登录的仿真终端，实施远程登录。运用该命令程序可以通过本地机操作系统运行操控远程机服务器 21 端口，监听远程机 21 端口 FTP 程序。基于反馈信息自动生成的技术原理，这种仿真登录获得的信息存在方式的隐蔽性和被控网站网络服务器的可控性，权利人要获取该项证据的难度极大。通过适当的计算机系统中的命令程序进行取证无疑会降低权利人的取证负担，使处于证据信息弱势地位的权利人获得隐藏于被控网站网络服务器中的计算机软件信息，这无疑是一种解决证据负担的救济措施，这种取证手段具有合理性。其次，通过 Telnet 远程登录被控网站服务器 21 端口，得到的反馈信息表明被控网站可能安装有涉案软件。被告既没有提交该网站后台软件数据记录，也没有提交被控网站服务器正在安装、使用的 FTP 软件为其他同类软件的证据。因此确认被控网站服务器安装有涉案软件。[②] 在原告磊若软件公司诉被告镇江步云电子有限公司侵害计算机软件著作权纠纷一案中，镇江中级人民法院认为：原告通过 Telnet 命令实施远程登录获取的回馈信息，显示 FTP 软件身份为 Serv - UFTP Server v6. 4 版，该软件身份信息与原告享有著作权的软件相同，原告因技术限制无法从被控侵权产品中直接获取其软件的源程序，因此要进一步获得被告网站服务器运行的、身份信息为“Serv - UFTP Server v6. 4”软件的源程序信息，应由被告提交以供比对，但被告在法定举证期限内并未提供任何证据，被告既非计算机软件开发商，也非涉案正版软件购买使用人，其服务器中安装、使用“Serv - UFTP Server v6. 4”软件不合理，同时又无证据证明其安装使用该软件有其他合法来源。因此，推定该源程序与原告涉案软件源程序一致，即被告未经授权，擅自在其服务器上安装了与原告涉案“Serv - UFTP Server v6. 4”相同的 FTP 程序，被告的行为侵害了原告涉案计算机软件著作权。[③]

---

① 参见吉林省高级人民法院（2014）吉民三知终字第 10 号民事判决书。

② 参见湖北省武汉市中级人民法院（2014）鄂武汉中知初字第 01522 号民事判决书

③ 参见江苏省镇江市中级人民法院（2014）镇知民初字第 21 号民事判决书。

从以上几个案件中可以看出，不同法院对通过 Telnet 命令登录远程服务器获得的反馈信息是否足以证明原告的主张，存在不同的认识，甚至是相反的认识，造成这种混乱局面的原因，主要在于对 Telnet 这一新型举证方式的认知不一，由此所引起的举证责任分配也不同。

2. 通过 Telnet 登录远程服务器获得的反馈信息的性质问题

首先，Telnet 以 TCP 链接的方式建立本地计算机与远程主机之间的连接；然后将用户从本地计算机输入的信息传送到远程计算机，同时也能将远程主机的相应输出结果通过 TCP 链接的方式返回并呈现在本地计算机屏幕上。运用 Telnet 命令登录远程服务器，反馈页面如果显示有相应软件的信息，则说明通常情况下，被探测的服务器上安装了涉案软件。但是，技术人员可以修改服务器上的相关设置，此时反馈页面上显示的软件名称可能与实际安装的软件不一致。如果技术人员进行了上述修改，服务端口打开，则可链接成功进入 Telnet 界面，并显示被链接主机的服务器用户欢迎信息（Custom Welcome Message）。[①] 因此，从技术层面看，这一信息是完全可以进行人为设置或修改的，即通过技术手段修改用户欢迎信息之后，既可以实现对一个安装涉案软件的主机进行 Telnet 命令操作，但获取不到任何包含涉案软件字样的用户欢迎信息，同时也可以实现对一个未安装涉案软件的主机进行 Telnet 命令操作，却获得了包含涉案软件字样的用户欢迎信息。因此，通过 Telnet 命令操作获得的反馈信息有可能是不真实的，从而其与待证事实之间的关联性不具有确定性、唯一性。

其次，根据我国《计算机软件保护条例》第 3 条第（1）项，计算机程序是指一组代码化指令序列，或者是可以被自动转换成代码化指令序列的符号化指令序列或者符号化语句序列。具体到 Serv－U 软件而言，是由许多个符号化指令序列文件组成一个整体，才构成 Serv－U 软件本身。而在上述案件中，原告通过 Telnet 命令登录远程服务器所获得的反馈信息，基本上均为“220Serv－UFTP Server v6. 3 for Win Sock ready…”，只是其中的“v6. 3”版本

① 参见张洁琼：《计算机软件侵权案件的举证难题——从 Telnet 取证方式说起》，载智合东方：http：//zhihedongfang. com，最近访问日期：2015 年 8 月 20 日。

不尽相同而已。显然，该反馈信息不是一组代码化指令序列，或者是可以被自动转换成代码化指令序列的符号化指令序列或者符号化语句序列，不是计算机程序，充其量仅能表明该服务器上可能存在 Serv - U 的文件名，该文件名不能实现计算机软件的程序功能，不能等同于计算机软件本身。

此外，运用 Telnet 命令登录远程服务器进行取证过程是互联网电子信息技术运用的过程，获取的证据仅仅是显示在操作电脑屏幕上的电子数据反馈信息，是技术运行的结果，并不是能够直接完整证明目标服务器安装使用涉案软件的直接证据，其性质属于间接证据。根据证据理论通说，单一间接证据不能独立证明待证事实，需与其他证据相印证并形成证据链条才能证实“服务器安装使用涉嫌侵权软件”这一待证事实。

3. 关于举证证明责任及其分配规则

民事诉讼中的举证责任，是指“应当由当事人对其主张的事实提供证据并予以证明，若诉讼终结时根据全案证据仍不能判明当事人主张的事实真伪，则由该当事人承担不利的诉讼后果”。[①] 通常认为，举证责任具有双重含义，即行为意义的举证责任和结果意义的举证责任。前者又称主观上的举证责任，是指当事人在具体的民事诉讼中，为避免败诉的风险而向法院提出证据证明其主张的一种行为责任。行为意义的举证责任是一种动态的举证责任，随着双方当事人证据证明力的强弱变化在当事人之间发生转移。后者又称客观上的证明责任，是指待证事实的存在与否不能确定、真伪不明时，由哪一方当事人对不利后果进行负担的责任和风险。结果意义的举证责任建立在法官不能因事实不清而拒绝裁判的理念之上，它所解决的是待证事实真伪不明时法官如何裁判的问题，实质上是对事实真伪不明的一种法定的风险分配形式。因此，并非每一个案件都需要以结果意义的举证责任为裁判依据，只有在待证事实真伪不明时，结果意义的举证责任才能发挥作用。待证事实真伪不明，是指“在诉讼结束时，当所有能够释明事实真相的措施都已经采用过了，但争议事实仍然不清楚（有时亦称无法证明、法官心证模糊）的最终状态。一项争议事实‘真伪不明’前提条件是：1. 原告方提出有说服力的主张；2. 被

① 张永泉：《民事诉讼证据原理研究》，厦门大学出版社 2005 年版，第 160 页。

告方提出实质性的反主张；3. 对争议事实主张有证明必要，在举证规则领域，自认的、不争议的和众所周知的事实不再需要证明；4. 用尽所有程序上许可的和可能的证明手段，法官仍不能获得心证；5. 口头辩论已经结束，上述第3项的证明需要和第4项的法官心证不足仍没有改变”。[①]《民事诉讼法》第64条第1款规定，当事人对自己提出的主张，有责任提供证据。从内容上看，该规定只体现了当事人对其事实主张的证明义务，具有明显的行为意义的举证责任的特征，其并未涉及待证事实真伪不明时的裁判规则和依据，结果意义的举证责任内容无从体现。为此最高人民法院《关于适用〈中华人民共和国民事诉讼法〉的解释》第90条规定：“当事人对自己提出的诉讼请求所依据的事实或者反驳对方诉讼请求所依据的事实，应当提供证据加以证明，但法律另有规定的除外。在作出判决前，当事人未能提供证据或者证据不足以证明其事实主张的，由负有举证证明责任的当事人承担不利的后果。”该司法解释第91条进一步规定了举证证明责任分配的一般规则，该条规定：“人民法院应当依照下列原则确定举证证明责任的承担，但法律另有规定的除外：（一）主张法律关系存在的当事人，应当对产生该法律关系的基本事实承担举证证明责任；（二）主张法律关系变更、消灭或者权利受到妨害的当事人，应当对该法律关系变更、消灭或者权利受到妨害的基本事实承担举证证明责任。”因此，在审判实践中，当出现待证事实真伪不明时，法官应根据该条规定的举证证明责任的分配规则，对真伪不明的待证事实进行归类，确定对该事实负有举证责任的当事人，并据此判决由其承担不利后果。

在上述案例中，磊若公司主张朗科公司侵害了其计算机软件著作权，因此其应对朗科公司实施了侵权行为的基本事实承担举证证明责任。磊若公司通过Telnet命令远程登录朗科公司网站服务器，获得的反馈信息为“220Serv - UFTP Server v6. 3 for Win Sock ready... ”。磊若公司据此主张朗科公司使用了“Serv - UFTP Server v6. 3”盗版计算机软件。但是，根据上述分析可知，通过Telnet命令取证方式并非完全可靠，其与待证事实之间的关联性不具有确定性、唯一性，而且该反馈信息只是文件名，并不是计算机程序本身，在朗科

① ［德］普维庭：《现代证明责任问题》，吴越译，法律出版社2006年版，第21～22页。

公司一再否认其安装、使用了被诉侵权软件的情况下，磊若公司仅凭远程取证反馈信息这一间接证据并不足以证明其主张的事实，其并没有完成举证证明责任。

有观点认为，磊若公司提供的证据已经达到了民事诉讼证据“高度盖然性”的证明标准。本文认为，《民诉法司法解释》第108条从本证和反证的相互比较的角度出发对盖然性规则进行规定。在诉讼证明的过程中，对待证事实负有举证责任的当事人所进行的证明活动为本证，不负有举证责任的当事人提供证据进行反驳的证明活动为反证。本证证明活动的目的在于使法官对待证事实的存在与否形成内心确信，这种内心确信应当满足证明评价的最低要求即法定的证明标准。而反证的证明活动，其目的在于动摇法官对于本证所形成的内心确信，使其达不到证明评价的最低要求。因此，对于反证而言，其证明的程度要求相比本证要低，只需要使待证事实陷于真伪不明即可。本条对于本证与反证的证明标准和要求的规定非常明确，对待证事实负有举证责任的当事人所进行的本证，需要使法官的内心确信达到高度可能性即高度盖然性的程度才能被视为完成证明责任；反证则只需要使本证对待证事实陷于真伪不明的状态，即达到目的。“无论本证还是反证，对其证明效果的判断，都应当在依照法定程序和要求的所有证据均提供的情况下，结合全部证据所作出的综合评价。”①

基于“谁主张，谁举证”规则，原告负有穷尽诉讼程序和途径尽力收集证据提交法庭的举证证明其事实主张的责任。如果原告已经提交的证据尚未达到确实充分证明案件待证事实，且仍有其他途径和能力收集更多证据加以证明，则基于原告负有举证责任的前置义务，此时法官不宜推定待证事实成立，否则等于准许原告变相规避举证责任和降低举证证明责任。就上述案例而言，磊若公司未穷尽举证证明责任，本案缺乏适用盖然性证明标准的前提条件。理由是：第一，磊若公司通过Telnet命令取证获得的反馈信息只是文件名而不是计算机软件本身，该证据并不能直接证明被告服务器安装计算机

① 沈德咏主编：《最高人民法院民事诉讼法司法解释理解与适用（上）》，人民法院出版社2015年版，第359～340页。

软件的任何情况。第二，朗科公司提供的反证证明了待证事实不具有确定性、唯一性，进一步动摇了法官对磊若公司本证的内心确信。第三，“查明被告服务器是否安装被诉侵权软件”的工作就其性质而言属于技术事实查明范畴，法官应当根据信息技术和互联网证据复杂性、隐蔽性、易于篡改和不易被全貌观察感知等特性，对有关技术事实工作依程序引入技术专家帮助查明（包括证据保全和委托鉴定等）。技术事实问题有其复杂的科学逻辑关系，不属于社会公众日常生活所能体验和感知的事实，法官难以直接根据经验法则形成心证确信朗科公司安装、使用了磊若公司享有著作权的计算机软件。对于技术事实的认定，法官不宜越俎代庖，抛开技术事实查明相关程序，仅凭一方当事人提供远程取证公证文书而直接作出判断。

虽然对于侵害计算机软件著作权类型案件来说，因受技术限制的原因，原告难以从被控网站服务器中直接获取其软件，但是原告仍可以通过合法的途径获取有关证据。例如，可以通过 Telnet 命令取证获得的反馈信息作为初步证据，向法院申请证据保全等。虽然出于管理、场所等因素考量，服务器所在地与被告办公场所不一致的情况较为普遍，但权利人仍然可以通过解析服务器的 IP 地址查询到服务器托管的第三方公司，并可据此申请法院到该第三方公司进行证据保全。法院并不能因为有可能加重原告的举证责任和法院的工作量，从而免除本应由原告负担的举证责任。因此，磊若公司并没有穷尽举证证明责任，不足以达到高度盖然性证明标准。

有观点认为，原告在向法院提交了证明其通过 Telnet 命令取证获得的反馈信息初步证明了被控网站服务器安装了被诉侵权软件的证据后，本案的举证证明责任发生转移，被告要反驳原告该主张，必须提供充足的相反证据，否则推定原告的主张成立。

本文认为，举证责任转移实质是在诉讼进程中当事人之间就提出主张与反驳对方主张所进行的本证与反证转换。适用举证责任转移或者转换的前提是，提出主张的一方提供的证据足以证明其主张的待证事实具有较高可能性；提出反驳的一方提供的证据足以证明对方主张的事实真伪不明。上述案例中，虽然取证过程经过公证机关公证，但远程取证所获得的反馈信息并不足以使法官的内心确信被告安装、使用了被诉侵权计算机软件，即原告提供的本证并未达到高度可能性的程度，磊若公司并没有完成举证证明责任，因此不符合举证证明责任转移的条件。而且，在该案中，被告主张的“未使用被诉软件”的事实属于消极事实，通常应该由提出相反主张的原告承担举证责任，如果将举证责任分配给被告来举证显得不公平又缺乏依据。基于上述分析，应认定磊若公司提交的证据不足以证明朗科公司侵害其软件著作权，原告未完成其行为意义上的举证责任，应承担举证不足的法律后果。

需要指出的是，本案为侵害计算机软件著作权纠纷，与侵害传统著作权纠纷相比，虽然具有一定的特殊性，但是，在判断是否构成侵权时，仍然要遵循“接触+实质性相似”原则。上述案例中，磊若公司已经提供证据证明其请求保护的计算机软件早已经公开发行，可以推定朗科公司有接触磊若公司涉案计算机软件的条件。但是，正如前面所分析的，由于磊若公司提供的证据不足以证明朗科公司安装、使用了被诉侵权计算机软件，无法将被诉侵权计算机软件与磊若公司请求保护的涉案计算机软件的目标程序和源程序是否相同或者实质性相似进行比对、判断。对此类案件所涉证据的收集、审查和采信以及在此基础上对相关案件事实的认定是一个复杂的、专业的技术和司法过程，需要原告对其主张被告侵权的事实提供充分证据或依法申请人民法院采取证据保全措施或委托相关机构对有关专业问题进行鉴定，乃至申请人民法院依职权调查收集证据并当庭进行质证才得以完成，而不能仅凭原告通过远程登录他人服务器所获得的反馈信息来取代上述过程。因此，仅凭运用计算机远程登录命令程序所获取的证据就认定被告侵犯了原告的计算机软件著作权，缺乏事实和法律依据。

八、举证妨碍规则在损害赔偿数额确定中的运用

（一）从证据规则的角度分析广泛适用法定赔偿的成因

在知识产权司法实践中，往往难以直接认定实际损失或违法获利数额，法定赔偿方式成为侵权赔偿的主要救济方式，以下从证据规则的角度分析司法中广泛适用法定赔偿的成因。

1. 关于损害赔偿的举证责任分配。如前所述，在知识产权侵权诉讼中，权利人应当对证明侵权行为的四个构成要件的基本事实承担举证责任，其中包括证明损害结果即权利人的实际损失或侵权人的侵权获利（以下简称实际损失或侵权获利）及其与违法行为之间的因果关系。同时，鉴于现行法律规定知识产权侵权损害赔偿适用“全部赔偿原则”或称为“全面赔偿”原则[①]而非惩罚性原则，以填平权利人的损失为限，因此，法院判决的损害赔偿数额与权利人证明的实际损失或侵权获利之间存在一一对应关系。

2. 无法通过举证责任倒置或转移规则减轻权利人证明损害赔偿的举证责任。鉴于现行知识产权法律没有特别规定证明实际损失或侵权获利的举证责任应当分配给作为被告的侵权人，因此，从法律规定而言不应适用举证责任倒置规则。从理论上来说，举证责任转移的前提是当事人提供的证据足以证明其主张的情况下才会发生，在权利人不能证明其主张的实际损失或侵权获利的数额时，不会发生举证责任转移的问题。[②]

综合上述两方面，证明实际损失或侵权获利属于权利人的举证责任，且不能通过举证责任倒置或转移的理论由侵权人承担。然而，由于知识产权本身的无形性导致权利价值和收益难以直接评估，侵权人、案外人往往拒不提供其掌握的可以证明实际损失或侵权获利的证据，作为原告的权利人囿于自身的取证能力无法以合法手段自行收集该部分证据，最终导致出现法院无法查明实际损失或侵权获利的结果。

（二）运用“证据披露—举证妨碍”制度查明实际损失或侵权获利

为了解决上述难题，确保最大限度查明案件事实，减轻权利人举证负担，2013 年广东法院开展“探索完善司法证据制度破解知识产权侵权损害赔偿难”试点工作，其中包含对于“证据披露—举证妨碍”制度的探索，也成功审结了一些典型案例，以下将结合这些典型案例具体探讨“证据披露—举证

---

① 《最高人民法院法官阐释侵权法疑难问题》，中国法制出版社 2010 年版，第 71 页。另参见《最高人民法院关于贯彻实施国家知识产权战略若干问题的意见》第 5 条。

② 宋春雨：《解读〈最高人民法院关于民事诉讼证据的若干规定〉》，载《最新民事诉讼办案指南》，人民法院出版社 2012 年版，第 306 页。

妨碍”制度的构成要件及法律效果。

1. 证据披露

证据披露制度的核心在于正确认定持有证据人在何种情况下负有披露义务。披露义务是指持有证据却不负举证责任的当事人或案外人由于法院的责令而负有的向法院披露其所掌握的证据的义务。因此，要求持有证据人履行披露义务，首先需要找到法院在职权范围内启动收集证据程序的法律依据。根据我国《民事诉讼法》第64条第2款的规定，在当事人因客观原因无法收集到有利于其自身主张的证据时，从公平角度出发，人民法院有义务、职能和权利为其收集证据；而相对地，证据持有人根据诚实信用原则有义务披露证据。

在具体案件中审查认定被申请人是否具有披露义务时，应当两者兼顾、审慎客观、公平合理，按以下要件进行审查认定：

（1）认定披露义务的启动程序。为了在处理当事人双方的利益时做到公平合理，应当将证据披露的启动程序确定为：在知识产权侵权案件受理后，法院应当明确向当事人释明证据披露制度的具体含义、要求及法律后果，证据披露必须依当事人申请启动，当事人可以在一审或二审期间向法院提出申请，法院不适宜依职权启动。例如，在（2014）粤高法民三终字第27号上诉人深圳市周一品小肥羊餐饮连锁管理有限公司（以下简称周一品公司）与被上诉人内蒙古小肥羊餐饮连锁有限公司（以下简称小肥羊公司）侵害商标权及不正当竞争纠纷一案中，一审法院根据小肥羊公司的申请，要求周一品公司披露证据，周一品公司披露了包括特许经营加盟费、纳税证明等证据，一审法院据此认定周一品公司侵权获利超出了50万元法定最高赔偿限额，判决周一品公司赔偿小肥羊公司经济损失及合理费用100万元。二审法院维持了一审法院的判决。

（2）负有证据披露义务的主体。考察其他国家和地区的证据披露制度和文书提出命令制度，负有披露义务的主体不完全限于当事人。如《美国联邦民事诉讼规则》2000年的修正案，对于“法院管理（court－managed）”的披露中，持有证据人应当披露任何“与诉讼标的有关”的文书。① 又如我国台湾地区“民事诉讼法”第 348 条规定了除当事人以外的第三人对于第 344 条除了引用文书以外的文书也负有提出的义务；《日本民事诉讼法》第 220 条、《奥地利民事诉讼法》第 304 条第 2 款均规定持有为举证人利益所作的文书的人负有绝对的提出义务，不问文书持有人是当事人还是第三人。我国《民事诉讼法》第 67 条第 1 款规定，人民法院有权向有关单位和个人调查取证，有关单位和个人不得拒绝。据此，负有披露证据义务的主体既包括诉讼当事人，也包括持有证据的案外人。

（3）具有披露义务的构成要件。对于一方当事人请求向另一方当事人及其诉讼代理人或案外有关单位和个人调取证据的申请，法院应当依法进行审查。首先，应当明确请求披露的证据的具体内容，最高人民法院《关于民事诉讼证据的若干规定》第 18 条规定申请调查收集证据应当载明所要调查收集的证据的内容。在知识产权诉讼中，可以证明侵权获利的证据内容相对固定，大致包括财务账册、销售单据和发票、进出口报关单据以及产品实物等。但是，对于不能确定证据具体内容的情形，我国法律没有规定缓和的措施。本文建议可以借鉴《美国联邦民事诉讼规则》第 33 条规定的质询书制度和《日本民事诉讼法》第 162 条规定的照会制度，尝试采用当事人当面质询辅以法官阐明的方式予以明确证据具体内容，若仍然不能明确则不应准许证据披露的申请。其次，应当审查被告的行为是否构成侵权以及需要承担赔偿责任的可能性。经初步审查，若存在涉案权利已被宣告无效、侵权明显不成立、侵权人由于合法来源抗辩明显可以免予承担赔偿责任等情形，法院可以考虑不同意证据披露的申请。最后，法院根据公司法、会计法、审计法、税法等相关法律和行政法规的规定，以及商业惯例和日常生活经验法则，综合判断被申请人是否持有或者应当持有申请人请求调取的证据。例如，原告向人民法院申请调取被告的财务账册，被告如果系有限责任公司的，根据公司法的相关规定应当建立真实、完备的财务账册，被告当然负有披露该等证据的义务；

---

① 张友好：《书证收集与程序保障——以当事人证明权的实现为中心》，中国检察出版社 2010 年版，第 65 ~ 66 页。

如被告为个体工商户的，由于法律没有强制其建立财务账册的义务，在日常生活中个体工商户经营者建立完备财务账册进行规范经营的情况较少，由此可以认定被告并未实际也不应当持有申请人请求调取的证据。如（2014）东中法知民终字第2号东莞市鸿星电子实业有限公司与东莞市弘昊实业有限公司不正当竞争纠纷一案，法院运用证据披露规则，一方面，要求鸿星公司提供其所生产的相同型号产品在相应时间段的销售发票以确定本案产品的销售价格及成本，另一方面，要求弘昊公司提供其所有销售涉案产品的订单以及收回销售款的单据记录，通过查明产品的利润，最终认定弘昊公司的侵权获利41 677.5元。

（4）证据披露的范围。最高人民法院《关于民事诉讼证据的若干规定》第17条规定，当事人可以申请法院调查收集以下证据：属于国家有关部门保存并须法院依职权调取的档案材料；涉及国家秘密、商业秘密、个人隐私的材料；当事人及其诉讼代理人确因客观原因不能自行收集的其他材料。上述规定进一步明确了《民事诉讼法》第64条第2款规定的当事人由于客观原因不能自行收集因此可以申请法院调查收集的证据范围。同时，根据上述司法解释的规定，涉及商业秘密的材料包含在当事人可以申请人民法院调查收集的证据之内，证据持有人不得以证据属于商业秘密为由拒绝披露。但证据披露涉及国家秘密、商业秘密和个人隐私的，不得在公开开庭时出示和公开质证，并应要求诉讼参与人履行保密义务。

审查后准许披露申请的由法院向被申请人通过发出《披露令》等形式责令被申请人披露证据，披露证据的期限应当有合理限制，如规定不得多于五个工作日，自被申请人收到法院责令的次日起计算。

2. 举证妨碍

（1）举证妨碍的构成要件。构成举证妨碍主要包括以下几方面的要件：第一，主体要件与证据披露相对应，举证妨碍的主体包括持有证据但不负举证责任的当事人或案外人。第二，主观要件要求当事人、案外人在实施具体妨碍行为时主观上存在过错，包括故意、重大或轻微过失。第三，客观要件包括以下：持有证据人负有披露义务；持有证据人存在不履行披露义务妨碍举证的行为，包括积极的作为或消极的不作为；不披露证据会产生无法查明实际损失或侵权获利的结果；妨碍举证行为与无法查明实际损失或侵权获利的结果之间存在因果关系。

（2）举证妨碍的法律效果。在知识产权侵权诉讼中，举证妨碍制度的法律效果可表现在如下两方面：

一是被诉侵权人构成举证妨碍行为的法律效果。最高人民法院《关于民事诉讼证据的若干规定》第75条规定，若一方当事人持有证据无正当理由拒不提供，而对方当事人主张该证据的内容不利于证据持有人的，可以推定该主张成立。该条规定是被诉侵权人构成举证妨碍的法律后果之一。当法院经审查认为被诉侵权人负有披露义务，应当披露涉及被诉侵权人获利状况的证据，但被诉侵权人通过积极行为或消极行为不履行披露义务，或者故意造成披露的证据不真实、不完整，构成举证妨碍，应承担相应的法律后果。例如，（2013）粤高法民三终字第540号中山市科顺分析测试技术有限公司与中山市忠明亮电子有限公司侵害实用新型专利权纠纷一案，科顺公司主张200万元的赔偿，法院全面、客观审核计算赔偿数额的相关证据，同时认为中山忠明亮公司应当掌握涉案产品的利润率却拒绝披露，法院合理考虑行业基本利润率确定了较高的赔偿数额45万元。

在此，有两点需要注意，一是举证妨碍制度是针对负有证据披露义务的主体不履行披露义务的法律规制，不能仅仅局限于法院采取了证据保全措施的情形。“可以结合有关情况推定权利人关于损害赔偿数额的诉请成立”的含义是，只有法院经审查认为原告请求披露而被告拒绝披露的证据非常关键，可以证明实际损失或侵权获利高于或者等于权利人在诉讼中主张的赔偿金额的，并且妨碍者主观为故意时，可从推定拒绝披露的证据内容为真实发展到推定证据应证事实为真实，考虑直接推定权利人关于损害赔偿数额的诉讼请求成立，但在推定前应当释明并且给予当事人辩论的权利。但在一般的情形下，被诉侵权人构成举证妨碍行为，只能推定拒绝披露的证据内容为真实，其结果是导致降低原告的证明标准，法院可以根据原告已提供的初步证据，采用优势证据标准，综合认定实际损失或侵权获利。

二是案外人构成举证妨碍行为的法律效果。《民事诉讼法》第111条规定，诉讼参与人或者其他人伪造、毁灭重要证据，妨碍人民法院审理案件时，人民法院可以根据情节轻重予以罚款、拘留，直至追究刑事责任。结合《民事诉讼法》第67条和第72条的表述，该条规定的“其他人”应指诉讼参与人之外的持有与案件相关证据的单位和个人。据此，在知识产权侵权诉讼中，当掌握了与案件侵权赔偿额相关的证据并负有披露义务的其他组织和个人违反披露义务，伪造、毁灭重要证据，妨碍人民法院审理案件的，人民法院可以根据情节轻重予以罚款、拘留，直至追究刑事责任。

《民事诉讼法》第114条规定，有义务协助调查、执行的单位拒绝或者妨碍人民法院调查取证的，人民法院除责令其履行协助义务外，并可以予以罚款，对其主要负责人或者直接责任人员予以罚款；对仍不履行协助义务的，可以予以拘留；并可以向监察机关或者有关机关提出予以纪律处分的司法建议。这是属于案外人违反披露义务，但并非积极地伪造、毁灭重要证据的情形，而是消极地隐匿或无正当理由拒绝提供证据，妨碍人民法院调查取证的行为。应当以上述法律规定为依据对属于“单位”的案外人的举证妨碍行为进行处理。

第八章

完善我国知识产权法院体系的建议

党的十九大是在全面建成小康社会决胜阶段、中国特色社会主义进入新时代的关键时期召开的一次十分重要的大会。十九大报告提出的“实施创新驱动发展战略、加快建设创新型国家、深入推进全面依法治国、强化知识产权创造、保护、运用”等一系列重大思想、重大论断、重大决策，为新时代人民法院知识产权审判工作指明了前进方向，提出了更高要求，带来了新的历史机遇。

党的十九大报告指出：“创新是引领发展的第一动力，是建设现代化经济体系的战略支撑。”知识产权是激励创新的基本手段，是创新原动力的基本保障。知识产权审判工作，事关创新驱动发展战略实施，事关经济社会文化发展繁荣，事关国内国际两个大局，对于服务保障知识产权强国和世界科技强国建设具有重要意义。中国特色社会主义进入新时代，我国社会主要矛盾已经转化为人民日益增长的美好生活需要和不平衡不充分的发展之间的矛盾，人民法院面对的主要矛盾也转化为人民群众日益增长的司法需求与人民法院工作发展不平衡、保障群众权益不充分之间的矛盾。在知识产权领域，当前人民群众对知识产权司法保护的需求日益多样化、多层次、多方面，其中，知识产权权利人享有合理利益回报，侵权人无利可图就是人民群众的需求之一。知识产权司法保护要切实满足人民群众多元司法需求，满足人民群众对美好生活的新期待。我们必须牢牢抓住制约知识产权审判发展的全局性、体制性、根本性问题，以创新的理念、改革的方法破解难题，不断完善工作体制机制，加快知识产权审判体系和审判能力现代化进程。

我国知识产权审判三十多年的发展史始终贯穿了“一个任务、两条主线”的发展脉络。“一个任务”是充分发挥知识产权审判激励和保护创新、促进科技进步和经济社会发展的职能作用。“两条主线”是审判体系和审判能力的现代化。审判机构、审判体制、管辖布局等主要是审判体系问题，审理规则和审判队伍等主要是审判能力问题。

三十多年的实践和经验充分证明，知识产权审判专门化对于统一裁判尺度、优化审判资源配置、提升审判质效以及促进科技创新发挥了非常重要的作用，这说明审判专门化的思路是正确的，也恰恰揭示了未来十几年乃至更长时间知识产权司法保护的发展方向。2017 年 4 月，最高人民法院发布的《中国知识产权司法保护纲要（2016 - 2020）》就充分体现了实现审判能力和审判体系两个现代化的目标要求。北京、上海、广州知识产权法院的建立，从审判体系现代化着手，同步推动审判能力现代化，不断实现内生动力和外部架构的协调发展，开创了我国知识产权司法保护的新局面，这正是知识产权法院对于整个知识产权司法保护制度的里程碑价值和划时代意义。同样，我们谋划知识产权专门法院制度的未来发展，也要把它放到历史发展大势中、放到党和国家工作大局中，用全局的视野、发展的眼光去认识和把握，坚决摒弃局部和地方利益的思维定式。

一、科学构建专门审判体系

（一）健全知识产权专门审判机构

北京、上海、广州三家知识产权法院自成立以来，在执法办案、深化改革、司法公开、队伍建设等方面平稳推进，成效显著。2017 年以来，各地知识产权专门审判机构相继挂牌，开始受理案件。但是，目前看来，知识产权专门化审判辐射范围不够的问题依旧突出，难以有效满足创新活跃地区对于专门化审判司法需求的问题依然存在，知识产权法院区域布局有待完善，知识产权法院体系建设有待加强。

2014 年 6 月，中央全面深化改革领导小组第三次会议审议通过的《关于设立知识产权法院的方案》提出“拟在北京、上海、广州三地设立知识产权法院。将来条件成熟时，再考虑在其他地区设立知识产权法院及知识产权高级法院。”2017 年 8 月，全国人大常委会听取最高人民法院关于知识产权法院工作情况的报告，充分肯定知识产权法院在提升审判质效、统一裁判尺度、推动司法改革等方面的重要示范作用。全国人大常委会的审议意见要求，总结推广三个知识产权法院经验，适时在经济发展水平较高、创新保护需求较大、技术类案件数量较多的地区增设知识产权法院。2017 年 11 月，十九届中央全面深化改革领导小组第一次会议审议通过的《关于加强知识产权审判领域改革创新若干问题的意见》，提出“全面总结北京、上海、广州知识产权法院设立、运行、建设、发展的经验，提出可复制、可推广的意见，依照法定程序实施；进一步健全符合知识产权司法保护规律的专门化审判体系，有效满足科技创新对知识产权专门化审判的司法需求”。

因此，我们要在认真总结三家知识产权专门法院、各家知识产权专门审判机构设立以来的工作情况和经验，根据审判工作实际需要，依法适当增设知识产权法院，完善知识产权专门审判机构合理布局。

（二）全面推进知识产权“三合一”工作

遵循知识产权司法规律，构建符合实际情况的“三级联动、三审合一、三位一体”的集中型立体审判模式，重点解决知识产权刑事案件侦查、批捕、公诉、审判等各个环节的协调配合问题。高级人民法院要建立辖区内人民法院与检察机关、公安机关以及知识产权行政执法机关的沟通联络机制，协调公安、检察机关做好刑事案件的侦查和移送起诉工作；高、中级人民法院成立相应的协调组织，负责指导监督辖区内的“三合一”工作。

（三）不断改进案件管辖制度体系

建立地域管辖、级别管辖、专属管辖以及跨区域集中管辖的案件管辖制度体系。在中级人民法院辖区内的一般知识产权民事、行政和刑事案件原则上指定一个基层人民法院跨区划集中管辖，案件数量多的地区可以适当增加指定基层人民法院管辖，案件数量少的地区可以由中级人民法院提级管辖；级别管辖主要按照案件类型划分，逐步实现技术类案件集中管辖；要明确案件管辖权移转的条件、范围和程序，重大、疑难复杂、社会关注度高的案件可由上级人民法院提级管辖；知识产权法院及法庭实行跨行政区划专门管辖专利等技术类民事、行政和刑事案件。

此外，要积极贯彻落实《京津冀协同发展纲要》精神，统筹协调京津冀技术类案件跨区域管辖工作。探索由北京知识产权法院在天津市和河北省设立派出法庭，集中管辖京津冀技术类案件，并以此为基础推动其他知识产权法院在更大范围内跨区划集中管辖技术类案件。

二、充分发挥司法审判职能

（一）持续加大司法保护力度

深入贯彻落实《中共中央国务院关于深化体制机制改革加快实施创新驱动发展战略的若干意见》《中共中央国务院关于完善产权保护制度依法保护产权的意见》《关于加强知识产权审判领域改革创新若干问题的意见》等的决策要求，大力弘扬尊重知识，尊重人才的理念，坚持知识产权创造价值，权利人理应享有利益回报，侵害知识产权就是侵害他人人身权和财产权的价值导向。建立科学合理的知识产权损害赔偿制度体系，以及公平合理、比例协调的知识产权损害赔偿制度。以补偿性为主，以惩罚性为辅，让权利人利益得到赔偿，侵权人无利可图，败诉方承担维权成本。推动在著作权法、专利法和反不正当竞争法等法律中规定惩罚性赔偿制度，提高知识产权侵权的法定赔偿额，实现对知识产权实行严格保护的历史性转变。

（二）继续统一裁判标准体系

统一司法裁判标准是提升司法公信力，树立司法权威的重要手段，要在建立统领法律适用标准、裁判思路以及裁判价值导向，协调开放的司法政策体系的基础上，努力推进裁判标准的统一，加强司法解释和司法政策的制定工作。重点在权利范围认定、侵权行为认定、损害赔偿认定、证据效力采信等方面建立明确统一的规则体系，完善审判监督和审判管理工作机制，不断提高知识产权审判工作水平，确保司法裁判标准的统一。

（三）优化技术事实查明机制

明确技术调查官、技术咨询专家、技术鉴定人员等司法辅助人员参与技术事实调查的方式，充分运用技术调查的各种力量资源，构建有机协调的技术事实调查认定体系，提高技术事实查明的科学性、专业性和中立性，规范技术调查报告的撰写格式和采信机制。对于辅助法官形成心证并与裁判结果有重要关联性的技术调查意见，可以通过释明等方式向当事人适度公开。强化法官在查明技术事实中的主导作用，规范技术调查主体提供的各种技术审查意见的法律定位。

（四）健全多元化纠纷解决机制

有效发挥仲裁和其他纠纷解决方式在知识产权纠纷解决中的积极作用，鼓励当事人通过非诉讼方式化解纠纷。加强与仲裁机构、行业协会、调解组织的沟通，推动知识产权民事纠纷解决第三方平台建设，畅通诉讼与仲裁、调解的对接机制，统一相关流程和法律文书。支持仲裁机构、调解组织在证据保全、财产保全、强制执行等方面依法履职，形成知识产权纠纷非诉讼解决便捷机制。

三、深入落实重大改革举措

（一）积极推行知识产权案例指导制度

最高人民法院发布的知识产权指导性案例、公报案例、最高人民法院知识产权审判庭发布的典型案例、“最高人民法院知识产权案例指导研究（北京）基地”发布的案例以及最高人民法院司法案例研究院发布的知识产权典型案例要形成科学合理的案例群，明确各自案例的遴选机制、效力层级、发布主体和发布方式。构建指导性案例和参考性案例并存的案例体系，实现各种案例严格规范生成和不断编纂更新替代的互动机制。建立覆盖全国的知识产权案例数据库，打造智能化案例信息管理和应用系统。

以知识产权案例指导研究（北京）基地的建设为契机，打造全国知识产权案例指导理论研究中心、指导案例发现识别中心、指导案例信息智能汇集中心和全国综合服务中心为目标，根据理论化、规范化、信息化和开放化的要求，探索具有中国特色的知识产权案例指导制度，为推动知识产权司法裁判理念、尺度和规则统一发挥积极作用。

（二）适时制定知识产权诉讼证据规则

根据知识产权自身的无形性、时间性和地域性等特点，借鉴发达国家和地区经验，制定与之相适应的诉讼证据规则，引导当事人诚信诉讼。通过明确举证责任倒置等方式合理分配举证责任，完善诉前诉中证据保全制度，支持当事人积极寻找证据，主动提供证据。探索建立证据披露、证据妨碍排除等规则，明确不同诉讼程序中证据相互采信、司法鉴定效力和证明力等问题，发挥专家辅助人的作用，适当减轻当事人的举证负担，着力破解当事人举证难、司法认定难等问题。

（三）开展知识产权诉讼特别程序法问题研究

为适应知识产权审判“三合一”需要，积极开展知识产权诉讼特别程序法专题调研，以适当方式适时推动制定符合知识产权审判特点的特别程序法。通过特别程序法确立知识产权民事、行政和刑事案件的地域管辖、级别管辖和专属管辖制度、知识产权诉讼证据规则和证据保全制度，进一步明确在专利和商标民事诉讼中人民法院对专利和注册商标效力进行审查的职能，明确技术调查官、专家辅助人、技术咨询专家等的诉讼权利义务与责任。

四、全面推进知识产权法院建设

（一）全面推进知识产权司法公开

积极探索移动互联环境下司法公开的新途径，强化知识产权审判对中国裁判文书网、中国审判流程信息网、中国庭审公开网等平台的广泛应用，推进知识产权司法公开的信息化、数据化、精细化。加强科技法庭建设，运用视频、音频等技术公开庭审过程，大力推进庭审同步录音录像和庭审网络直播，创新庭审公开形式，拓展庭审公开的范围。引入数据分析机构、互联网新媒体等第三方专业机构分析研发司法数据，加强司法公开的成果应用，提升司法公开的智能化。做好《中国法院知识产权司法保护状况》《最高人民法院知识产权案件年度报告》以及“十大案件和五十个典型案例”等撰写发布工作。

（二）继续加强国际交流与合作

依托“中国法院知识产权司法保护国际交流（上海）基地”，建设具有国际水平的知识产权智库，积极开展具有国际影响力的知识产权研讨交流活动，宣传中国知识产权司法保护成就。进一步拓展国际交流合作空间，通过派员参加国际会议、出国培训、举办国际论坛、邀请外国法官和学者来华交流等方式，及时了解掌握国际知识产权保护动态，促进相互沟通与合作。通过各种对话平台，积极参与和引导国际知识产权治理规则创设和修订，推动构建更加公平公正开放透明的国际规则。

（三）打造高素质知识产权审判队伍

加强思想政治建设，改进司法作风，确保司法廉洁。通过挂职、任职等多种方式，建立知识产权法院之间、知识产权专门审判机构之间、上下级法院之间形式多样的人员交流制度，逐步实现全国法院知识产权法官队伍建设一体化。着力培养一批政治坚定、顾全大局、精通法律、熟悉技术并具有国际视野的知识产权法官。推进人员分类管理，明确法官、法官助理、技术调查官、书记员的职责及管理要求。规范技术调查官的选任条件、任职类型、回避制度和培养机制。

五、设立国家层面的知识产权高级法院

北京、上海、广州知识产权法院自2014年设立以来，创造性地开展工作，探索出中国特色知识产权专门化审判道路，充分展示我国知识产权司法保护的新形象，赢得了人民群众和国际社会积极评价，成为我国知识产权保护领域的重要里程碑。2017年8月，全国人大常委会听取最高人民法院关于知识产权法院工作情况的报告，充分肯定知识产权法院在提升审判质效、统一裁判尺度、推动司法改革等方面的重要示范作用。知识产权法院在取得成功经验的同时，也暴露出一些问题。例如，知识产权二审案件的审理法院不统一。一审知识产权授权确权行政案件由北京知识产权法院管辖，二审法院是北京市高级人民法院，而一般知识产权民事侵权案件的二审法院则在各省区市法院，二审法院的不同容易导致法律适用标准不统一。同时，知识产权授权确权二审案件和知识产权民事侵权二审案件分别由不同法院审理，审理民事侵权案件的法院通常需要等待审理知识产权授权确权二审案件的法院审理结果，非常影响审判效率。知识产权法院的成功运行充分证明，党中央确定的建立健全知识产权法院体系的方向是正确的，符合国情、符合实际、符合新时代发展要求。同时，知识产权法院运行中的问题表明，知识产权法院体系建设还有待进一步加强。这些从正反两个方面为设立国家知识产权法院奠定扎实的实证基础。

自2008年《国家知识产权战略纲要》要求“探索建立知识产权上诉法院”以来，许多全国人大代表、全国政协委员和专家学者纷纷呼吁尽快设立国家知识产权法院，社会各界对于设立国家知识产权法院已经形成普遍共识。设立国家层面的知识产权法院，是世界主要国家或地区普遍采取的模式，且是以审理专利等技术类案件为主的高等法院。

上述我国知识产权审判发展历程以及国际通行做法表明，我国设立国家

知识产权法院的条件已经比较成熟。

（一）设立知识产权高级法院的必要性

为从根本上解决妨碍科技创新的司法机制问题，切实为激励科技创新提供有力司法保障，应当在北京设立知识产权高级法院。主要理由如下：

1. 设立知识产权高级法院是知识产权授权确权行政案件中枢属性的必然要求。知识产权授权确权行政案件是审理知识产权侵权民事案件的前提和基础，是整个知识产权案件的重要中枢，在整个知识产权保护体系中具有全局意义。该类案件的审理结果决定了全国法院民事侵权案件的处理。该类案件的中枢属性决定了不宜由一个地方法院审理，而应交由属于国家的专门法院审理。设立国家级的知识产权高级法院，行使对于专利商标授权确权行政案件的终审裁决权，与该类案件的中枢性相契合。

2. 设立知识产权高级法院是克服知识产权民事、行政“二元制”弊端的需要。我国知识产权法实行民事侵权程序与行政无效程序“二元制”，即侵犯知识产权纠纷经由民事诉讼程序决定，而知识产权有效性的问题（主要是专利商标授权确权行政纠纷）必须经由行政无效程序解决。这种二元分立体制的弊端日趋明显，严重影响了诉讼效率。在民事侵权案件审理过程中，法院不能审查专利权和商标权的效力，被告如质疑权利的有效性，需要单独启动行政无效程序。为了保证民事侵权案件的公正性，法院经常不得不等待行政无效程序的结果。行政机关就专利、商标效力作出决定后，当事人还可以启动行政诉讼程序，导致一些民事侵权案件的审理被迫拖延长达十几年。这种制度性的诉讼拖延已经成为当前知识产权保护中最为社会诟病的地方。为此，国家知识产权局以及国内许多行业纷纷提出建议，希望通过设立知识产权高级法院，从根本上解决“二元制”的问题。设立知识产权高级法院，由其统一审理行政授权确权上诉案件和不服各中级法院关于专利侵权裁判而提起的民事上诉案件，可以在此位阶上实现专利商标效力判断与侵权判断两大诉讼程序和司法标准的无缝对接，避免“二元制”造成的程序循环烦冗、诉讼效率不高、司法标准不一，从根本上解决妨碍科技创新的司法机制问题。

3. 设立知识产权高级法院是统一技术类和垄断民事案件裁判标准的需要。

专利等技术类案件和垄断案件具有特殊的专业性、高度的复杂性和敏感的政策性，疑难复杂案件众多。目前体制下，该类案件的上诉审分别由各地高级法院负责，出现裁判结果冲突的现象屡见不鲜。以专利侵权民事案件为例，该类案件需要通过权利要求解释确定其保护范围，但是各个高院对同一专利权利要求的解释不一，致使同一专利的保护范围在不同的高级法院出现差异。设立高级法院规格的知识产权法院，统一受理专利等技术类上诉案件和垄断上诉案件，可以避免分由各省高级法院审理而导致的司法标准不一，确保裁判尺度统一。

4. 设立知识产权高级法院对于加强知识产权运用和保护、健全技术创新激励机制具有重大推动作用。不断完善知识产权保护制度、大力提高知识产权司法保护力度已经成为各国激励创新、吸引投资和鼓励贸易的重要竞争手段。同时，随着知识产权日益成为国际发展战略的重要组成部分，我国知识产权司法保护受到国际社会空前关注。设立一个高级法院级别的知识产权法院，不仅可以彰显我国加强知识产权保护的决心和意志，更能够通过公开透明的司法释放和激发社会创造活力，为创新型国家建设提供强大推动力。

5. 设立知识产权高级法院是落实国家知识产权战略有关要求的需要。2008 年 6 月，国务院颁布的《国家知识产权战略纲要》在总结国内外经验的基础上，从国家战略的高度提出“探索建立知识产权上诉法院”，明确将设立知识产权专门法院作为国家的一项重要战略部署。需要说明的是，从该项部署要求的起草背景和讨论过程来看，有关方面对于该上诉法院的具体设置曾提出两种方案：一是在北京设立一个知识产权上诉法院，二是在全国范围内分区设立若干知识产权上诉法院。但是，对于该上诉法院按照高级法院建制设置，各方均无异议。

6. 设立知识产权高级法院是顺应国际发展大势的需要。综观世界主要国家或地区知识产权专门法院的设立背景和模式，几乎所有的域外知识产权专门法院均是高等法院层级。对于专利等技术性较强的案件，在对专利侵权一审案件实行相对集中管辖的同时，通过高等法院位阶的专门法院统一处理专利商标授权确权与民事侵权的上诉案件，实现程序的有机统一和相互协调。以日本为例，现有的 8 个高等法院仅具有基于地域范围的有限管辖权，而知识产权高等法院则打破地域管辖的限制，审理不服专利局无效决定提起的一审行政案件以及全国范围内有关专利、集成电路布图设计、计算机程序等技术类的二审民事案件，其他传统知识产权案件仍由普通法院审理。实践证明，这一模式既实现了专利效力判断与侵权判断两大诉讼程序和司法标准的无缝对接，又维持了普通法院诉讼体系的正常运转，成效显著。充分考虑知识产权专门法院的国际发展趋势，借鉴域外的成熟经验和通行做法，建立知识产权高级法院，无疑是从根本上解决目前我国知识产权保护机制存在问题的重大举措，也将在国际上充分展示我国强化知识产权保护的坚定决心和良好形象。否则，知识产权高级法院的缺失，不仅使知识产权中级法院的设立失去意义，而且会造成国际社会对我国知识产权司法体制改革的负面评价。

7. 设立知识产权高级法院的案件和人员基础已经成熟。据2013年司法统计，全国专利等技术类二审民事和行政案件量分别为1922件和1490件，共计3412件。不仅基本满足了高级法院对于案件量的需求，而且不会给知识产权高级法院造成过大的案件压力。人民法院知识产权审判机构的设立始于20世纪90年代初，通过几十年的司法实践，积累了丰富的审判经验，锻炼和培养了一大批优秀的知识产权专业人才，涌现了众多先进个人、模范法官和典型案例，也赢得了国际社会的高度赞誉。

（二）知识产权高级法院的管辖地域布局和受诉案件范围

知识产权高级法院作为特别设立的专门法院，旨在统一全国范围内技术类和垄断类案件的裁判标准，确保司法公正和效率，为激励科技创新提供更加有力的司法保障，属国家性质的法院，有别于现有的各省、自治区、直辖市高级人民法院。

国家知识产权高级法院审理不服北京知识产权法院知识产权授权确权行政案件以及地方各法院关于专利等技术类行政案件以及垄断行政案件的裁判而提起的上诉案件，实现知识产权和垄断行政案件审理的专门化；审理全国范围内不服地方各中级人民法院关于专利、植物新品种、集成电路布图设计、计算机软件等技术类民事案件及垄断民事案件的裁判而提起的民事上诉案件，实现技术类民事案件和垄断民事案件审理的专门化。当事人不服地方各中级人民法院审理的关于商标、著作权、不正当竞争等知识产权一审案件的裁判而提起的上诉案件（包括民事、行政和刑事案件）仍由所在地的高级人民法院管辖，以兼顾各高级法院的案件保有量。不服国家知识产权高级法院作出的裁判的，依法应当向最高人民法院提起上诉或申请再审。

第九章
知识产权案件上诉审理机制的探索与实践

2019 年 1 月 1 日，最高人民法院知识产权法庭挂牌办公，国家层面知识产权案件上诉审理机制最终落地。设立最高人民法院知识产权法庭，是以习近平同志为核心的党中央作出的重大改革部署，是推进全面依法治国、维护司法公正的重要举措，是严格保护知识产权、服务国家创新驱动发展战略、营造国际一流营商环境的制度创新，是人民法院知识产权司法事业发展的重大历史机遇。

一、组建情况

2017 年 11 月，习近平总书记主持召开十九届中央全面深化改革委员会第一次会议，审议通过《关于加强知识产权审判领域改革创新若干问题的意见》，要求“研究建立国家层面知识产权案件上诉审理机制”。2018 年 2 月，中央全面深化改革委员会将此确定为 2018 年改革重点工作。10 月 19 日，中央批准《关于最高人民法院设立知识产权法庭的试点方案》。10 月 26 日，第十三届全国人大常委会第六次会议审议通过《关于专利等知识产权案件诉讼程序若干问题的决定》。12 月 3 日，最高人民法院审判委员会第 1756 次会议讨论通过《关于最高人民法院知识产权法庭有关问题的规定》，进一步细化明确了案件审理范围、诉讼程序衔接等问题。2019 年 1 月 1 日，周强院长为最高人民法院知识产权法庭挂牌。最高人民法院知识产权法庭是最高人民法院派出的常设审判机构，统一审理全国范围内专利、垄断等专业技术性较强的民事和行政上诉案件。世界知识产权组织总干事高锐在贺信中说："最高人民法院知识产权法庭的成立意义重大，是彰显中国加强知识产权司法保护的重大举措，体现了中国对知识产权保护的庄严承诺，表达了中国为知识产权提供更加公正高效司法保护的坚定决心，必将提高知识产权案件的司法统一，推动知识产权法律的发展。"

二、重要意义

当今世界经济复苏缓慢，地缘格局重塑，大国关系敏感复杂，以美国为代表的一些国家保护主义和内顾倾向抬头，对我国牵制和遏制力度加大，知识产权的政治化、贸易壁垒化趋势明显，我国所处的国际环境发生深刻变化。知识产权日益成为国家利益的核心要素和大国博弈的重要工具，知识产权司法日益成为对外斗争的利器，在国家总体战略中的作用更为关键，在国际经贸斗争中的核心地位更加突出。2018 年，美国借知识产权保护之名引发中美贸易战。2019 年，包括华为、中兴、苹果、高通、IDC、美光、晋华等中美公司间的系列知识产权诉讼进一步折射出大国角力和战略博弈。知识产权法庭肩负统筹国际大局的重任，是维护我利益的国之重器。

最高人民法院设立知识产权法庭，是以习近平同志为核心的党中央从建设知识产权强国和世界科技强国的战略高度作出的重大决策，是中国知识产权和诉讼法律制度的历史性突破，对于加快知识产权审判体系和审判能力现代化建设具有重大意义：

一是有利于激励和保护科技创新。创新是引领发展的第一动力，知识产权保护是激励创新的基本手段。中国特色社会主义已进入新时代，中国正在加快建设创新型国家，迫切需要建立国家层面知识产权案件上诉审理机制，充分发挥知识产权审判激励和保护创新、促进科技进步和社会发展的职能作用。设立最高人民法院知识产权法庭，就是以创新的方式保护创新，优化科技创新法治环境，加快实施创新驱动发展战略，为实现"两个一百年"奋斗目标和建设知识产权强国、世界科技强国作出积极贡献。

二是有利于营造良好营商环境。习近平总书记深刻指出，产权保护特别是知识产权保护是塑造良好营商环境的重要方面，突出强调加强知识产权保护是完善产权保护制度最重要的内容，也是提高中国经济竞争力最大的激励。设立最高人民法院知识产权法庭，就是以改革的思维推进改革，加强对中外企业知识产权的依法平等保护，促进形成法治化、国际化、便利化的营商环境，更好服务国内国际两个大局，推动形成全面开放新格局。

三是有利于统一和规范裁判尺度。专利等案件具有特殊的专业性、高度的复杂性，新型疑难复杂案件众多。在现行审理体制下，知识产权有效性问题由行政无效程序解决，知识产权侵权纠纷由民事诉讼程序解决。而且，专利侵权二审案件分由各高级人民法院审理，存在裁判尺度不够统一的问题。设立最高人民法院知识产权法庭，就是以问题的导向解决问题，实现知识产权效力判断与侵权判断两大诉讼程序和裁判标准的对接，从机制上解决制约科技创新的裁判尺度不统一等问题，提高知识产权审判质量效率，加大知识产权司法保护力度，切实提升司法公信力。

三、职能定位

知识产权法庭通过集中审理专利等上诉案件，在最高司法层面统筹协调国内国际两个大局，实现知识产权裁判标准进一步统一，审判质量效率进一步提高，司法公信力和国际影响力进一步提升，对国家创新驱动发展战略和知识产权战略实施的司法保障进一步加强。据此，知识产权法庭兼具审判职能和统筹协调国内国际两个大局职能，其定位为最高司法层面统筹协调国内国际两个大局的审判机构，对内代表最高人民法院，对外代表国家。

根据相关法律规定，知识产权法庭主要受理专业技术性较强的知识产权民事、行政第二审案件。具体包括：（1）不服高级人民法院、知识产权法院、中级人民法院作出的发明专利、实用新型专利、植物新品种、集成电路布图设计、技术秘密、计算机软件、垄断第一审民事案件判决、裁定而提起上诉的案件；（2）不服北京知识产权法院对发明专利、实用新型专利、外观设计专利、植物新品种、集成电路布图设计授权确权作出的第一审行政案件判决、裁定而提起上诉的案件；（3）不服高级人民法院、知识产权法院、中级人民法院对发明专利、实用新型专利、外观设计专利、植物新品种、集成电路布图设计、技术秘密、计算机软件、垄断行政处罚等作出的第一审行政案件判决、裁定而提起上诉的案件。

需要说明的是，当事人不服知识产权法院、中级人民法院第一审判决，应上诉至最高人民法院的制度设计，与以德国、日本为代表的飞跃上诉制度有显著区别。飞跃上诉，是指当事人在对一审法院认定事实没有异议的情况下，可以协议约定，越过第二审，直接向第三审（最高）法院上诉。飞跃上诉的制度目的是诉讼经济，制度语境是三审终审制，制度手段是减少审级，适用范围是事实无争议的案件，适用条件是当事人达成合意。《关于专利等知识产权案件诉讼程序若干问题的决定》所创设的上诉制度，以统一裁判尺度为目的，以两审终审制为语境，并未减少审级，而只是把二审法院由各高级人民法院变更为最高人民法院，即只是提高了二审法院的层级，且并不需要当事人合意，而是直接根据法律规定适用于相关案件。这一上诉制度，是对中国特色知识产权诉讼制度的重大完善发展。

四、运行状况

知识产权法庭成立至今数月以来，运行状况良好，各方面工作均在有序进行中：

一是深入推进司法改革。（1）向中央有关部门报送知识产权法庭组建情况及下步工作打算；（2）举办“知识产权法庭工作部署会暨培训班”；（3）召开“知识产权法庭建设与发展座谈会”；（4）起草《法庭发展规划（2019－2021）》。

二是切实加强制度建设。（1）加强党建工作。选举党支部、讨论法庭2019年党建工作要点、召开民主生活会；（2）制定法庭审判类、综合类、党建类规章制度；（3）制定2019年工作要点；（4）建立学习制度，举办“法庭讲坛”和“知识产权前沿讲座”；（5）人才培养，开展外语培训，成立分工会，成立兴趣小组。

三是保障国家战略实施。(1) 加强与国知局合作，适时签署合作备忘录；(2) 加强与商务部合作，从加强专利审判角度，参与推进中美知识产权谈判工作；(3) 与最高人民检察院座谈。

四是抓好审判调研工作。(1) 做好“知识产权法庭第一案”公开开庭工作；(2) 陆续做好系列案开庭工作；(3) 开展标准必要专利、垄断、植物新品种等专项调研；(4) 启动地方法院专利案件庭审、文书“两评查”活动；(5) 开展模拟法庭活动；(6) 统计分析案件收结情况。

五是做好司法解释工作。(1) 配合民三庭做好《技术调查官司法解释》《专利授权确权司法解释》制定发布工作；(2) 组织《案例和裁判规则》研讨和编写工作；(3) 组织《法庭手册》编写出版工作；(4) 注重在审判中准备和推荐公报案例和指导性案例。

六是积极参与立法。做好专利法修改建议工作。

七是加强信息化建设。起草审判信息化三年规划和 2019 年信息化工作要点。

八是规范宣传工作。(1) 抓好工作简报、审判信息、要报、大要案专报等四个信息刊物的撰写工作；(2) 网站和微信公众号以及内网消息更新；(3) 知识产权宣传周准备工作；(4) 网络阅评员工作；(5) 设计并印制法庭简介。

九是推进法庭各项建设。(1) 配合政治部做好第二批法官和助理的借调选任工作；(2) 第二批人员办公用房规划方案；(3) 邀请本院和院外相关单位参观座谈；(4) 配合行装局推进固定办公场所选址工作，提出选址建议；(5) 推进法庭装修工作；(6) 跟进食堂建设工作。

下一阶段，知识产权法庭还将根据以下情况重点推进相关工作：

一是根据向全国各高级人民法院、知识产权法院、有关中级人民法院所了解到的情况，专利等一审案件数量有所抬头，预计将比原估算的案件数量多 1000 件左右，知识产权法庭审判工作压力将显著增大，案多人少矛盾将进一步凸显。

二是知识产权法庭的设立引起全球高度关注，目前接收到的国际交流需求已有数十次，讲好中国故事，传播中国智慧，有利于对外宣示我国加强知识产权保护负责任大国形象，预计知识产权法庭国际交流工作量将显著增加。

三是因法庭审判和协调大局工作量显著增大，相关保障需求将进一步增强，综合行政、审判管理工作量亦将随之显著增加。届时，现有综合办、诉讼服务中心人员难以满足行政、党务、宣传、审管、接访、立案等工作运行需求。此外，知识产权法庭信息化建设工作任务繁重，现无专人专岗从事此项工作，信息化工作推进存在一定困难，兼职从事信息化工作的相关人员，负担繁重。

五、未来发展

最高人民法院知识产权法庭的成立，社会关注、国际瞩目。未来，知识产权法庭会切实履行审判职责，大力推进知识产权审判体系和审判能力现代化，以积极的姿态回应国内外关切。

（一）坚持司法主导和严格保护的司法政策

知识产权法庭首次实现了技术性知识产权授权确权行政上诉案件、行政查处上诉案件和民事侵权上诉案件的集中统一审理，司法保护主导作用的发挥具有了更好的平台和更坚实的基础。充分发挥对知识产权授权确权行政行为的司法复审职能。强化对新颖性、创造性、实用性等专利授权实质标准合法性的全面审查和深度审查，及时明确和统一标准，促进专利授权确权行为的规范化、科学化。积极探索改进专利授权确权行政案件裁判方式，防止循环诉讼和程序往复，有效缓解专利审判“周期长”问题。充分发挥对知识产权行政查处行为的司法监督职能。强化对知识产权行政执法行为的实体合法性和程序正当性的审查，积极引导行政执法机关的调查取证、证据审查、侵权判定、责任承担等处理标准与司法标准相一致。妥善处理专利无效行政与民事侵权程序交叉问题。明确和细化专利权利要求解释规则，努力实现专利无效行政程序和民事侵权程序权利要求解释的一致性和协调性，确保专利权的保护范围与其技术贡献相一致。对于权利要求保护范围明显不清楚、虚构说明书中的实验数据等与授权有关的重要信息、专利申请日前技术方案已经公开且不符合新颖性宽限期条件等具有明显无效理由的专利权，专利权人指控他人侵权的，可以尝试根据具体案情直接裁决不予支持，无须等待行政程序的结果。

知识产权法庭要在严格保护方面重点着力，加大执法力度，把知识产权违法成本显著提升上去，把法律威慑作用充分发挥出来，有效解决“赔偿低”问题。进一步加大技术性知识产权损害赔偿力度。确定损害赔偿数额时应该考虑涉案专利对特定部件或者整个产品市场价值的贡献度，以专利对被诉侵权产品的增量价值作为赔偿计算依据。积极运用现行法律及其司法解释规定的文书提供命令、证明妨碍等制度。深入研究和探索技术性知识产权惩罚性赔偿问题，依法支持权利人的惩罚性赔偿请求，提高侵权代价，充分发挥惩罚性赔偿对侵权行为的法律威慑力。积极运用行为保全制度保障司法救济及时性和稳妥性。要正确把握“情况紧急”的行为保全条件，申请人的商业秘密即将被非法披露、诉争的知识产权即将被非法处分、申请人的知识产权在展销会等时效性较强的场合正在或者即将受到侵害等情形，均属“情况紧急”，应及时作出行为保全裁定。要正确把握“难以弥补的损害”的行为保全条件，综合考虑涉嫌侵权行为的难以控制性、损害的难以挽回性等因素，避免将保全审查混同为案件实体审理，贻误保全时机。

（二）强化激励创新和保护创新并举的司法手段

保护和激励创新是知识产权制度的首要目标和价值，司法对技术性知识产权的保护必须以保障和激励创新为导向和追求，营造有利于创新的法治环境。以有利于激励创新为导向，提高专利授权确权标准的合理性。合理考虑专利申请文件撰写的客观局限，以本领域技术人员的知识水平和认知能力为核心，灵活把握修改超范围、充分公开、权利要求书应该得到说明书支持等专利授权形式标准，尽可能保证确有创造性的发明创造能够获得专利权保护，激发创新热情。营造有利于创新的法律环境，激发和保护创新创业精神。清晰确定法律责任边界，提高技术性知识产权保护范围的清晰性，明确公众可以自由合法利用的范围，给各类创新主体和商业主体以明确的法律预期，保障商业生产和投资行为的积极性，增强创新创业信心。

此外，公平有序、充满活力的竞争机制也是释放各类创新主体创新活力的重要保障。保护竞争、维护公平有序、统一开放的市场竞争秩序是知识产权法庭的重要职责。要切实重视和加强反垄断审判工作，及时制止垄断行为，增强市场透明度和竞争活力。

（三）持续推进知识产权法院（庭）建设和诉讼制度改革

推动知识产权法院（庭）体系完善和诉讼制度改革。进一步完善知识产权法院（庭）体系。加强知识产权法庭与知识产权法院、跨区域管辖技术性知识产权案件的专门法庭之间的协同化和一体化建设，建立健全制度化、规范化和信息化的工作联系机制。以加强信息化建设为抓手，率先推进大数据、人工智能等科技创新成果与知识产权法院（庭）审判工作深度融合，向科技要司法生产力。进一步健全知识产权诉讼制度。完善知识产权案件统一诉讼证据制度，有效解决举证难和证明难问题。调研和出台知识产权诉讼证据规则指引，建立以诚信原则为导向、激励当事人积极提供证据的诉讼机制，切实减轻知识产权权利人的维权取证困难，有效化解知识产权案件证明难问题。改革完善审判程序规则，提升审判工作开放性和便利性。进一步强化司法便民和司法为民，采取一切有效措施提高知识产权诉讼便利。推进案件繁简分流、轻重分离、快慢分道，使不同性质、不同复杂程度的案件各适其宜、各得其所。完善巡回审判制度，合理布局巡回点，积极开展巡回审判，方便当事人诉讼。根据案件具体情况，为审判程序中的外国人提供必要的语言便利，根据当事人的意愿提供翻译。对于中国境外形成的外文证据等材料，根据当事人的质证意见直接进行审查认定，不要求必须办理公证认证手续，也不要求必须提供中文翻译。

（四）大力加强知识产权审判队伍的建设

队伍建设是知识产权审判事业行稳致远的基础和保障。知识产权法庭能否建设成为国际一流的知识产权审判机构，其关键在于人才。因此，知识产权法庭的审判队伍建设是一项长期任务。坚持把政治建设放在首位。坚持以习近平新时代中国特色社会主义思想为指导，牢固树立“四个意识”，坚定“四个自信”，坚决做到“两个维护”，始终在政治立场、政治方向、政治原则、政治道路上同以习近平同志为核心的党中央保持高度一致，牢牢坚持党对人民法院工作的绝对领导，确保党中央决策部署在知识产权法庭得到不折不扣的贯彻落实。全面落实新时代党的建设总要求，全面提升队伍素质能力，树立正确选人用人导向，弘扬正气，创先争优，充分调动各位干警的积极性、主动性和创造性，激励法庭干警在新时代新环境有新担当新作为。高度重视审判能力建设。适应知识产权领域思维活跃、知识更新快、国际化程度高的特点，积极创造条件，有针对性地加强知识产权业务培训和外语能力培训，尽快提升业务能力，开阔国际视野和国际化水平。树立“全国一盘棋”的理念，建立知识产权法庭与地方法院的人员交流机制，技术性案件审判能力较强的法院可以继续根据具体情况选送人员到知识产权法庭交流办案，知识产权法庭也可以选派综合素质高的人员到案件压力较大的下级法院挂职协助办案，通过双向互动交流提升审判能力，形成知识产权司法保护的合力。充分发挥全国审判业务专家的榜样作用，抓好专家型优秀人才培养，将知识产权法庭打造成培养专利审判人才的摇篮。加强职业保障，积极落实与法官和司法辅助人员序列等级相对应的各项福利待遇，主动为知识产权法庭各位干警尤其是外地借调干警考虑，关心关爱在知识产权法庭工作的每名干警，建立保障机制，尽最大努力解决实际困难。加强廉政建设。深入推进党风廉政建设和反腐败斗争，筑牢理想信念，加强理论武装，提升品行作风，牢固树立廉洁司法意识。

知识产权法庭的成立，是我国知识产权司法改革的起点而不是终点。知识产权法庭承担着不断探索完善中国特色知识产权司法保护制度、大力推进知识产权审判体系和审判能力现代化的重要任务。我们也将不断总结知识产权法庭运行的经验和问题，全面评估试点效果，并在三年后向全国人大常委会汇报知识产权法庭的工作情况和建议。

结 语

2014年8月31日，十二届全国人大常委会第十次会议通过《关于在北京、上海、广州设立知识产权法院的决定》，11～12月，北京、上海、广州知识产权法院挂牌成立。成立以来，三家知识产权法院深入贯彻落实国家知识产权战略和创新驱动发展战略，严格公正司法，深化司法改革，加强队伍建设，各项工作取得明显成效。2019年1月1日，最高人民法院知识产权法庭挂牌办公，国家层面知识产权案件上诉审理机制最终落地。

实际上，无论是三家知识产权法院的运行，还是最高人民法院知识产权法庭的设立，都只是我们在探索知识产权审判组织专门化改革历程上的第一步，未来还有更深层的问题需要研究，有更宏大的体系需要我们规划设计。同时，围绕创新驱动发展战略的实施，如何通过司法体制改革设计更加有效的知识产权司法保护机制，不仅是司法资源的优化配置问题，更关乎国家整体利益的提升和保障。鉴于此，本文立足我国知识产权审判的现状与问题，以我国知识产权法院建构为研究对象，以我国知识产权司法实际为依归展开梳理、分析和论证。在借鉴域外成功经验的基础上，根据经济、社会、法律等各方面的条件，就如何完善我国知识产权法院的制度设计提出建议。

本文主要采用了比较分析和实证分析的方法：一方面，对其他国家和地区在知识产权专门审判机构方面的做法进行了梳理，提炼出了各制度设计的要旨与理念；另一方面，对我国知识产权法院设立的模式选择，成立以来取得的成果进行了回顾，在肯定其重大意义的同时，对其运行过程中暴露出的弊端进行了总结。

从研究重点来看，本文紧扣知识产权审判的内在规律，着眼于知识产权法院的顺利运行，对案件管辖、民事行政程序交叉、技术调查官制度、民事诉讼证据制度革新具体问题如何改进提出了操作层面的建议，同时提出组织架构、人员建制、管辖权限、程序事项等可供选择的具体方案，并对不同方案进行利弊分析。

本课题研究以改革者的视角，从科学构建专门审判体系、充分发挥司法审判职能、深入落实重大改革举措、全面推进知识产权法院建设四个方面，为完善知识产权法院的体系提出了兼具理论高度和实践价值的建议。此外，考虑到最高人民法院知识产权法庭的成立是我国在知识产权案件上诉审理机制探索与实践中里程碑式的事件，也是未来知识产权法院体系完善的必经步骤，为了给面向未来的讨论积累更多的素材，本课题对知识产权法庭的组建情况、设立背景、运行状况进行了简单的梳理，并结合知识产权法院的建设对其发展提出了针对性的建议。

综上所述，通过宏观制度和微观技术两大层面的论证分析，以期为我国知识产权法院的设立和运作提供有力的理论和实证支撑，有效改善诉讼效率低、裁判尺度不一等问题，最大限度地发挥知识产权法院在完善知识产权保护、推动创新驱动发展方面的功能作用。

附件：相关法律规定及司法解释

全国人民代表大会常务委员会关于在北京、上海、广州设立知识产权法院的决定

为推动实施国家创新驱动发展战略，进一步加强知识产权司法保护，切实依法保护权利人合法权益，维护社会公共利益，根据宪法和人民法院组织法，特作如下决定：

一、在北京、上海、广州设立知识产权法院。

知识产权法院审判庭的设置，由最高人民法院根据知识产权案件的类型和数量确定。

二、知识产权法院管辖有关专利、植物新品种、集成电路布图设计、技术秘密等专业技术性较强的第一审知识产权民事和行政案件。

不服国务院行政部门裁定或者决定而提起的第一审知识产权授权确权行政案件，由北京知识产权法院管辖。

知识产权法院对第一款规定的案件实行跨区域管辖。在知识产权法院设立的三年内，可以先在所在省（直辖市）实行跨区域管辖。

三、知识产权法院所在市的基层人民法院第一审著作权、商标等知识产权民事和行政判决、裁定的上诉案件，由知识产权法院审理。

四、知识产权法院第一审判决、裁定的上诉案件，由知识产权法院所在地的高级人民法院审理。

五、知识产权法院审判工作受最高人民法院和所在地的高级人民法院监督。知识产权法院依法接受人民检察院法律监督。

六、知识产权法院院长由所在地的市人民代表大会常务委员会主任会议提请本级人民代表大会常务委员会任免。

知识产权法院副院长、庭长、审判员和审判委员会委员，由知识产权法院院长提请所在地的市人民代表大会常务委员会任免。

知识产权法院对所在地的市人民代表大会常务委员会负责并报告工作。

七、本决定施行满三年，最高人民法院应当向全国人民代表大会常务委员会报告本决定的实施情况。

八、本决定自公布之日起施行。

全国人民代表大会常务委员会关于专利等知识产权案件诉讼程序若干问题的决定

为了统一知识产权案件裁判标准，进一步加强知识产权司法保护，优化科技创新法治环境，加快实施创新驱动发展战略，特作如下决定：

一、当事人对发明专利、实用新型专利、植物新品种、集成电路布图设计、技术秘密、计算机软件、垄断等专业技术性较强的知识产权民事案件第一审判决、裁定不服，提起上诉的，由最高人民法院审理。

二、当事人对专利、植物新品种、集成电路布图设计、技术秘密、计算机软件、垄断等专业技术性较强的知识产权行政案件第一审判决、裁定不服，提起上诉的，由最高人民法院审理。

三、对已经发生法律效力的上述案件第一审判决、裁定、调解书，依法申请再审、抗诉等，适用审判监督程序的，由最高人民法院审理。最高人民法院也可以依法指令下级人民法院再审。

四、本决定施行满三年，最高人民法院应当向全国人民代表大会常务委员会报告本决定的实施情况。

五、本决定自2019年1月1日起施行。

最高人民法院关于北京、上海、广州知识产权法院案件管辖的规定

为进一步明确北京、上海、广州知识产权法院的案件管辖，根据《中华人民共和国民事诉讼法》《中华人民共和国行政诉讼法》《全国人民代表大会常务委员会关于在北京、上海、广州设立知识产权法院的决定》等规定，制定本规定。

第一条 知识产权法院管辖所在市辖区内的下列第一审案件：

（一）专利、植物新品种、集成电路布图设计、技术秘密、计算机软件民事和行政案件；

（二）对国务院部门或者县级以上地方人民政府所作的涉及著作权、商标、不正当竞争等行政行为提起诉讼的行政案件；

（三）涉及驰名商标认定的民事案件。

第二条 广州知识产权法院对广东省内本规定第一条第（一）项和第（三）项规定的案件实行跨区域管辖。

第三条 北京市、上海市各中级人民法院和广州市中级人民法院不再受理知识产权民事和行政案件。

广东省其他中级人民法院不再受理本规定第一条第（一）项和第（三）项规定的案件。

北京市、上海市、广东省各基层人民法院不再受理本规定第一条第（一）项和第（三）项规定的案件。

第四条 案件标的既包含本规定第一条第（一）项和第（三）项规定的内容，又包含其他内容的，按本规定第一条和第二条的规定确定管辖。

第五条 下列第一审行政案件由北京知识产权法院管辖：

（一）不服国务院部门作出的有关专利、商标、植物新品种、集成电路布图设计等知识产权的授权确权裁定或者决定的；

（二）不服国务院部门作出的有关专利、植物新品种、集成电路布图设计的强制许可决定以及强制许可使用费或者报酬的裁决的；

（三）不服国务院部门作出的涉及知识产权授权确权的其他行政行为的。

第六条 当事人对知识产权法院所在市的基层人民法院作出的第一审著作权、商标、技术合同、不正当竞争等知识产权民事和行政判决、裁定提起的上诉案件，由知识产权法院审理。

第七条 当事人对知识产权法院作出的第一审判决、裁定提起的上诉案件和依法申请上一级法院复议的案件，由知识产权法院所在地的高级人民法院知识产权审判庭审理。

第八条 知识产权法院所在省（直辖市）的基层人民法院在知识产权法院成立前已经受理但尚未审结的本规定第一条第（一）项和第（三）项规定的案件，由该基层人民法院继续审理。

除广州市中级人民法院以外，广东省其他中级人民法院在广州知识产权法院成立前已经受理但尚未审结的本规定第一条第（一）项和第（三）项规定的案件，由该中级人民法院继续审理。

最高人民法院关于知识产权法庭若干问题的规定

为进一步统一知识产权案件裁判标准，依法平等保护各类市场主体合法权益，加大知识产权司法保护力度，优化科技创新法治环境，加快实施创新驱动发展战略，根据《中华人民共和国人民法院组织法》《中华人民共和国民事诉讼法》《中华人民共和国行政诉讼法》《全国人民代表大会常务委员会关于专利等知识产权案件诉讼程序若干问题的决定》等法律规定，结合审判工作实际，就最高人民法院知识产权法庭相关问题规定如下。

第一条 最高人民法院设立知识产权法庭，主要审理专利等专业技术性较强的知识产权上诉案件。

知识产权法庭是最高人民法院派出的常设审判机构，设在北京市。

知识产权法庭作出的判决、裁定、调解书和决定，是最高人民法院的判决、裁定、调解书和决定。

第二条 知识产权法庭审理下列案件：

（一）不服高级人民法院、知识产权法院、中级人民法院作出的发明专利、实用新型专利、植物新品种、集成电路布图设计、技术秘密、计算机软件、垄断第一审民事案件判决、裁定而提起上诉的案件；

（二）不服北京知识产权法院对发明专利、实用新型专利、外观设计专利、植物新品种、集成电路布图设计授权确权作出的第一审行政案件判决、裁定而提起上诉的案件；

（三）不服高级人民法院、知识产权法院、中级人民法院对发明专利、实用新型专利、外观设计专利、植物新品种、集成电路布图设计、技术秘密、计算机软件、垄断行政处罚等作出的第一审行政案件判决、裁定而提起上诉的案件；

（四）全国范围内重大、复杂的本条第一、二、三项所称第一审民事和行政案件；

（五）对本条第一、二、三项所称第一审案件已经发生法律效力的判决、裁定、调解书依法申请再审、抗诉、再审等适用审判监督程序的案件；

（六）本条第一、二、三项所称第一审案件管辖权争议，罚款、拘留决定申请复议，报请延长审限等案件；

（七）最高人民法院认为应当由知识产权法庭审理的其他案件。

第三条 本规定第二条第一、二、三项所称第一审案件的审理法院应当按照规定及时向知识产权法庭移送纸质和电子卷宗。

第四条 经当事人同意，知识产权法庭可以通过电子诉讼平台、中国审判流程信息公开网以及传真、电子邮件等电子方式送达诉讼文件、证据材料及裁判文书等。

第五条 知识产权法庭可以通过电子诉讼平台或者采取在线视频等方式组织证据交换、召集庭前会议等。

第六条 知识产权法庭可以根据案件情况到实地或者原审人民法院所在地巡回审理案件。

第七条 知识产权法庭采取保全等措施，依照执行程序相关规定办理。

第八条 知识产权法庭审理的案件的立案信息、合议庭组成人员、审判流程、裁判文书等向当事人和社会依法公开，同时可以通过电子诉讼平台、中国审判流程信息公开网查询。

第九条 知识产权法庭法官会议由庭长、副庭长和若干资深法官组成，讨论重大、疑难、复杂案件等。

第十条 知识产权法庭应当加强对有关案件审判工作的调研，及时总结裁判标准和审理规则，指导下级人民法院审判工作。

第十一条 对知识产权法院、中级人民法院已经发生法律效力的本规定第二条第一、二、三项所称第一审案件判决、裁定、调解书，省级人民检察院向高级人民法院提出抗诉的，高级人民法院应当告知其由最高人民检察院依法向最高人民法院提出，并由知识产权法庭审理。

第十二条 本规定第二条第一、二、三项所称第一审案件的判决、裁定或者决定，于2019年1月1日前作出，当事人依法提起上诉或者申请复议的，由原审人民法院的上一级人民法院审理。

第十三条 本规定第二条第一、二、三项所称第一审案件已经发生法律效力的判决、裁定、调解书，于2019年1月1日前作出，对其依法申请再审、抗诉、再审的，适用《中华人民共和国民事诉讼法》《中华人民共和国行政诉讼法》有关规定。

第十四条 本规定施行前经批准可以受理专利、技术秘密、计算机软件、垄断第一审民事和行政案件的基层人民法院，不再受理上述案件。

对于基层人民法院2019年1月1日尚未审结的前款规定的案件，当事人不服其判决、裁定依法提起上诉的，由其上一级人民法院审理。

第十五条 本规定自2019年1月1日起施行。最高人民法院此前发布的司法解释与本规定不一致的，以本规定为准。

最高人民法院关于技术调查官参与知识产权案件诉讼活动的若干规定

为规范技术调查官参与知识产权案件诉讼活动，根据《中华人民共和国人民法院组织法》《中华人民共和国刑事诉讼法》《中华人民共和国民事诉讼法》《中华人民共和国行政诉讼法》的规定，结合审判实际，制定本规定。

第一条 人民法院审理专利、植物新品种、集成电路布图设计、技术秘密、计算机软件、垄断等专业技术性较强的知识产权案件时，可以指派技术调查官参与诉讼活动。

第二条 技术调查官属于审判辅助人员。

人民法院可以设置技术调查室，负责技术调查官的日常管理，指派技术调查官参与知识产权案件诉讼活动、提供技术咨询。

第三条 参与知识产权案件诉讼活动的技术调查官确定或者变更后，应当在三日内告知当事人，并依法告知当事人有权申请技术调查官回避。

第四条 技术调查官的回避，参照适用刑事诉讼法、民事诉讼法、行政诉讼法等有关其他人员回避的规定。

第五条 在一个审判程序中参与过案件诉讼活动的技术调查官，不得再参与该案其他程序的诉讼活动。

发回重审的案件，在一审法院作出裁判后又进入第二审程序的，原第二审程序中参与诉讼的技术调查官不受前款规定的限制。

第六条 参与知识产权案件诉讼活动的技术调查官就案件所涉技术问

题履行下列职责：

（一）对技术事实的争议焦点以及调查范围、顺序、方法等提出建议；

（二）参与调查取证、勘验、保全；

（三）参与询问、听证、庭前会议、开庭审理；

（四）提出技术调查意见；

（五）协助法官组织鉴定人、相关技术领域的专业人员提出意见；

（六）列席合议庭评议等有关会议；

（七）完成其他相关工作。

第七条 技术调查官参与调查取证、勘验、保全的，应当事先查阅相关技术资料，就调查取证、勘验、保全的方法、步骤和注意事项等提出建议。

第八条 技术调查官参与询问、听证、庭前会议、开庭审理活动时，经法官同意，可以就案件所涉技术问题向当事人及其他诉讼参与人发问。

技术调查官在法庭上的座位设在法官助理的左侧，书记员的座位设在法官助理的右侧。

第九条 技术调查官应当在案件评议前就案件所涉技术问题提出技术调查意见。

技术调查意见由技术调查官独立出具并签名，不对外公开。

第十条 技术调查官列席案件评议时，其提出的意见应当记入评议笔录，并由其签名。

技术调查官对案件裁判结果不具有表决权。

第十一条 技术调查官提出的技术调查意见可以作为合议庭认定技术事实的参考。

合议庭对技术事实认定依法承担责任。

第十二条 技术调查官参与知识产权案件诉讼活动的，应当在裁判文书上署名。技术调查官的署名位于法官助理之下、书记员之上。

第十三条 技术调查官违反与审判工作有关的法律及相关规定，贪污受贿、徇私舞弊，故意出具虚假、误导或者重大遗漏的不实技术调查意见的，应当追究法律责任；构成犯罪的，依法追究刑事责任。

第十四条 根据案件审理需要，上级人民法院可以对本辖区内各级人民法院的技术调查官进行调派。

人民法院审理本规定第一条所称案件时，可以申请上级人民法院调派技术调查官参与诉讼活动。

第十五条 本规定自2019年5月1日起施行。本院以前发布的相关规定与本规定不一致的，以本规定为准。